# 新时期公共图书馆服务创新研究

朱华赠　著

哈尔滨工程大学出版社
Harbin Engineering University Press

## 内 容 简 介

本书面向公共图书馆建设者、管理者、服务工作者,首先阐述了公共图书馆及其服务的基本概念以及相关基础理论,继而从新时期公共图书馆文旅融合服务、新时期公共图书馆社区服务、新时期公共图书馆阅读推广、新时期公共图书馆智慧服务几个方面进一步探讨公共图书馆的服务创新,旨在为我国公共图书馆事业发展建言献策。

本书适合图书馆相关从业人员、管理者阅读使用。

**图书在版编目(CIP)数据**

新时期公共图书馆服务创新研究 / 朱华赠著. — 哈尔滨:哈尔滨工程大学出版社,2023.10
ISBN 978-7-5661-4115-6

Ⅰ. ①新… Ⅱ. ①朱… Ⅲ. ①公共图书馆-图书馆服务-研究 Ⅳ. ①G258.2

中国国家版本馆 CIP 数据核字(2023)第 162777 号

新时期公共图书馆服务创新研究
XINSHIQI GONGGONG TUSHUGUAN FUWU CHUANGXIN YANJIU

| 选题策划 | 马佳佳 |
| 责任编辑 | 马佳佳 |
| 封面设计 | 李海波 |

| 出版发行 | 哈尔滨工程大学出版社 |
| 社　　址 | 哈尔滨市南岗区南通大街 145 号 |
| 邮政编码 | 150001 |
| 发行电话 | 0451-82519328 |
| 传　　真 | 0451-82519699 |
| 经　　销 | 新华书店 |
| 印　　刷 | 哈尔滨午阳印刷有限公司 |
| 开　　本 | 787 mm×1 092 mm　1/16 |
| 印　　张 | 10.25 |
| 字　　数 | 228 千字 |
| 版　　次 | 2023 年 10 月第 1 版 |
| 印　　次 | 2023 年 10 月第 1 次印刷 |
| 定　　价 | 68.00 元 |

http://www.hrbeupress.com
E-mail:heupress@ hrbeu.edu.cn

# 前　言

2019 年,在国家图书馆建馆 110 周年之际,中共中央总书记、国家主席、中央军委主席习近平给国家图书馆 8 位老专家回信时指出,图书馆是国家文化发展水平的重要标志,是滋养民族心灵、培育文化自信的重要场所。

公共图书馆作为构建现代公共文化服务体系建设的重要组成部分,承载着公共文化服务的重要责任,在民族文化的发扬以及社会文明的进步方面发挥着重要作用。公共图书馆拥有丰富多样的收藏,其既可以为大众服务,也可以为特定的某一群体提供特殊的服务。

进入 21 世纪以来,在社会主义文化大发展大繁荣的背景下,全国各地纷纷建立了公共图书馆的新馆,公共图书馆的办馆条件得到了改善。提升图书馆管理能力、增强文化服务效能,是保持公共图书馆全面、可持续化发展的前提,也是公共图书馆生存和发展的必要条件。在现代信息社会中,公共图书馆所面临的外部环境充满了大量的不确定性因素,如全社会的信息技术水平不断提高,相关信息机构竞争日益激烈,用户的信息需求越来越趋于及时化、个性化等。公共图书馆作为文献信息提供方,其服务中心的地位面临着极大的挑战。如何走出这种困境,是现代公共图书馆急需解决的问题。同时,时代的飞速发展促使中国的公共图书馆事业迎来了良好的发展时期,全国各地纷纷兴起了公共图书馆新馆建设的浪潮。在公共图书馆发展的数量、规模、速度急速攀升的背后,我们不禁要思考,未来的公共图书馆究竟应当如何顺应新时代潮流,充分利用馆藏资源优势,借助新时期理念和技术实现服务创新性转型。

在编写本书过程中,著者参考和借鉴了一些知名学者和专家的观点及论著,在此向他们表示深深的感谢。由于著者水平和时间有限,书中难免会出现不足之处,希望各位读者和专家能够提出宝贵意见,以待进一步修改,使之更加完善。

著　者

2023 年 8 月

# 目　　录

# 第一章　公共图书馆及其服务概述

## 第一节　公共图书馆概述

### 一、公共图书馆的定义

为促进全球范围内公共图书馆的发展,联合国教育、科学及文化组织(简称联合国教科文组织)于1949年颁布了《公共图书馆宣言》,并于1982年、1994年作了修订。《公共图书馆宣言》对公共图书馆的定义是:"公共图书馆是由社区,如地方、地区或国家政府,或者一些其他社区组织支持和资助的机构,它通过提供一系列资源和服务来满足人们对知识、信息和形象思维作品的需求,社区所有成员都有享受其服务的权利,而不受种族、国籍、年龄、性别、宗教信仰、语言、能力、经济和就业状况或教育程度的限制。"

根据1974年国际标准化组织颁布的《国际图书馆统计标准》(ISO 2789:1974(E))中对公共图书馆的定义为:"那些免费或只收少量费用为一个团体或区域的公众服务的图书馆,它们可以为一般群众服务,或为专门类别的用户,例如儿童、军人、医院患者、囚犯、工人和雇员等服务。"ISO 2789当前最新版本为《信息和文献国际图书馆统计》(ISO 2789:2022(E))。

根据我国《公共图书馆服务规范》(GB/T 28220—2011),公共图书馆是指由各级人民政府投资兴办,或由社会力量捐资兴办的向社会公众开放的图书馆,是具有文献信息资源收集、整理、存储、传播、研究和服务等功能的公益性公共文化与社会教育设施。

与专业图书馆不同,公共图书馆是针对所有的普通居民,为其提供图书(包括通俗读物、期刊和参考书籍)、公共信息及教育的场所。

### 二、公共图书馆的职能

公共图书馆的职能是指公共图书馆所具有的作用和功能。在公共图书馆的历史发展过程中,公共图书馆的职能随着社会及公共图书馆自身发展规律的变化而变化。公共图书馆的职能主要可归纳为两大类,即基本职能和社会职能。

#### (一)公共图书馆的基本职能

公共图书馆的基本职能是指在不同时期、不同国家的公共图书馆都具有的职能,这些职能贯穿于公共图书馆整个发展过程中,不随公共图书馆的技术方法、服务手段等的变化而变化,也不随社会的发展而变化。公共图书馆的基本职能就是收集、整理文献信息,供读者使用,也可以把这一过程统称为传递文献信息。具体可以分为三方面:

一是对知识、信息的物质载体进行收集、选择、积聚;

二是对知识、信息的物质载体进行加工、整理、存储、控制、转化;

三是对知识、信息的物质载体进行传递和提供使用。

公共图书馆的三项基本职能是由它的本质属性决定的,任何公共图书馆必须具有这三项基本职能,即收集、整理、提供使用,只有通过三项基本职能,才能保证公共图书馆动态的平衡,才能与外界进行正常的物质、能量、信息的交流,同时维持公共图书馆的生存和发展。

## (二)公共图书馆的社会职能

公共图书馆的社会职能是以基本职能为基础的,是图书馆的基本职能在一定社会的表现形式。公共图书馆的社会职能是受一定社会影响的,是社会所赋予、要求的,并随着社会的发展而不断变化、扩大。在古代,图书馆的社会职能主要是保存人类文化遗产。在近代,机器工业的兴起,要求与之相适应的全民文化水平的提高和教育的普及,图书馆担负起社会教育的职能。到了现代,科学技术的迅速发展,人们对知识、信息的需求越来越迫切,图书馆又被赋予了开发智力资源、传递科学信息的职能。总之,公共图书馆有的社会职能在消失,有的社会职能在扩大,还有更多的新的社会职能在不断出现。公共图书馆的社会职能具体表现为以下几个方面。

### 1. 保存人类文化遗产

图书馆是人类文明的载体,是保存人类精神财富的宝库。它从诞生之日起,就承担着保存人类文化遗产的职能,在整个社会系统中有着任何其他文化机构所不能代替的重要作用。文献是跨越时间限制的人类思想的结晶,正是凭借着图书馆保存的丰富的文献资源,人类创造和积累下来的科学、历史文化知识等财富才得以代代继承和传播。图书馆广泛、全面地收集社会发展历史和知识经验的图书文献,并对它们进行加工分类、整理、存储,使其长久地、系统地流传下去。

随着时代的发展,图书馆在自身的发展过程中,保存对象的形式在不断发生变化,保存手段不断更新,保存目的不断拓展。从最初的龟甲兽骨、纸草泥版,到近代的印刷型图书,再到现代的磁盘、光盘、磁带、胶片、缩微胶片等,人类社会每前进一步所留下的文化遗产都可以作为图书馆保存的对象。从最初的藏书楼藏书到利用信息技术将馆藏数字化、电子化,使其能更长久、更完善地得到保护;从古代图书馆保存文化遗产以藏为主到现代图书馆的保存职能,更多地体现在对文献的利用上,使人类文化财富能更好、更广泛地得到利用。由此我们可以看到,时代的发展并未使图书馆的此项职能失去意义,科技的进步使得该职能的作用发挥得更加充分、完善,特别是在当代知识经济发展的阶段,要通过努力,用现代化科学技术手段对这些文化宝藏加以分类开发、保存和利用,以便更好地、更大范围地、更长远地为当代和后代人服务。这一职能使图书馆在人类社会发展史上和科学技术的发展史上，有着不可磨灭的伟大功绩。

**2. 开展社会教育**

公共图书馆历来就是一种重要的教育机构，古代的皇家藏书馆和有名的图书馆，不仅是藏书万卷的场所，也是培养人才和官员的地方。在近代的图书馆事业史上，有一批集图书馆人与教育家于一身之人，如梁启超、康有为、胡适、鲁迅等，他们既是教育家，同时又都曾是图书馆人。从老子到康、梁，这绝非是一种历史的巧合，而是有其内在依据的。现代的图书馆被称为"没有围墙的学校"，著名教育家蔡元培说过："教育不专在学校，学校之外，还有许多机关，第一是图书馆。"

公共图书馆作为一种社会文化教育机构，其社会教育职能主要包含以下方面。

（1）传播科学文化知识，活跃文化

公共图书馆收藏着丰富的图书文献，既有科普读物，又有专深的学术专著和专题论文，因此它能满足各种专业、各种职业、各种学历和各种文化程度的读者需要。公共图书馆的教育不受时间、空间、年龄等限制，这是任何其他教育机构不能相比的。因此公共图书馆成为普及和提高科学文化水平的重要社会教育设施。另外，在科学技术发展日新月异的今天，知识更新的频率不断加快，网络技术进一步拓宽了文化知识传授的范围，提升了文化知识传授的手段；远程教学使更多的人获得受教育的机会；通过数字图书馆丰富和扩展了知识资源；通过网络学习和多媒体教学手段改善教学效果等。公共图书馆长期稳定地对全社会成员普及教育、传授文化知识所发挥的作用，是任何学校无法替代的。

（2）读者终身学习的场所

公共图书馆在社会中是一所不受年龄限制，对全民进行终身教育的大学校。古代图书馆就具有教育职能，只是由于服务范围小，不很明显而已。在近代，公共图书馆的社会教育职能得到了充分发挥。资本主义的大生产，要求工人有较高的知识和较多的技能，社会要求公共图书馆担负起对工人进行科学文化知识教育的职能，以满足社会需要。图书馆的这一职能的发挥，也是进入近代图书馆的重要标志。进入现代图书馆时代，科学技术发展迅速，知识更新的频率越来越快，而人的一生都需要不断学习新知识，作为社会大学——图书馆，其社会教育职能得到了更加充分发挥。

（3）提升国民素质，为文化创新创造条件

公共图书馆通过开展信息素养教育启发用户智力、活跃思想、培养科学思维能力，使用户获得终身学习的能力，在知识经济时代，传统的学习方式已经不能适应现代信息社会的要求，脱离校门的工作者只有不断学习，更新知识，才能追赶上时代的脚步。

（4）培养公民信息素养

公共图书馆具有传授文化知识的教育职能，并且因其具有的长期性、稳定性和灵活性的特点以及在培养公民信息素养中所具有的特殊作用而有别于正规教育机构，从而成为国民教育体系中的一个有机组成部分。公共图书馆具有开展图书馆教育、指导用户检索利用图书的教育实践基础,因此其也成为培养公民信息素养的最佳场所,肩负起信息素养教育者的责任,指导读者了解信息资源及其价值、学会表达信息需求、善于利用信息资源和信息机构以满足自身的信息需求。数字图书馆的出现为再教育者更新知识结构提供了可能。数字图书馆以其四通八达的网络支持,最大限度地突破时间、空间限制,营造出全民共享、共同进步的良好教育环境,对于我国国民素质的提升发挥了重要作用。

### 3. 均等传递信息服务

《公共图书馆宣言》阐述:"公共图书馆对其所在民众,应不分职业、信仰、阶层或种族,一视同仁,给予同等的免费服务。公共图书馆,作为人们寻求知识的首要渠道,为个人和社会群体进行终身教育、自主决策和文化发展提供了基本条件。……每一个人都有平等享受公共图书馆服务的权利,而不受年龄、种族、性别、宗教信仰、国籍、语言或社会地位的限制。"这表明公共图书馆的存在使每一位社会成员具备了自由、平等、免费地获取和利用知识信息的权利。在当今社会,科学技术迅猛发展,记载科学技术的文献数量也急剧增长,文献的收集、整理单靠个人分散孤立地进行,不仅花费很大的时间和精力,而且已远远满足不了实际需要。因而需要有专职人员、专门机构从事科学文献的收集、加工、整理、检索和传递工作。作为文献主要收藏单位的图书馆,不仅具有信息的物质基础——各种文献,而且还有传递信息的方法,传递科学信息是现代图书馆的重要职能。国家要发展就要加强科学研究,而科学研究具有明显的继承性、连续性和创新性,这就要求迅速地进行科学交流和收集、掌握文献中的信息,以避免重复劳动,少走弯路,从而在已经取得研究成果的基础上,进行创造性的科学研究。现代通信技术和计算机技术在图书馆中的应用,极大地提高了现代图书馆传递信息的效率,从而使图书馆传递信息的职能得到更好发挥,成为现代社会信息的中心。

随着现代信息技术的进步,公共图书馆由传统的手工操作形式向自动化、网络化、数字化的方向发展。它不单是只有图书、期刊、报纸等纸张型的收藏载体,还应当是信息的集散地和加工厂,既要以书本为单元,也要以信息为单元。也就是说,省级公共图书馆不是单纯地论藏书量的多少、馆舍的大小,还要看其获取信息、开发信息和提供信息的能力。

网络时代的公共图书馆,拥有大量的信息资源和便捷的检阅方式,建立了自己的网址,通过因特网进入各个单位和家庭。针对不同的用户,提供全面、灵活的网络连接方式,为用户提供各种资源库的快速检索,用户可以方便地、不受距离限制地获取网上资源,最大限度地利用文化信息、经济信息资源。公共图书馆不仅具有良好的内部通信网络设施,使数据流在馆内畅通,实现为读者服务和办公自动化;而且能提供足够的对外通信设施并提高其能力,使读者可以方便、及时地获得各地的信息和各种数据库中的最新资料。

公共图书馆还关注个人信息需求,面向大众无偿提供与日常生活、工作、学习等与公众密切相关的信息,如当地生活基本信息(就业、消费、法律、医疗等),当地政府机构、企业、科教文卫等机构及其人员信息、地方志等。通过信息服务,扩大省级图书馆的影响力。具体而言,一是传递馆藏各种目录、题录等检索工具,向读者及时揭示、报道最新馆藏文献信息,以最快的速度将采集到的图书、期刊、光盘、数据库等文献信息传递到读者手中,使读者能够在第一时间内直接获取相关馆藏文献信息。图书馆依靠信息网络技术提供的信息服务,以其高效、快速、服务对象广泛、服务形式灵活便捷的特点正在使这一目标成为现实;并且随着各项知识技术的发展,图书馆能够进一步对信息进行深入挖掘和整合,将信息服务提升为知识服务。1995 年 12 月美国图书馆协会(ALA)发表了"美国图书馆事业发展的 12 条宣言",其中的主要内容之一是提出图书馆应向市民提供获取信息的机会。在文化信息的海量性和庞杂性与人们特定文化需求的针对性和专指性之间形成了十分尖锐的矛盾。要使公民能够迅速获得和使用最先进的文化科技成果,必然需要能够向公众快速、高效、准确传递所需文化信息的媒介。二是信息素养教育。省级公共图书馆提供信息技能培训,帮助公众获得或提高计算机使用能力和网络技能,提高信息检索、信息评价和信息利用等技能,如数据库使用技能等。有的省级图书馆还可以提供免费上网、查找资料的空间,在一定程度上消除数字鸿沟的影响。

### 4. 开发智力资源

所谓智力通常称为智慧,也叫作智能,它是人认识客观事物并运用知识解决实际问题的能力。智力也是资源,它与煤、石油等自然资源一样,只有被人们开发和利用,才能发挥现代图书馆巨大的能量,为人类造福。公共图书馆开发智力资源的职能表现在以下两个方面。

(1)开发信息资源

图书馆收藏的图书文献所蕴含的信息、知识是一种智力资源,它只有经过开发,才能服务于人类。所以,图书馆要采用现代化的技术手段,建立完整的检索系统,对图书馆的这种智力资源进行开发,最详细、最全面地将其收藏的文献中的信息充分揭示出来,为每一条信息找到使用者,为每一个需要者准确、迅速地提供科学信息,从而使图书馆的智力资源得到充分地开发和利用,创造出新的物质财富和精神财富。

(2)开发人力资源

图书馆不仅开发人类积累的智力资源,还要开发人的潜在的智力资源。这种智力资源的开发与图书馆的教育智能是密切联系的。图书馆对读者进行学习方法和阅读方法的教育,进行信息检索、开发和利用的教育,从而提高读者信息开发利用的能力;利用丰富的馆藏文献、举办各种学术交流会、专题报告会、读者信息检索培训等其他各种形式的活动,开阔读者的视野,培养他们的各种能力……以上这些方面都是图书馆开发智力资源的体现。

### 5. 文化休闲娱乐

进入 21 世纪,公共图书馆已成为一个地区的文化中心,其功能远远超出文献服务的范围,已成为传播公共文化娱乐服务的重要公共文化场所。现代社会是一个竞争激烈、节奏快捷、充满抗争的时代,人们需要承受多种内、外在因素的影响,心理需要随时放松、调节。因此图书馆文化娱乐职能应着力于将其建成为人们文化休闲、文化享受、文化娱乐、文化交流、陶冶情操、精神建设、问题探讨、学术沙龙的重要场所,特别是营造浓厚的文化休闲氛围,使图书馆真正成为公共文化展示空间、传递空间、交流空间。随着数字图书馆的出现与发展,信息资源载体和传播方式的数字化为建设公共文化空间创造了更好的环境。作为对此理念的响应,目前许多图书馆根据自己的具体情况开展了多种相关的社会文化活动,使图书馆逐渐成为城市或社区公共生活空间的重要组成部分。这些活动有的已经产生了较大的社会反响,甚至取得了非常显著的品牌效应,成为现代都市中一道亮丽的文化风景。例如,国家图书馆的"国图讲座"、上海图书馆的"上图讲座"、苏州图书馆的"公益讲座"等。

公共图书馆不仅具有文化娱乐的职能,还要满足社会对文化休闲的需要,丰富和活跃人们的文化生活。休闲时间增加是现代社会发展的必然趋势,也是社会文明进步、生活质量提高的标志。图书馆除了阅览室外,还可以开辟展览厅、演讲厅、小剧场、学术活动厅等文化设施,开展英语沙龙、音乐欣赏、美术绘画、棋艺研习等;还可以建立视听室,播放健康有益的录像带、录音带、VCD光盘、幻灯片、影片等视听文献;建立电子阅览室、网吧,进行电脑游戏或网上聊天;设置一些体育活动室、健身房,成立各种培训中心,甚至可以提供各种艺术表演来展示地方文化。把休闲娱乐活动同日常生活、文化教育等有机联系起来,把图书馆建成一个丰富多彩的、环境幽雅的休闲娱乐场所和社区的活动中心,促进当地文化产业的发展,从而提高人们的文化品位、丰富人民群众的精神生活,培养人民群众的高尚生活情趣。

**6. 倡导社会阅读功能**

公共图书馆是阅读的推动者,是阅读文化环境的建设者。随着图书馆服务领域的逐步延伸,举办丰富多彩的活动,丰富人民群众的精神文化生活是图书馆义不容辞的责任。图书馆除了为应用型的服务对象提供信息,为学习型的读者提供终身教育的功能外,还可以为消遣型的文化休闲者提供健康文化娱乐的功能。利用各级图书馆中文艺、体育、娱乐方面的图书和期刊,把广大城镇职工和农民吸引到学习和阅读健康有益的书刊上来,进而转变观念,移风易俗。

公共图书馆是培养公众阅读习惯和能力的主力军,尤其是对青少年阅读指导。如向儿童宣传和提供适龄图书,组织学生阅读活动,组织阅读俱乐部开展社会阅读节等活动;提供儿童阅读方法技能指导,提供教师或家长对儿童阅读相关资料的引导;组织书评、作者见面会等活动,宣传推荐书目等,引导阅读方向。

**7. 文化传播服务功能**

图书馆在发展过程中,经过同各种文化源的相互交流、渗透,又创造了富有特色的图书馆文化。通过馆藏文化的传播,可以打破时空的局限,将"上下几千年,纵横几万里"人类积累的经验、创造的知识、研究的成果,进行更加广泛的传播和交流,从而为科研人员进行创造性的劳动提供必要的先决条件。所以,图书馆是文化交流和传递信息的重要渠道。图书馆通过馆藏文化的收集和传播,实现学科内部和学科间的交流,为科学交叉和知识转移创造条件;通过传播馆藏文化,建构新的有用的知识体系,进而为科学创新积累资料,促进社会科学和自然科学的发展。

公共图书馆对所拥有的资源进行有序化管理,如加工、整理和传播等,因此图书馆具有明显的文化传播优势。首先,图书馆拥有浓厚的文化底蕴和丰富的馆藏资源,这是其他文化传播机构所不能比拟的。其次,图书馆已对馆藏资源进行行之有效的标准化管理,合理地使用和配置图书资源,从而方便文化和信息的广泛传播。再次,图书馆利用所有的设备和人力资源,能够对多种形式的文化信息进行多途径和多方式的传播,为文化传播交流创造优势条件。最后,图书馆拥有最广泛的读者群,通过巨大的读者到馆次数和图书馆主页点击次数,可以说明图书馆读者群的庞大。图书馆通过传播功能,既普及了文化知识,又推动社会进步,这也是图书馆社会职能的实现。随着各种新的文化现象的不断产生,图书馆对这些社会"即时文化"现象进行传播。比如,对于各种重新发掘整理的民间艺术、社会各门类学科的最新发展动态、文艺人才的创新成果以及商业社会中所出现的不同价值取向等文化现象,图书馆都可利用自身的文化优势,通过举办展览、演讲会等形式予以关注并传播。

**8. 服务地方文化功能**

公共图书馆是当地文化机构的一部分,它以收集、保存、整合文献为主,尤其是地方历史资料、地方特色文献资源等,建立共享特色数据库,提高公众对文化遗产的认识,了解自身文化遗产和其他文化、提供与时尚话题相关的图书、声像资料等,可以举办各种文化展览及与用户兴趣爱好相关的活动、作家讲座、读者见面会等活动,促进文化交流与理解,传播先进文化,形成积极向上的文化环境,支持地方文化发展。

## 三、我国公共图书馆的变革

迈入 21 世纪,公共图书馆迎来了一个发展的新时期。这个新时期为公共图书馆的发展创造了前所未有的新机会,图书馆进入了一个巨大的变革阶段。

### (一)文献载体的变化

图书馆由文献、读者、馆员、技术手段、建筑设备诸因素构成。近些年来公共图书馆的诸因素发生了不同程度的变化,较为明显的是文献载体形式由单一的印刷型向光电型、缩微型、数字型的方向发展;磁盘、光盘、海量存储器在图书馆的大量使用,使图书馆文献信息量大增,电子计算机存储功能和传递功能在文献利用中的进一步发挥,使得图书馆在收藏文献载体多样化的同时,在服务方式上表现为逐步引导读者适应电子出版物的阅读并掌握其检索方法。与之不相适应的是图书馆建筑狭小而影响了藏书容量的存放,节省存贮空间的数字文献使困惑图书馆多年的文献容量危机得以缓解。而随着大多数读者已从文盲、半文盲变成了文明化、知识化程度较高的读者,文献需求从简单的纸质文献需求变成了全方位、多层次的需求;检索时间由无所谓的等待到简单方便快捷的电子文献传递,图书馆信息化、网络化的发展缓解了读者日益增长的文献需求。这些变化促进了图书馆工作重心的转移,构成了图书馆变革的最大动力。

### (二)服务技术的变化

以计算机技术为核心的现代信息技术的发展,推动了图书馆的变革和发展,特别是计算机技术、多媒体技术和信息高速公路的迅速发展,已直接影响人类社会生活的方方面面,也影响了图书馆的工作方式,一系列图书馆管理技术软件在图书馆的应用,使图书馆在资源的采集、分类、编目、数据库建设、资源整合传递、信息处理与存储、信息检索与挖掘、数字图书馆的互动操作、版权管理技术、虚拟参考技术、个性化服务、图书馆应用系统设计与分析、多媒体检索系统、跨平台检索系统、云技术等方面拓展了服务的空间,拓宽了图书馆服务的领域,扩大了图书馆的社会功能。传统的手工检索转变为计算机检索、问询式的服务转变为网络服务、纸质文献借阅转变为电子文献借阅,以印刷载体服务为主的图书馆,正在向电子化、网络化过渡,数字图书馆和传统图书馆相结合的复合图书馆已成为必然的选择。

### (三)网络文献的便捷获取

互联网的快速推进使中国互联网产业一直保持稳定增长态势,互联网信息的高速传递,把不同的单位、行业、地区、国家联系起来,大大提高了信息传递的速度,使得文字、符号、图像、声音等都可以以数字的形式在网络上推送,提高了信息传递的速度。大量网上免费资源给广大读者提供了便捷的服务,淡化了读者对图书馆的依赖。联机计算机图书馆中心(OCLC)于2005年年底发布的《对图书馆与信息资源的认知:给OCLC成员的报告》中指出:84%的用户使用搜索引擎进行信息检索,1%的用户从图书馆网页上进行信息检索;信息的质量与数量是决定信息检索满意度的首要因素,读者对搜索引擎的评价高于图书馆馆员。作为信息收集、加工、传递和服务的专门机构,图书馆的管理理念、管理内容、工作模式、服务对象、服务范围等都因此而发生了深刻的变化。全球的网络化与信息化,使人们坐在家里便可随时利用图书馆的资源不再是神话。

### (四)国内外数字信息机构的冲击

随着现代信息技术的日益成熟,互联网的迅速普及,国内外信息产业机构迅速崛起。国内的同方知网、北大方正、重庆维普、读秀超星图书、万方数据等一系列大型公司均形成了规模经济。这些机构在信息服务领域占有很大的优势,对图书馆造成了不同程度的冲击。与此同时,谷歌从2004年开始实施"数字图书馆计划",第一批扫描的图书包括斯坦福大学、哈佛大学、牛津大学、密歇根大学、纽约图书馆的一千多万本图书。2006年,谷歌宣布与加州大学图书馆、威斯康星大学图书馆合作,继续扩展与图书馆界的合作。美国互联网和软件产业巨头雅虎和亚马逊在线随后也宣布了各自的数字图书馆计划。与此同时,不甘心被私有公司占先的法国也开始加入了创建公共数字图书馆的大潮。到 2006 年,数字图书馆计划规模进一步扩大,从大公司到互联网组织,从搜索引擎到亚马逊在线书店等都开展了图书扫描计划。目前,Google 公司正在涉足图书馆的服务领域,而且以免费的方式出现,与世界上很多国家的图书馆都签订了合作协议。这将挑战各个国家对图书馆的定位,并会长期影响各国对图书馆的投资。同样,图书馆与搜索引擎公司的合作将从许多方面影响我国公共图书馆的发展。

# 第二节　公共图书馆服务概述

## 一、图书馆服务的概念

### (一)图书馆服务的定义

随着社会经济的发展、人类分工的不断细化,一方为满足另一方需求的社会活动——服务就必然产生。所以说,服务是人类社会发展到一定阶段的必然产物。

人们对服务概念的认识是随着社会实践过程的发展而不断深化的。图书馆服务这个概念在现代图书馆工作中有着特定的内涵和外延,它反映了人们对图书馆服务工作本质属性的认识。阐明图书馆服务概念的含义对于开展图书馆服务工作和研究图书馆服务有着非常重大的意义。

这里所讲的“图书馆服务”,就是我们通常所讲的“图书馆读者服务”。但由于现代图书馆服务功能的扩大和服务形式的多样化,图书馆的服务对象在以传统读者为主体的情况下,已不单单局限于读者这个群体,而是已经扩大到其他需要图书馆提供各种类型服务的用户。图书馆读者服务改称图书馆服务更为贴切和符合图书馆工作实际,也有利于我们对图书馆服务进行深入的研究。

图书馆服务是图书馆根据读者的文献信息需求,充分利用图书馆资源,直接向读者提供文献和信息的一系列活动。图书馆服务可分为信息资源提供服务、信息咨询服务两大类。图书馆服务的内涵并不单单是指为满足读者的信息需求而开展的各项工作,还应包括图书馆的服务理念、服务质量、服务环境,以及在图书馆服务过程中工作人员的业务能力、服务态度等。图书馆将丰富的文献信息资源向社会、向读者传递形成了图书馆特有的活动内容——读者服务。

### (二)现代图书馆服务的结构因素

从众人对图书馆服务的各种界定分析来看,现代图书馆服务具有如下几个共同的结构因素。

一是图书馆的服务对象——以读者为主体的社会各种组织和个人组成了图书馆服务

的用户,其中某些个人和单位可能还不一定是图书馆文献信息资源的利用者。

二是图书馆资源,也可称为图书馆服务资源。它是图书馆开展服务的基础条件,包括文献信息资源、人力资源、设施资源以及其他一切可以为社会和个人所利用的资源。

三是图书馆服务的对象以文献信息为主,包括其他各种形式的服务需求。

四是为满足社会和用户需要的各种服务手段和方式,它是服务实现的前提条件。因此,综合起来讲,图书馆服务就是图书馆为了满足社会和用户的文献信息等多方面需求,利用自身的资源,运用多种方法所开展的一系列服务活动。这样一个定义,既符合目前图书馆服务工作的实际,又符合图书馆服务功能开放性发展的趋势,具有一定的前瞻性。

## (三)图书馆"服务产品"

从服务营销学的角度,我们可以把图书馆服务看作一种服务产品,一种可称之为"知识服务"的产品,即以信息知识收集、组织、分析、重组的知识和能力为基础,根据用户的需求和环境,融入用户解决问题的过程之中,提供能够有效支持知识应用和知识创新的服务。由于图书馆服务大都是无形的、不可感知的,用户获得服务的过程实质上也是感知和体验服务的过程,具有很强的伸缩性,所以,必须把用户感知到的与图书馆服务的载体联系起来。为此,图书馆"服务产品"这个概念,我们可以从以下四方面来加以理解。

### 1. 核心产品

核心产品基本服务产品组成,就图书馆而言,就是为用户不断地查询、分析、组织文献、知识和信息的过程。

### 2. 期望产品

期望产品与核心产品一起构成满足需要的基本条件。人们到达图书馆后,除获得文献、知识和信息之外,还有一些附加元素,包括简单和方便的办证手续、准确而又简明的导引系统、舒适的等候条件、快速的检索和输出服务等。

### 3. 增值产品

增值产品是得到的产品与其他产品的差别体现。图书馆提供的服务产品有别于其他产品的差别体现在图书馆关注和强调利用自己独特的知识和能力,对现有的文献进行加工,从而形成新的具有独特价值的信息产品,为用户解决他们不能解决的问题。

### 4. 潜在产品

潜在产品是用户得到产品所获得的潜在利益和价值。用户在接受图书馆提供的服务产品的同时,其自身的知识积累和文化修养也得到提高,增加了用户感知的附加值。

其中期望产品、增值产品、潜在产品统称为边缘产品,有时也叫作"附加服务"。

图书馆服务是指图书馆利用其文献、设备设施等资源为人们的需求而开展的一系列活动。可以看出,图书馆服务是人类社会活动的重要组成部分,贯穿于人类社会发展之中。从古代藏书楼到现代图书馆,随着社会的不断发展,其服务形式、服务内容、服务手段不断变化,但服务本质没有改变,即以文献资源为主体,为社会提供服务。

## 二、我国图书馆服务的变革

图书馆服务经历了从封闭到开放,从仅提供一次文献到提供一、二、三次文献服务,从借阅服务到参考服务,从坐等服务到主动推进服务,从信息服务到知识服务,从完全无偿服务到出现有偿服务,从按时服务到即时服务,从在馆服务到多馆服务、馆外服务,从在线服务到全球服务的漫长历史过程。

### (一) 中国图书馆发展的历史进程

中国的图书馆历史悠久,源远流长。但由于长期受封建社会制度的制约,"保存藏书"一直是其主要功能,很少对外开放服务。尽管明末清初藏书家曹溶曾经在其所著《流通古书约》一书中,提倡用传抄和刊刻的方法扩大藏书的流通和传播范围,清代进士周永年的"籍书园"和内阁中书国英的"共读楼"等私人藏书楼曾准许少量读者定期入内阅览,但影响都不大。真正向社会开放、提供服务的是 1904 年浙江绍兴徐树兰创建的"古越藏书楼"和此后的一些省立公共图书馆。辛亥革命以后,中国图书馆的服务对象逐渐扩大,如京师通俗图书馆设置新闻阅览室、儿童阅览室,并在一些县设立巡行文库。1919 年五四运动前后,时任北京大学图书部主任的李大钊强调图书馆的教育职能,提出公共图书馆应向工人、市民开放,实行开架阅览。以杜定友、刘国钧等为代表的欧美图书馆学派,推行西方的办馆思想,也主张图书馆为民众服务,要用各种方法吸引读者,并辅导他们自学。李小缘则强调图书馆应发挥"消息总机关"的作用,向社会提供咨询服务。

中华人民共和国成立以后,公共图书馆、高等学校图书馆、科学技术图书馆等各类图书馆分别根据中华人民共和国文化和旅游部、教育部、中国科学院等部门制定的图书馆条例中的有关规定,通过阅览、外借、复制、参考咨询、文献检索、宣传报道、定题情报提供、情报分析等方式,广泛地为人民服务,为经济建设、科学技术和文化教育事业的发展服务。由于代查、代借、代复制、邮寄借书和流动图书馆服务的开展,使不便亲自入馆的读者也可获得图书馆服务。

20 世纪 70 年代前后,图书馆工作开始计算机化,但主要应用于内部业务,未能从根本上改变图书馆服务的基本架构。随后兴起的信息化热潮,对图书馆传统的一次文献服务形式形成了强烈的冲击。信息服务是以向人们提供有用的显性信息为内容的信息传播过程,其特点和局限性在于信息内容限于显性信息与显性知识以及在信息服务过程中采集、提供的信息,主要是将文献直接提供给用户,如一次文献、二次文献等。计算机网络普遍应用后,文献利用的"场所束缚"、图书馆利用的"时间限制"、文献与利用者的"地理间隔"等问题不复存在。为此,美国加利福尼亚大学伯克利分校图书馆情报学院(现改为信息管理与系统系)教授伯克兰德在《图书馆服务的再设计:宣言》一书中提出:"未来一百年将是图书馆员必须重新构筑图书馆服务架构的时代"。他指出,信息技术的发展已经从根本上改变了图书馆世界,一场图书馆革命迫在眉睫。但这场正在进行的革命是一场技术方法的革命,并没有证据说明图书馆的历史使命会有根本变化。他同时认为,整个图书馆服务的架构要发生根本性变化,有必要重新设计,这也就是该书的"宣言"。另外,他还指出了图书馆服务的变化主要表现为:服务的便利性、服务的自助利用和馆外利用等。网络的出现使图书馆界认识到,图书馆的核心能力不在于所拥有的资源,而在于其具备的利用广泛信息资源为用户创造价值的知识和能力。在今后的发展中,图书馆的核心能力将定位在知识服务,即以信息知识的搜寻、组织、分析、重组的知识能力为基础,根据用户的问题和环境,融入用户解决问题的过程中,提供能够有效支持知识应用和知识创新的服务。

## (二) 我国图书馆服务发展的规律

从古代图书馆到现代图书馆的历史演变来看,图书馆服务具有以下发展规律。

### 1. 服务对象扩展

图书馆的服务对象经历了一个从严禁到限制到部分开放到全面开放的过程。中华人民共和国成立前,因为能够对外开放的图书馆数量和藏书极其有限,加上广大工农群众中文盲占大多数,图书馆实际上只能为少数达官贵人和有文化者服务,图书馆服务是完完全全的"精英服务"。中华人民共和国成立后一直到 20 世纪 80 年代后期,虽然通过开展扫盲运动,普及教育,广大人民群众的科学文化水平逐步提高,图书馆服务对象扩展到了全民族各个阶层,但服务对象还是受地域、身份等方面的限制。读者必须持有关证件进馆,办理借书证需单位证明和本地户口。到了 20 世纪 90 年代,由于人们对文献信息需求的增加以及图书馆事业的发展,特别是公共图书馆事业的发展,公共图书馆已面向全社会开放。社会成员不受地域、身份等方面的限制,可以就近享受图书馆服务。目前,许多图书馆免费向所有居民开放。无论是本地居民还是外来劳务人员,只要持本人身份证就可以办理借书证,免费借阅图书馆的书刊资料。

### 2. 服务内容增加

由于人类信息需求的扩大,图书馆的服务内容也在相应增加。古代图书馆只是为皇朝政事提供参考、为公私著述提供资料,近代图书馆主要是为人们提供阅览服务。现代图书馆除了为用户提供借阅服务、参考咨询、文献情报检索等服务外,同时为他们提供网络服务,包括全文检索、多媒体检索服务、网络检索服务、网络咨询服务,以及查询咨询服务、休闲娱乐服务等;不仅提供传统印刷型文献资料,还提供数字化的文献信息。服务功能的多样化已使图书馆不仅是单纯的文献收藏中心,而且是社会教育的基地、信息传播中心和民众休闲娱乐的重要场所。

### 3. 服务手段提高

20 世纪 60 年代以前,图书馆各项工作都处于手工操作阶段,图书馆服务效率低下。20世纪 70 年代以来,随着计算机技术在图书馆的应用,图书馆内部管理逐渐实现了自动化,图书馆服务效率有了显著提高。机读目录的出现为用户提供了更多的检索途径,流通自动化简化了用户的借、还手续。20世纪90年代以后,随着互联网技术的发展,图书馆服务实现了网络化。通过互联网,用户在家里就可以轻松享受图书馆服务,阅读图书馆数字化的文献资料,并下载自己所需要的信息。图书馆则可以利用互联网建立虚拟馆藏,共享他馆及其他信息机构的信息资源,为用户提供信息服务。

**4. 服务方式进化**

随着社会的进步和发展,人类的信息需求日趋增加,图书馆的服务方式也有了巨大变化。古代图书馆由于受馆藏信息资源数量、管理手段及信息需求等方面的限制,一般仅提供室内阅览服务。到近代,图书馆馆藏文献数量有了显著增长,人类文献需求趋于大众化,图书馆除了提供馆内阅览服务外,也向读者提供文献闭架式外借服务。到了现代,随着科学技术的飞速发展,文献信息资源急剧增长,人类的信息需求日趋多样化,封闭式服务已不能满足人们的需要,图书馆遂逐步实现了开放式服务,实现了借、藏、阅一体化,极大地方便了用户利用文献信息资源的途径,也提高了文献信息资源的利用率,最大限度地发挥了资源的效用。随着互联网的发展,图书馆服务已不再局限于馆内服务。通过互联网,图书馆可以提供网上阅读、全文信息传输等多种服务,及时快捷地满足社会大众的文献信息需求。同时,图书馆服务已不再局限于提供纯文献信息,而是提供多种功能、多种形式的社会化服务。

## 三、现代图书馆服务发展的特点

现代图书馆读者服务工作正在凸显出一些与以往不同的特点,特别是网络化的时代,网络技术的发展和应用,使图书馆向数字化、网络化和虚拟化发展,导致图书馆传统观念的变化。随着网络时代的到来,作为人类知识宝库的图书馆正在发生着深刻的变化,它不再仅仅是保存和利用图书的场所,而是逐步发展成为人类的知识信息中心。在网络环境下,图书馆的地位大大提高,图书馆的服务必将成为图书馆建设最为重要的内容。

网络环境下,图书馆的信息服务是一种高效的网络化、数字化服务,是现代信息服务的高级形式,它在服务理念、服务内容、载体形式、服务策略与方式等方面都有别于传统的信息服务。其主要特点如下。

### (一)服务理念的信息化

信息服务首先是一种观念、一种认识和组织服务的理念。信息服务理念是开展信息服务工作,确定信息服务策略、方式与模式的思维准绳和理论基础,是信息服务的灵魂。知识经济的迅速发展以及用户在网络环境下呈现出对知识的迫切需要,促使图书馆必须在知识服务层面努力,有效地收集、组织、存贮信息资源,根据用户的需要对信息资源进行深层次开发,挖掘其中隐含的知识,提供解决问题的方法。信息服务的价值主要体现在其为社会经济发展提供服务的知识含量而非简单的信息数量。

## （二）服务内容的知识化

服务内容的知识化是以信息用户的需要为目标，将图书馆信息服务的工作重点从文献利用转移到知识运用上，强调信息资源的开发与利用，为信息用户提供的不仅仅是信息线索及相关文献，更主要的是从复杂的信息资源中获取的解决现实问题的信息知识，将这些信息知识融合和重组为相应的问题解决方案，并将之转化到新的产品、服务或管理机制中。

## （三）服务载体的网络化

网络环境以数字化资源为基础，以网络技术为手段，实现了跨越时空的资源的共建共享。图书馆的馆藏不仅包括各类载体的本地数字信息资源，而且包括大量网上的虚拟数字信息资源。互联网的真正价值就在于可以通过四通八达的信息高速公路快速传递信息资源，它彻底地改变了传统的信息提供和获取方式，将分散于不同载体、不同地理位置的信息资源以数字方式存贮起来，并通过网络相互联结，实现了真正的信息资源共享。用户可以根据自己的需要，自由地访问那些适合自己的信息资源，这极大地增加了他们的信息资源的拥有量，进而提高了整个社会的信息获取能力。网络化图书馆的建设，打破了传统图书馆的封闭服务理念。通过局域网、CERNET 和 Internet 互联，实现网上各种数据库资源的共享。通过网络资源的共享，图书馆的服务范围不断扩展，形成服务的无区域化。无论是国内还是国外，这种变化趋势的进程都在加快。目前，大多数图书馆已经同 Internet 联网。这种变化的最终目标是摆脱图书馆仅为特定读者群体服务的思想束缚，向社会开放，开展多种形式、多种渠道的信息服务，满足社会对信息的需求，更好地为社会各界服务，最终形成"大图书馆服务于大社会"的理念。

## （四）服务方式的多元化

网络环境下，数字文献的服务实现了网络化，用户可以通过信息网络同时进行访问、检索和下载，如利用数据库开展定题服务、课题查询或追溯服务等，都是数字图书馆为用户提供服务的重要方式。图书馆在网上发布各种文献资源的消息，不断地向用户提供所需要的信息和知识，用户可以在任何一个地方通过终端以联网的方式查找所需要的信息。数字信息的检索技术不再单纯地采用传统图书馆中惯用的关键词及其逻辑组合的方式，还能够通过智能式人机交互方式来检索信息。图书馆利用互联网上的虚拟信息开展信息服务，主要包括利用互联网上的各类网站和搜索引擎按学科或专题建立网上学科导航站或学科指引库，并存放于某一网页，引导用户浏览或检索相关信息；利用互联网上的各类网站和搜索引擎按学科或专题收集、下载、筛选、分析、重组、整合以建立专题数据库，然后向特定的用户提供服务。用户可以通过自己的语言不断地与系统进行交互，逐步缩小搜索范围，最终获取自己所需要的文献资料。

## （五）服务中心的转变

这一转变主要体现为图书馆管理上的人性化转变,即图书馆在注重信息服务的同时,开始注重人文环境的建设。信息服务方面,在提供传统图书借阅服务的同时,重点加强网络建设,突破图书馆的时空限制,延长服务时间,拓展服务空间,为各类读者获取信息提供快捷、方便的服务;加强信息的收集、加工、组织,提高网络馆藏信息的数量和质量,为读者提供充分、有价值的信息资源。人文环境建设方面,图书馆应有效利用数字化和网络化技术,缩小图书馆的馆藏空间,相对扩大读者的学习空间,创建舒适的学习环境,提供资料检索、查找、复印、装订等自助式快捷服务,同时建立读者同图书馆的有机联系,使读者特别是学生离不开图书馆。例如,澳大利亚的墨尔本大学把学生证与借书证一体化,同时在入学时由图书馆为每个学生注册一个校园电子信箱,为学生提供在图书馆借阅图书的信息。与此同时,学生可以通过电子信箱预约图书。

## （六）服务态度的主动化

服务是图书馆的基本宗旨,是图书馆的核心功能。网络环境下,图书馆的服务已经由传统的被动型服务向主动型服务转变,这种转变已经发展成为现代图书馆的主要特征之一。这种转变趋势主要表现在以下三个方面:一是图书馆的服务方式由信息储藏向信息加工和传递转变,使图书馆成为读者获取最新信息和知识的来源;二是主动为科研服务,使图书馆成为国内外新学科、新领域、新课题、新动态、新技术成果的跟踪者和信息的提供者,发挥信息的时效性,为读者特别是科研人员提供及时、准确的服务;三是主动参与市场竞争。图书馆发挥自身的信息优势,改变被动服务方式,树立市场观念,主动参与市场竞争,根据市场需求,为社会各部门提供各种信息服务。

## （七）阵地服务与网络服务并重

在传统阵地服务的同时,现在几乎稍有规模的图书馆都有了自己的网页。清华大学图书馆、上海图书馆、广江省立中山图书馆等都先后开展了网络参考咨询工作,中国国家图书馆和上海图书馆的网上文献传递工作也与日俱增。而网上借阅、网上讲座、网上咨询、网上文献提供、网上读者信箱等的出现,表明网络已经成为现代图书馆不可或缺的组成部分,它连接着被认为是图书馆三大要素的藏书、读者和工作人员,从而使网络服务与传统的阵地服务互为补充,并日益表现出无限的生命力。

## （八）突破时间和空间的限制

服务时间的限制、服务空间的限制一直是读者服务不能实现方便读者的跨越式发展的两大障碍。而借助于信息技术的支撑,图书馆已可以向读者提供24小时的"全天候"服务;服务的触角也已延伸至全国以及世界各个国家和地区。读者与图书馆员之间从来没有像今天这样"天涯若比邻",虽远隔千山万水,但如同近在咫尺,即时的咨询问答等服务方式使远距离的感觉不复存在。人们将可以通过图书馆来实现这样的服务愿景,即任何读者在任何时间、任何地点,可以利用任何馆藏并与任何馆员联系进行其所希望的个性服务。

### (九) 资源无限带来服务无限

当数字化技术将传统介质的文献转化为数字信息,在网络通信技术的帮助下使全世界各图书馆以及其他机构的数字信息连为一体时,人们真正感受到了资源的无限以及由此而产生的图书馆读者服务空间的无限广阔。一些馆藏并不丰富但善于利用社会各类信息资源的图书馆在近年来有了惊人的成就,使传统的对馆藏数量及建筑面积的追求开始改变,资源共享的理念更加深入人心。

### (十) 功能拓展带来服务延伸

当代图书馆的发展在其原有的文献典藏、知识交流、文化教育以及智力开发功能的基础上,其终身学校、文化中心、信息枢纽的功能开始显现。虽然这些功能与原有的功能可能有重合的部分,但这些功能却显示出其强大的生命力,使图书馆的读者服务不断得到延伸,服务空间不断得到拓展,服务平台不断得到扩大。以讲座为例,国家图书馆的部级领导干部历史文化讲座、上海图书馆大型宏观信息讲座等都将服务的触角延伸向了社会,在发挥图书馆作为市民的终身学校方面显示出其勃勃生机。

### (十一) 个性化服务的需求越来越突出

网络技术的发展为自主性的读者服务提供了许多的途径和服务内容,而在这样的服务过程中,读者的自主性得到张扬,个性化得到满足。例如,上海图书馆在庆祝新馆开馆五周年之际与上海有线电视台共同推出的"把我的图书馆送入千家万户"服务,就是这种个性化的服务正逐渐成为图书馆界追求的服务新理念的典型代表。

### (十二) 便捷服务的要求越来越高

方便快捷是广大读者对图书馆服务的基本要求。信息化时代最重要的就是速度。为读者节约时间已成为一种服务理念,如有的图书馆提出了为读者的限时服务,尽可能缩短读者在借阅中的等候时间。许多图书馆主动向读者提供了个性化的、快速的、高质量的、标准化和规范化的服务,特别是在第一时间提供了最新的各类文献和信息;同时,在读者导引、空间布局、文献提供、网上咨询等图书馆服务的每一个环节和业务中体现出了效率与质量。

### (十三) 免费服务的呼声越来越强烈

在图书馆的一般服务中,向读者收取服务费与会员费等只能是权宜之计;而收取一些文献外借逾期费、复印费等也是被允许的,但不能太高。国际图书馆协会联合会(国际图联)和联合国教科文组织所发布的《公共图书馆服务发展指南》中所阐述的观点已为越来越多的图书馆管理者所认可,而广大读者则按照这样的规定要求图书馆提供更多的免费服务,并对目前的一些收费项目提出了质疑。

# 第二章  公共图书馆服务的基础理论

## 第一节  公共图书馆的服务理念

随着科学技术的发展,图书馆正面临着文化传播载体和传播方式的变革所带来的挑战和冲击,以及日益严峻的竞争。在信息社会中,图书馆要赢得竞争优势,提高服务水平和质量,就要树立正确的、先进的、科学的服务理念。

### 一、图书馆服务理念的基本内容

20世纪80年代中期,我国图书馆界提出了"读者工作是图书馆工作的出发点和归宿"的服务理念,对我国图书馆的服务工作起到了极大的导向性推动作用。进入21世纪后,图书馆界又提出了一些新的服务理念并指导着图书馆服务工作的理性发展,具体如下。

#### (一)"以人为本""用户至上,服务第一"的服务理念

从哲学的角度看,所谓的"以人为本",就是正确认识和处理人与其他生产要素的辩证关系,重视人的创造力及其主导、能动和决定作用,将人作为"活力源",从而形成的关于人的科学理念。从知识的角度说,"以人为本"符合辩证唯物主义的认识论。作为图书馆来讲,人、财、物、文献管理、信息开发、服务等内容纵然千头万绪,但这一切都是受人的统率和支配,是通过人的工作和劳动去实现的。

在图书馆服务中,坚持"以人为本"的服务,指的是在服务工作中,不管何时何地,都要"用户至上,服务第一",要把"为一切用户服务""一切为了用户""满足用户的一切合理需求"作为图书馆服务工作的出发点和归宿。图书馆的社会价值是从满足用户需求中体现出来的。一个图书馆办得好不好,其办馆效益、社会价值如何,主要通过用户对图书馆的认识去衡量,要看他们对利用图书馆的希望程度,对服务项目和服务标准的信誉程度,对服务人员素质和服务水平的满意程度,对服务效果的认可程度。

图书馆工作以用户为主导,并在三个方面充分体现。

一是用户对文献信息,即馆藏文献信息是否符合用户需要,馆藏的信息、知识量度、内容价值必须由用户做出判断;

二是用户对图书馆员,即馆员的服务态度、服务能力、服务效果的优劣必须由用户来鉴定;

三是用户对图书馆工作,即图书馆的各项业务建设、制度规章、服务项目及设施是否反映用户利益与要求,必须由用户加以评价。

"用户至上,服务第一"的表述与商业市场提出的"顾客至上"或"顾客是上帝"没有本质的区别。可以说,用户既是"上帝",又是"主人翁",为此,国内外许多图书馆坚定"用户至上,服务第一"的理念。为充分体现这一指导思想,图书馆采取成立读者工作委员会等方式,实施对图书馆工作的具体指导的举措;定期向读者汇报工作,出版图书馆工作年报,如实反映取得的成绩和存在的问题,接受全社会监督;推行义工制,邀请读者协助图书馆工作;等等。

"用户至上,服务第一"的理念,还应该体现在尊重读者的阅读自由,不对读者设置不符合政策、不符合人权的障碍;不侵犯作者的著作权,因为任何作者都可能是图书馆的读者,有效、合法地利用和保护他们的著作权,正是图书馆生存、发展的重要条件;用户利用图书馆的合法权益必须得到尊重,要提高服务的文明水平,绝不出现对读者使用不恭用语的情况。事实表明,图书馆服务工作只有在实际上而不是在口头上确立读者是图书馆的主人地位,才能"一切为了用户",真正做到全心全意为用户服务。

## (二)重视服务成果的理念

服务作为智力劳动必然要产生成果。重视服务成果的理念对于强化服务的目的性非常重要。它具有以下两层意思。

一是不仅要把服务作为图书馆的一个工作过程,更重要的是把它当作一个目的。既然是目的,就得要看重服务成果,这种成果包括服务活动中的工作成果和开发文献信息产品的成果。为此,服务工作自始至终都要具有需求理念,要经常性开展调查研究,并建立长期的反馈系统,不断改善服务,提高工作质量,争取获得最大的效益。而图书馆服务工作人员也务必改变以往"守门人"终日流于上班下班、不求效益、不思进取的状态。

二是要重视服务成果而不异化服务成果。对图书馆服务成果要正确分析、对待,它是一个潜移默化的过程,有一定的局限性,不可能立竿见影,一般都由量变到质变。所谓异化用户的劳动成果,就是将用户自身的努力、创造所取得的成就都归结于图书馆的服务,以往常用的做法是对此广为宣传,并向用户颁发"读书成果奖""读书贡献奖"等。目前,一些图书馆为显示自己的服务成果,同时一些用户为获取殊荣及在图书馆得到相应的服务优惠条件,彼此需要的"双向动力"似乎使此项活动异常火热。对服务成果的异化,也是对用户劳动成果的异化,应属"打假"之列,切不可作为提高图书馆社会价值的举措。

图书馆服务应重视服务成果,树立科学、务实精神,以长期不懈的努力,从优质而具体的工作成果和特色而有效的信息产品成果所产生的社会效益和经济效益中显示出来。

## (三)竞争的理念

在谈到服务产品的微观特征时,我们曾提出它具有相互替代性。图书馆服务也具有一定的替代性,它与社会其他服务活动关系密切,彼此间相互补充,从而形成了一种竞争。

对精神文化服务而言,广播、电视、文娱、体育、信息网络正在日益发展、提高,任何人都无法摆脱社会文化的影响和制约,并同时参与文化的活动与创造。当今图书馆的生存条件面临着重大挑战,人们不仅可以享受丰富多彩的广播、电视节目,还可以不出家门利用网络图书馆来获取各类信息,并通过网上书店购买书刊。在所有竞争对手中,网络对图书馆的冲击最为明显。网络仿佛是一个庞大的图书馆,随时向人们提供无所不包的信息,任何人只要家里拥有一台电脑,连通网络,就可以跨时空、跨地域地漫游在信息世界之中。网络的发展势必削弱人们对图书馆的依赖程度。同时,面对开放式的环境,用户与网络之间是一种人机对话交流形式。这种交流形式没有传统图书馆服务形式中一些人为负面因素的影响,既能较好地满足用户迅速获得文献信息的需求,还能节约人们往返图书馆的时间、交通费用等边际成本。在这种背景下,人们有对上网或是去图书馆进行选择的权力。

大众传媒及信息网络发展的动力是科学技术与社会需求,但它们对图书馆既构成一种冲击,又提供了一种动力和机遇。纵观精神文化的求乐、求美、求知的总体功能,图书馆作为社会求知的知识载体将永远在精神文化中处于龙头地位,并且日益具有求乐、求美功能。广泛的调查数据足可证明,即使在经济、文化相当发达的西方国家,阅读,尤其在图书馆中的阅读,仍然具有不可替代的作用。

另外,网络对图书馆更多的是一种互补的关系。这是因为,一方面,网络上对用户有用的信息资源虽多,但有些资源往往以商业性质出现,图书馆的资源优势仍然存在;另一方面,利用网络毕竟需要有计算机、网络等作为前提,此外,网上阅读还极易产生疲劳,没有传统阅读的休闲和随意。因此有人认为,图书馆真正的竞争对手是书店以及各种形式的社会读书组织。很多书店将售书与提供宽松的读书、选书形式结合,阅读环境舒适、自由。社会读书组织,诸如书友会、读书社、读者沙龙、读者俱乐部、图书银行等,它们采取会员制形式,以少量的收费,提供互惠借书或优惠购书等,远比图书馆服务灵活、方便,颇受读者欢迎,已构成对图书馆服务工作的威胁与挑战。为此,图书馆应该充分发挥自己的优势,努力克服封闭、保守状态,进一步深化信息开发,加强网络化与数字化建设,提升服务人员素质与服务水平,化被动为主动,力争在各类精神文化服务方面牢固占据自身应有的地位。

(四)特色服务的理念

在科技、经济、教育迅速发展,社会需求日益多样化的环境下,扩大规模,全面出击,并不是图书馆发展的最佳出路。盲目的外延式发展有可能使图书馆在将来陷入进退两难的境地。企业界对此有许多深刻的经验教训,如一味地产业扩张可能反而使企业难以生存,而特色产品和优质服务却往往能够在竞争中占据优势。现代图书馆没有必要去追求自身规模的大而全,而应树立特色服务的理念,充分利用网络和图书馆资源的优势,开展特色服务,以在激烈的社会竞争中求生存、求发展。

近年来,北京、上海、湖北等地出现的特色图书馆和图书馆特色服务是非常成功的,获得了社会和图书馆用户的一致赞誉。特色图书馆和图书馆特色服务是在改革开放和市场经济这个大背景中孕育出来的具有中国特色的新事物,它的出现给我国的图书馆事业注入了新的活力。从发展的轨迹看,特色服务开始是在图书馆改革实践中、从传统的常规服务中派生和发展起来的,表现出"人无我有,人有我优"的与众不同的特性,在长期的工作实践中逐步形成并相对稳定下来,展现出各个图书馆的个性。特色服务之"特"主要体现在以下三个方面。

**1. 服务对象上的特色**

特色服务的服务对象往往突破了区域界限和用户服务工作常规,适应了"为一切用户服务"的宗旨。

**2. 服务方式上的特色**

特色服务改变了传统的坐等用户上门的被动服务模式,而是走出图书馆大门,在更为广阔的空间,采取多样的服务措施,体现了"一切为了用户"的宗旨。

**3. 服务内容上的特色**

图书馆开展特色服务,其资源必然是对一些专题和学科具有相对丰富的收藏,能为用户提供比较专业和专门的服务。

虽然特色服务的形式呈现出多样化的格局,但是,如果我们对图书馆特色服务的内容加以认真分析和研究,不难看出特色服务所具有的共同特点,如下所示。

一是适应社会公众的需要。特色服务项目的设立,充分考虑了社会公众的需求程度和地区环境的特点,因而具有强大的生命力和深厚的社会基础,这是搞好特色服务的先决条件。

二是具有专题馆藏资源的优势。图书馆的特色服务必须建立在文献资源特色化的基础上,并以此构成用户服务的基础,为取得较好的服务效果铺平道路。失去了这一优势,特色服务只是一种奢望和空谈。

三是采用现代化的服务手段。特色服务显示出现代化的服务特征。如在文献载体上,由单一的印刷型书刊转变为书刊、音像制品和电子出版物、数字文献等多种载体;在服务方法上,改变单纯的借借还还,集文献的采集、流通、辅导、咨询以及情报信息服务于一体的新模式;在服务手段上,不完全依靠手工操作,而是借助于计算机和网络技术进行文献信息的管理开发和利用。

## (五)3A 新理念

对于广大用户那些较低层次的文献信息需求,图书馆传统的服务模式和方式已基本可以使其得到满足。然而,如何满足广大用户那些较高层次的文献信息需求,应该说还有很大的研究空间。与知识创新相关的文献信息需求以及与审美、教学、认知相关的文献信息需求极为迫切。于是,一种崭新的用户服务理念——Anytime、Anywhere、Anyway(无论何时、何地、以何种方式),简称"3A 理念"便应运而生。所谓"3A 理念",就是说,无论用户在什么时间、什么地方、通过何种方式,都能得到图书馆方便、快捷、高效的文献信息服务。要使这个理念变为现实,有赖于"虚""实"两个用户服务系统作为依托。所谓"虚",就是基于网络的虚拟用户服务系统或称虚拟参考咨询服务系统。所谓"实",就是基于流通、阅览、声像等业务部门以及遍布各个部门的实体参考咨询台。"虚""实"结合,使图书馆服务的时间、空间从有限变为无限,服务方式也由比较单一趋向多元化。

### (六)协作服务的理念

现代科学技术发展迅速,文献数量急剧增长,无论哪一个图书馆都不可能把某一学科文献收集齐全。由于社会分工高度专业化,文献信息服务活动整体化已形成互相依存、互相促进的态势,图书馆联盟的作用将日益突显,人们愈来愈依赖于行业内与行业间的合作与交流,从而使交流与服务更加多元化。

几十年来,图书馆界为使自身形成一股群体力量,开展协调与协作,取得了一定成绩。但与当今社会发展要求尚有相当距离,特别是文献信息资源"共建共享"工作中存在着论说多、实际行动少,共享的兴趣高、共建的积极性低,目的性不明确,直接为用户服务的社会效益不明显等问题。图书馆服务特别是馆际互借和文献传递服务未得到有效利用,不少图书馆的服务工作局限于本馆的文献信息资源,服务工作组织管理人员缺乏资源共享观念,造成服务拒绝率较高。图书馆协作服务的目的在于提高服务能力与水平,使服务形式更加灵活多样,服务内容更加丰富全面。图书馆协作的组织形式是成立各种各样的图书馆服务联盟。鉴于当今信息网络全球化的格局,各图书馆在协作架构中怎样去组织、加工各种传统文献信息资源并有效地利用网络资源是服务工作中不可忽视的问题。

图书馆的协作服务实践要在各馆之间通过充分协调,从用户需求出发,选择关系全局、用户受益比较大的项目进行,除了要确定图书馆的资源建设方向外,还要解决为用户提供什么信息的问题。书目信息是图书馆开展服务、组织文献资源流通的基本手段,是文献信息资源"共建共享"的基础,务必优先集中力量做好其检索工作。因为,知识不仅靠积累,更重要的是靠检索。

图书馆协作服务还应该包括社会团体及用户群,只有把图书馆融入社会,并从中有效地获取、利用智力资源、物质资源等,才能互相服务,彼此信任,良性互动。协作与竞争是对立的统一,为了共同的利益开展协作,从协作中显示自身的实力就是竞争;而竞争又是为了共同的利益、更好地提高图书馆的协作水平。

### (七)信息无障碍服务

平等地获取知识信息是最基本的人权,图书馆开展对残疾人的服务是维护残疾人基本人权的体现。19 世纪以来,世界各国图书馆先后开展了内容丰富、形式多样的信息无障碍服务,为残疾人创造了学习和接受教育的良好环境,让残疾读者有获得生活基本因素如利用图书馆的机会,从而享有包括图书馆所提供的各类服务在内的公共服务。

在工作实践中,信息无障碍服务理念可在以下几方面予以体现。

(1)以无障碍理念来设计图书馆建筑,包括残疾人专用坡道、盲道和相关卫生设施。

(2)从方便读者的角度出发,设身处地地为残疾读者着想,开展送书上门服务。

(3)利用现代信息技术,大力发展网络服务和虚拟参考咨询服务。

(4)摆脱传统的图书馆空间和文献资源,按文献载体和文献类型布局的模式,改按文献的内容主题来划分,避免读者的来回奔波。

(5)根据读者的具体服务需求,量身定做,开展个性化服务。

国内信息无障碍服务开展比较早的图书馆如上海图书馆,1996 年在当时新建成的馆舍对外开放时就构建了物理无障碍的建筑环境,并开辟了盲文阅览区。从 2002 年 5 月开始,上海图书馆还与上海邮电局合作,开展了为视障读者提供免费送还书上门服务,其中不仅包括免费邮寄的盲文读物,还包括了正常人也能使用的录音磁带等。

## 二、图书馆服务理念的创新

### (一)图书馆服务理念的创新实质

图书馆服务理念的创新是通过更新观念使图书馆人员主动为用户提供信息服务,是以提高服务质量为标准的更新和创新。创新的实质是"一切为了读者"的推陈出新,主要体现在其服务内容的丰富和完善上。

信息时代,知识更新速度加快,为用户提供的信息内容只有具备了"快""新""精""细"的要求时,才能称得上真正意义上的服务创新。图书馆必须深化信息服务内容,充分挖掘馆藏实体资源和虚拟网络资源的内在价值,传统与现代互为促进,满足不同层次读者需求,这是图书馆服务理念创新的实质内容。

### (二)图书馆服务理念的创新内容

图书馆服务理念的创新是相对传统而言的,创新不一定就是对传统的批判或放弃,更不是一味地标新立异,其中更多的应该是继承和发扬光大。图书馆服务理念的创新主要包括以下方面的内容。

**1. 自由、平等、博爱理念**

自由、平等、博爱是国际社会倡导的社会公义,也是国际图书馆界倡导的服务理念。图书馆界重视人的尊严与价值,包容人的弱点,注意为残疾人和其他弱势群体提供特色服务正是"自由、平等、博爱"精神的体现。自由、平等、博爱在图书馆服务中的体现,更多地表现在"平等"获取知识的权利上。人类之伟大及人类文明之意义就在于它试图建立一个美好的制度,以此保障每个人生而自由,并且最大可能地使社会趋于平等。

随着国家民主政治的大力推行,在社会各界有识之士的共同努力下,图书馆平等服务理念逐步受到重视,知识公平理念逐渐成为行业共识,自由、平等、博爱的理念逐渐被图书馆界接受。

**2. 一切用户理念**

图书馆服务以用户为中心的理念,是把社会的每一个人作为图书馆的服务对象或潜在的服务对象。对"读者"概念最大的改变是因为网络的出现,网上图书馆的发展,使图书馆用户不再局限于本地,而是遍布天涯海角。一个人无论在世界的哪个角落,只要点击了某一图书馆的网站,就是该图书馆的用户。网络时代,图书馆用户数量不仅包括用借书证统计到馆的人数,还包括访问网上图书馆的人数。用户服务已经突破了传统"读者服务"的人数、时间与空间的限制。

**3. 从"读者第一"到"用户第一"理念**

对整个图书馆服务来说,读者至上永远是正确的,始终是最重要的,我们必须努力地做到这一点。21世纪的图书馆不仅仅要考虑"读者第一",更要考虑"用户第一",不仅要重视人们对图书馆的阅读需求,还要重视图书馆不只为本地区、本部门的用户服务,而且也要为本地区、本部门以外的所有人服务。有了"用户第一"的理念,就可以反思现行图书馆服务的许多做法,如凭借书证发放座位牌、不准带书到图书馆自习、将不看书的读者请离等,这种种做法在考虑阅读保障的时候却忽视了用户利用图书馆的权利。图书馆要改善服务,既要改善阅读条件,吸引读者到图书馆来阅读,更要改善其他条件,吸引用户到图书馆来享受图书馆的所有资源。

**4. 以人为本,从心开始**

图书馆的服务要以人为本,处处把人放在最重要的位置。人性化服务是以尊重人、理解人为前提的,充分考虑人的需求,最大限度地给予人以自由空间的服务。过去强调制度,现在强调人性化。制度是基础,人性化是方向,两者必须结合起来。比如香港城市大学图书馆,它看上去就像一个家:图书馆的门口一侧有一个嵌在墙里的还书箱,进入图书馆,借书、咨询和阅览一应俱全,阅览室里有各式各样的阅览桌椅,阅览桌旁边有沙发,还有小的圆桌,看报纸、看书都行,用电脑也行,每个阅览桌旁边都配有废纸篓,侧面的墙上还有许多挂衣服的钩子,使读者感觉很舒适、很温馨。所以说,人性化服务不是口号,而是具体的行动,是细微处见真情的服务。

泛在智能技术的广泛应用使人们获取信息更加方便快捷,但人们也意识到,虽然技术给人们带来了便利,但也有深深的遗憾,那就是人文环境的缺失以及虚拟交流给人们的心理、生理造成的影响。现代图书馆不仅要专注于利用先进技术提升服务质量,还要更加重视和践行图书馆"以人为本"的服务理念,加强图书馆人文环境的持续构建。

无论时代如何改变,"人"是永恒的主题,无论环境变得多么复杂,一切活动都还需要有人来参与,无论人们从事何种活动,都需要从"心"开始。也就是说,人总是在一定情感、意志影响下从事实践活动的。积极的情感情绪会给人们所从事的工作注入新的活力,推动工作向更好的方向发展;反之,消极的情感情绪则会阻碍工作的顺利进行,图书馆的工作亦然。以人为本,最简单的含义就是要关注人的情感情绪,从而促使人在积极的情绪状态下去从事工作。

综上所述,现代图书馆的服务理念就是"以人为本,从'心'开始",即图书馆在服务过程中要更加关注用户需求、倾听用户意见,辩证地看待、处理馆员和用户之间的关系。图书馆在服务过程中不仅要践行"以用户为本,关注用户需求"的理念,同时要采取相应的措施关注用户的心灵成长,如借鉴一些社会上流行的潜能开发、放松、静心等教练技术对读者实施教育,让读者学习心灵启蒙课程,学会认识自己的心理变化及情绪变化,促进自身成长。另外,图书馆更要给馆员以关怀,满足馆员的物质及心理需求,为馆员营造一种终身学习的环境氛围,激励其敬业精神与创新精神,让他们在工作中找到成就感和职业归属感。每一个图书馆从业者都要明白:图书馆发展的最终目的是在领导与馆员之间、馆员与馆员之间、馆员与用户之间形成一种强大的凝聚力,建立起一种牢固的、相互信任的人际关系,从而使馆员不再是受支配的雇员,用户也不再是馆员所服务的客体,而都是具有主人翁意识的共同创造者,使现代图书馆在追求全体馆员物质与精神两方面幸福的同时,引领用户走上自觉、自知、自信、自强、自胜这样一种心灵成长的道路。

**5. 用户参与,资源共建**

以往,图书馆所构建的丰富的软硬件资源以及所提供的各种类型的服务之所以被用户冷漠地对待,就是因为我们一直在一厢情愿式地构造和付出着这一切。长久以来,我们一直关注的是我们能向用户提供什么,而没有重视用户能为我们提供什么,用户能为其他用户提供什么。我们一直缺少的就是 Web2.0 所倡导的用户主导、用户参与、用户分享、用户创造这样一种核心理念,而泛在智能的产生和应用使得图书馆以用户为中心的核心价值观有了更加现实的技术基础和环境基础,同时把用户参与和互动作为图书馆资源建设与服务的前提依据。泛在知识环境下,图书馆的发展要将这一理念贯穿到图书馆资源建设与服务的全过程中来,通过应用 Web2.0 和泛在智能的相关技术让用户付出时间和精力来真正参与图书馆的资源建设,从而让用户开始重视这份投入、开始在乎这份关系,并乐于分享其建设成果。

图书馆邀请用户参与图书馆资源建设不是随意性的,而是有针对性的,其目的是通过用户来了解其他用户的真正需求,让部分用户成为馆员与图书馆用户之间沟通的桥梁。因为,用户在面对用户时能够很容易地理解对方的真正需求,能够给图书馆的资源建设提出很多合理化的建议,同时,让更多专业用户与图书馆馆员合作共建专题信息还可以提高图书馆资源利用率。泛在知识环境地不断发展使得个人正在成为完整的信息收集、接收、处理、发布节点和服务单元,Living Library 志愿者的加入也为图书馆的资源建设提供了人力资源方面的支持,这些因素使得图书馆邀请用户参与资源建设的理念更加容易实施。用户参与图书馆资源建设的方式为:图书馆利用 MySpace、Fcebook、Wiki 等构建图书馆用户的交流社群,使分散在不同应用系统间的个人知识产出不断沉淀,为图书馆积累丰富的资源。

在加大用户参与图书馆资源建设的同时,图书馆还要积极与各相关单位合作,共建图书馆资源,以解决各图书馆目前广泛存在的经费紧张、空间有限、技术设备相对不足等问题。具体做法为:各图书馆首先要根据学校学科发展和专业特点合理配置本馆用户所需的纸质资源和数字资源以作为基础保障;然后再加大力度收集网络中与各重点学科相关的网站和各种网络数字资源,建立专题知识库,充实本馆馆藏;最后,通过建立联盟的方式在利益平衡机制的前提下合理购买和共建共享资源,以优化本馆的馆藏资源体系。现代图书馆还要打破物理图书馆与数字图书馆之间的界限,积极利用数字图书馆对信息的收集、组织、分析、传播的传统优势和泛在知识环境的智能挖掘技术优势建立各类数字资源体系。另外,图书馆还应加强与其他信息服务机构,如出版社和数据库商以及电信部门和网络服务商等的跨界合作,达到资源、设备的充分共享,从而满足用户在泛在知识环境下的信息需求。

**6. 单体联合,实虚结合**

全媒体时代,图书馆的“体”不仅包括了图书馆的物理体,还包括了物理体内更小部分的物理体以及它们所分别对应着的网络环境中的虚拟体。也就是说,我们不仅要关注图书馆的软硬件资源配置、环境完善等外在条件,同时要在这种大的物理体之内根据用户的兴趣与需求建立更多小的物理体,如信息共享空间、兴趣学习小组、精品图书导读组、专家咨询组、学科服务组、资源导航组等,并在网络中建立相应的虚拟社区,以实现图书馆“实虚结合”的建设理念。为适应全媒体时代图书馆资源与服务无所不在的特点,图书馆还需应用开源软件、语义网、Web2.0等将图书馆的资源与服务制作成客户端软件的形式,由用户自行安装在自己常用的设备或智能手机上,从而使用户不必访问图书馆网站就可直接获得图书馆相关的资源与服务。

同时,我们必须明确,全媒体时代图书馆各项工作的目的并不仅仅是为图书馆带来经济利益,更多的是为了将图书馆的信息资源和人才优势与信息机构的营销手段和资金优势相结合,从而让更多的用户来了解图书馆,对图书馆持有正确的认识,最终愿意接受和利用图书馆所提供的各种服务,并使图书馆的资源与服务发挥更大的社会效益。同时,还需要单“体”联合,即图书馆界内部联合,又与相关的服务机构联合,以联盟的形式为用户提供各种服务。这种联盟绝不是一种简单的联合,而是要打破以往以各馆为单位的联盟,由不同图书馆的馆员组成不同的、具有独立领导能力的服务小组,为用户提供灵活多变的服务方式与服务内容。即根据图书馆所服务的用户的类型、目标、兴趣、所在区域等的不同,将图书馆联盟的所有成员按专业、兴趣、年龄、能力等划分成许多独立的服务小团体,用户可自如地融入各个需要他的用户群中去,服务小团体的构建也可视用户需求的变化不断地重组。

**7. 树立知识服务理念**

知识服务是一种新的服务观念,是注重对信息资源的深层次开发和利用、注重知识资源增值的一种服务。知识服务与传统信息服务的区别如下。

(1)传统信息服务关注的是为用户提供了什么信息资源,而知识服务关注的是为用户解决了什么问题。

(2)传统信息服务只需关注用户简单提问,满足用户文献需求;知识服务则是一种逻辑获取服务,通过对信息的分析重组,形成新的知识产品。

(3)传统信息服务满足于为用户提供具体文献信息,而知识服务致力于帮助用户寻求或形成"解决方案"。

(4)知识服务关注其服务的增值,希望利用自身的知识和能力,为用户提供具有独特价值的信息产品;而传统的信息服务更多的是基于对资源的占有,通过"劳务"来体现自身价值。

为此,知识服务需要图书馆馆员努力成为"一专多能"的复合型知识人才,将分散在相关领域的专业知识加以提炼,形成符合用户需要的"知识精品"。

**8. 树立竞争意识,提高馆员素质**

随着社会文明与技术进步,图书馆形成了多层次的服务理念。不同图书馆服务理念的相继提出,要求图书馆馆员从多角度出发,用更优质的服务来最大限度地满足信息用户多元化的信息要求。

在道德上,一是要求图书馆馆员树立正确的职业观。由于图书馆是一个"生长"着的有机体,馆员职业观应随着图书馆的"生长"而演化提升。馆员的职业价值观经过理想主义、个人主义、技术功利主义、新自由主义的演化,逐渐形成注重服务和人文关怀,尊重理性、知识、真理,尊重对知识和真理的追求,热爱图书馆,倡导阅读,主张社会成员享有使用图书馆服务的平等权利,倡导合作和技术创新,倡导宽容、公正的职业价值观。二是要求图书馆馆员要培养良好的职业心态,提升职业认同感。从一定意义上说,图书馆馆员是在为他人做"嫁妆"。无论是在传统的手工时代,还是在现代化的网络时代,只有具备乐于服务、勇于奉献的精神,才会把图书馆工作当成人生的事业来经营,才有可能成为一名优秀的图书馆馆员。三是要求图书馆馆员要有较强的进取心。随着信息社会的到来,图书馆受到其他信息服务机构竞争和读者流失等诸多挑战。面对挑战和竞争,图书馆馆员只有具备较强的竞争意识,有强烈的责任感,才会把更多的精力用在工作上,不断钻研业务,发现工作中存在的问题,寻找解决问题的办法。

在能力上,一是要求图书馆馆员具有信息获取能力、对信息的深度加工能力及传递信息能力。当代科技已广泛应用于图书馆工作中,科技的发展、边缘学科的不断涌现,要求图书馆馆员应熟悉当代最新技术,有广博的知识、一定的学术研究能力、灵活的综合反应能力、敏锐的捕捉信息能力,开展深层次信息服务,并运用现代信息技术为用户提供服务,当好信息用户的信息导航员。二是要求图书馆馆员具备信息素养教育者的能力。在信息泛滥的今天,只有全社会信息素养整体提高了,才能真正促进社会的进步。在图书馆服务中,图书馆馆员在不断提高自身信息素养的同时,还应充当信息教育家,"授人以鱼,不如授人以渔"。

### 9. 创新服务理念

在文化传播载体和传播方式不断变革的挑战下,图书馆除了要在硬件上有所提高外,更重要的是不断创新服务理念。只有这样,图书馆才能适应新时代新读者的需求,在日益加剧的信息服务"战场"中立于不败之地。

创新是当代社会的一个主题,是一个国家的灵魂。在全社会创新的环境下,图书馆服务也要创新,这关系到图书馆服务是否能够适应社会需要、与时俱进,关系到服务质量和水平的提升,甚至关系到图书馆的长久发展。图书馆服务树立创新理念,要求每一个图书馆馆员都要有创新意识和创新思维,大胆提出与实施图书馆服务的新思路和新方法;要求每一个图书馆制定相应的创新服务战略和对策,及时增添新的服务,在服务过程中快速应变;图书馆要努力营造创新的氛围,培育图书馆馆员的创新精神。

网络环境下,图书馆服务的基础发生了根本性的变化,由基于实体馆藏的服务拓展为基于全球信息资源的读者服务。图书馆服务方式发生了极大变化,出现了远程服务、全天候服务、多维服务等服务方式。

所谓"服务理念的创新",亦即服务理念要不断顺应原有理念赖以生存的条件与机制的变化而变化。在信息技术飞速发展的今天,现代化的服务手段大大提高了图书馆的服务效率,丰富了图书馆的服务内容,确实给读者和用户带来了许多便利。

无论将来科技手段怎样发展、物态化图书馆如何现代化,服务都是贯穿图书馆发展过程的一条主线。但读者和社会对服务的要求会和以前大不一样,服务的理念也会发生根本的转向。服务理念创新必须遵循三条基本原则,即国家指导原则、市场调节原则和图书馆自主发展原则。

从社会机构的分类上讲,图书馆一般是以国家投资为主体的社会公益性事业单位,在遵循市场经济规律的前提下加强国家的宏观规划指导是世界图书馆事业的通则。随着我国社会主义市场经济体制的发展和完善,国家对个体的制约作用将会越来越间接,制约的范围也将大大缩小,即意味着图书馆选择的自由权和自由空间不断扩大,这为现代图书馆服务开辟了更为广阔的空间。图书馆必须走自主发展之路。社会和广大人民的知识信息需求是图书馆赖以生存的基础,这种基础主要不是指体制和制度,而是指图书馆必须把市场规律作为其运行和发展的基本准则。从某种意义上来讲,图书馆现代化的过程是一个建立竞争机制的过程。没有竞争,就没有现代化,也就没有现代图书馆的活动。竞争是图书馆效率与效益的内在要求,是加快图书馆发展的需要。也就是说,在服务层面上一切为了读者是图书馆工作的根本出发点。要有"读者第一、方便读者、服务读者"的理念;在满足读者需求的过程中,要"换位看待";在开展各项工作时,要坚持图书馆公共性、公益性、服务性的原则,不断提高图书馆的社会效益。

从图书馆服务的发展趋势看,图书馆服务的内容急需拓宽,其重点是加大信息知识服务和方便用户的服务力度。在信息知识服务方面,主要是增加网上信息导航服务和咨询服务内容。在方便用户方面,加大为社区和校外用户服务的力度,其内容包括职业介绍、市场动态信息、技能培训指南、市政服务咨询、家政服务咨询,等等。在文献信息服务方面也要创新,主要是加大参考咨询服务的力度,实现从文献信息服务向知识服务的跨越,提高图书馆服务的信息知识含量。网络环境的形成,扩大了图书馆可利用资源的范围。图书馆信息资源不能局限于本馆原有的印刷型文献信息,而要扩展到网络可检索和共享的其他服务器上的信息资源。随着网络的普及,人们的信息意识日益增强,信息需求从单一型、专业型向各行各业及生活领域扩展,形成了全方位、综合化的态势。以往的服务内容,都停留在一般性浅层次加工服务,即提供一、二次文献服务上。图书馆要创新服务内容,拓宽服务范围,必须致力于文献信息的深度开发和充分利用,因此,图书馆要转向对文献资料的深加工,形成有分析、有比较、定性和定量研究相结合的三次文献。

**10. 营销服务理念**

营销服务需要图书馆全员的共同参与。图书馆领导在细节营销服务中的作用是至关重要的。图书馆领导是否具备营销理念、是否重视细节是图书馆开展细节服务的前提。图书馆领导往往更重视如何去发展,容易忽略已经发展的、有基础的、看似简单却不容易做好的日常工作,然而,它们却是图书馆发展的重要组成部分。因为只有通过各种规章制度将细节制度化、规范化,建立各种"反馈""激励"机制,才能确保营销服务深入开展。中层管理人员应该将工作重点放在如何让细节不断完善上,还应做好培训工作,营造和谐的服务文化氛围。一线工作人员的工作重点是用心做好本岗位的营销服务,一丝不苟。总之,营销服务只有领导重视、基层执行有力,才能体现其精髓。

**11. "零服务"理念**

"零服务"理念是从企业管理中提炼出来的一种理念,这个理念本身是要说明没有(不需要)售后服务是最好的服务。后来人们把这一理念用到了服务上。"零服务"理念的具体内容包括"零距离""零缺陷""零投诉"服务。从图书馆读者服务角度分析,"零距离"服务是一种体现图书馆服务人员(馆员)与服务对象(读者)之间诚实、信任、贴近、真情、温馨、高效的服务。馆员与读者交朋友,建立起信任关系,让读者在图书馆服务中体会到馆员服务的人情味,进而形成亲和力,提高读者的满意度。"零缺陷"服务就是要求图书馆为读者服务做到尽善尽美,使读者对图书馆的服务无可挑剔。"零投诉"服务是图书馆最高的服务追求,通过卓有成效的服务,减少读者投诉,直至达到"零投诉"。近年来,图书馆虽然改进了服务方式,但在为读者提供服务的过程中,还存在很多不尽如人意的地方。如有的图书馆馆员和读者之间缺乏有效沟通,甚至因为馆员服务态度的问题致使馆员和读者之间产生一些矛盾。如果不能满足读者的要求,图书馆馆员要耐心地解释原因,诚恳地请求读者谅解,同时想办法为读者解决问题。如有的读者需要某种图书,但该书已被其他读者借出,遇到这种情况,图书馆馆员要细心地向读者解释,并向读者推荐其他相关的图书或利用网络为读者提供该书的电子版。"零距离""零缺陷""零投诉"的服务理念用于指导图书馆的读者服务工作,不仅可以满足读者求知的需求,而且使读者享受到愉快的服务。图书馆要推行"零距离""零缺陷""零投诉"的服务理念,必须加强馆员培训,提高馆员素质,尽量缩小读者需求与图书馆服务之间的差距。

**12. 精细化服务理念**

精细化服务就是人性化服务,真正做到以客户为中心;精细化服务就是高品质服务,在用户群中有口皆碑;精细化服务就是超值化服务,让客户得到意料之外的价值;精细化服务就是创新式服务,服务方式灵活多变。精细化服务注重细节,强调人性化,以客户为中心,按客户的需求提供服务。总之,精细化服务理念强化对客户的耐心服务,用爱心、诚心和耐心向客户提供超越其心理期待的、超越常规的、满意的超值服务。精细化服务的服务方式灵活多变,在细节处显示出对客户的尊重,用真诚换来客户的信任,正确对待客户的抱怨,善解人意,为客户着想,了解客户的心理,热情"主动"细致,从小事做起,服务到位。在数字化、网络化发展的今天,图书馆服务的硬件设施有了一定的改善,但图书馆服务的软件条件与国外相比,差距明显。如图书馆购买了专业的数据库,引进了先进的知识服务系统,为读者查找资料提供了良好的平台,但图书馆宣传培训工作没有做到位,致使有的读者不了解数据库的使用方法。这说明,图书馆有了好的信息产品,还要提供好的服务。图书馆不但要引进数据库、建立检索系统,而且要大力宣传数据库的作用,做读者培训工作,使读者能通过数据库查找到自己所需的信息。图书馆可通过开设文献检索课,开展新生入馆教育、电子资源使用指南讲座,发放宣传册、问卷调查及通过网络在线问答、主页滚动信息、手机短信、校报、口头宣传等方式,对馆藏资源、馆藏结构和布局、馆藏检索方法、馆藏使用方法、馆内规章制度及深层次的服务项目和方式(如文献传递、馆际互借、科技查新、个性化定制推送服务等)展开多层次、全方位宣传。全方位宣传能使读者了解现代图书馆的服务,在读者心目中树立起图书馆良好的形象,赢得读者的信任与青睐。通过宣传,图书馆日借阅量逐渐提高,电子资源的使用率也日渐攀升。可见,图书馆工作做细,可以提高图书馆的利用率。精细化服务理念要贯穿图书馆服务的整个流程,让读者真正体会到图书馆服务的人性化。

# 第二节　公共图书馆的服务资源

资源是图书馆开展服务的基础和前提。在新的环境下,重新定义资源的构成,定义图书馆资源建设和资源保障体系,建立良好的资源环境,是搞好图书馆资源配置的关键,也是图书馆生存和发展的需要。随着当代信息技术的发展,图书馆资源的内涵和结构、图书馆获取资源的方式、资源的评价标准、资源保障的方式、资源经费配置等都在发生深刻变化。现代图书馆需要多种载体资源共存,建立"混合型"资源保障体系已成为现代图书馆界的共识。

## 一、图书馆服务资源概论

服务资源是图书馆开展社会服务的源泉。但过去对图书馆服务资源的认识，往往局限于文献信息资源而忽视了其他资源，对文献信息资源又多限于本馆的馆藏文献，而对馆外文献、网络资源重视不够。当今科技发展日新月异，理应赋予图书馆服务资源以新的内涵，将图书馆服务资源视作是由各类资源有机组成的整体系统。

一般意义上的服务资源就是服务组织具有的、为顾客提供服务体验的、有形的物质要素和支持无形的所谓"纯粹服务"的服务组织人员所组成的一切物质和非物质因素。图书馆服务资源是为提供给社会、用户利用而组织起来的相互联系的多种资源的动态有机整体。我们所说的图书馆资源在本质上都是为图书馆服务提供保障的，都是服务资源，因此图书馆资源与图书馆服务资源是同义词。这主要是因为图书馆服务离不开各种类型和形态的图书馆资源，而任何一种图书馆资源离开了图书馆服务，也就失去了在图书馆存在的价值。现在，仍有人把图书馆资源作为图书馆学的主要研究对象。美国著名图书馆学家切尼克在其专著《图书馆服务导论》中，同样用"图书馆资源"一词替代了"图书馆服务资源"这个概念。

### （一）图书馆资源的特性

图书馆资源具有以下几种特性。

**1. 可用性**

图书馆资源是为图书馆存在的，是为了更好地满足用户的文献信息和其他需求，因而具有可用性。任何资源失去了可用性，也就失去了在图书馆存在的必要。

**2. 有序性**

图书馆资源应该是有序存在的资源。最显著的理由是，图书馆文献信息资源如果是无序的，无法被人利用，那么这些信息便是一堆信息垃圾。图书馆的人力资源明显也具备有序性。因为图书馆的人力资源是有序地组织在图书馆这个服务组织之内的，平时对人力资源的管理过程就是一种整合过程。一个图书馆如果不重视对员工的管理，人员处于失控状态，就无法发挥它的最大效益。同样，图书馆设施资源如果也是杂乱无章的，则其既无法营造一个良好的服务环境，也无法发挥应有的功能。

**3. 整体性**

整体性是指按一定方式构成的有机体系统中各要素之间相互联系、相互制约，使系统整体呈现出各个组成部分不单独具有的整体功能，体现出整体大于部分之和以及要素与系统的不可分性。图书馆资源各构成要素组成了一个图书馆服务的整体，各要素之间密不可分，其整体发挥的效益要大于各要素的简单相加，也就是人们常说的"1+1>2"效应。当然，随着现代科学技术的发展，特别是计算机技术、网络技术的发展和网络图书馆、虚拟图书馆的出现,图书馆资源的组成要素也发生了一定的变化,但其整体性却始终如一。

**4. 联系性**

联系性是指系统的各组成要素之间在具有相互作用、相互关联的关系的同时,它们与外部环境之间也具有千丝万缕的联系。图书馆资源各构成要素之间相互依存、相互影响,这种关系决定了图书馆资源要素内部联系的特性。在图书馆开展服务的过程中,各资源要素要紧密合作、互相协助、有序衔接,这样才能保证整个图书馆服务系统正常运转,满足用户的服务需求。

**5. 动态性**

动态性是指一个系统随着时间的推移及外部环境的变化,系统的构成要素也不断发展变化。从外部看,随着现代科学技术的发展,图书馆所处的环境已经发生了翻天覆地的变化。图书馆要适应这种变化和不断增加的需求,就必须大力引进人才、技术和设备,以加强自己的服务功能,改进自己的运行机制。图书馆资源从诞生之日起发展到今天,其外延和内涵正逐步扩大,这种发展变化决定了资源的动态特性。

## (二)图书馆资源的构成

**1. 文献信息资源**

文献信息资源一般也称信息资源。它是图书馆赖以生存和发展的基础,其含义包括图书馆可供利用的所有信息,可分为馆藏文献信息资源、网络信息资源,也包括可共享的其他单位的馆藏文献信息资源。馆藏文献信息资源是指图书馆内所收藏的为用户提供知识信息服务的各类信息资源。网络信息资源是指存在于现代计算机网络系统之中,并以联机方式向用户提供服务的信息资源,包括静态的文献数字化信息和动态的社会信息。共享的社会文献信息资源是指本馆没有收藏但能通过各种方式加以利用的其他单位收藏的文献信息资源。

**2. 人力资源**

人力资源是图书馆事业发展的关键因素,其含义包括与图书馆相关人员及由人衍生出的管理方法,可分为图书馆馆员、用户资源。其中,图书馆馆员资源又包括图书馆理论和方法、图书馆政策和法规、技术资源,因为这些资源是图书馆馆员的智力结晶。狭义上的人力资源仅指图书馆馆员。近年来,有关图书馆人力资源开发与管理的研究大都是从狭义的人力资源的定义上来论述的,很少把图书馆馆员以外的用户资源纳入人力资源的研究范围中。实际上,让用户参与图书馆管理和服务,将为图书馆事业注入新的动力。如有些图书馆建立的专家顾问团、青年志愿者服务队、学生图书馆管理协会等,都是对图书馆用户人力资源的开发,对图书馆工作本身起了很大的促进作用。

**3. 设施资源**

设施资源这个用词比较妥当,虽与设备资源只一字之差,但其范围要大于设备资源,包括馆舍、设备、用品。其中,图书馆设备是主要的设施资源,它又可分为传统设备(如书架、阅览桌椅等)和现代化设备(如计算机等)。有人将现代化设备称为信息设施,包括自动化系统、网络。在这里,技术与设备已融合在一起,所以有不少人称其为技术设备资源,但从理论上讲,技术与设备应分属于不同的资源范畴。设施资源是图书馆的物质基础,特别是信息技术设备的配置已成为现代化图书馆的标志,因而越来越受到重视。

### (三)图书馆资源管理的科学化

图书馆资源管理的科学化是指以管理科学和其他科学知识做指导,遵照图书馆发展的客观规律,合理地组织、最大限度地发挥和使用图书馆的各种资源,提高工作效率,以达到预期目的的管理方法。图书馆资源管理科学化是实现图书馆管理现代化的基础和前提,它强烈要求管理的标准化、自动化、系统化。否则,图书馆就难以适应社会发展和用户需求变化的需要。

**1. 标准化**

图书馆资源管理的标准化是减少,甚至是消除文献工作中的无序状态和重复加工现象以达到规范化、系列化,从而促进文献信息交流和共享的重要手段。同时,标准化也是实现管理科学化的重要条件。

**2. 自动化**

图书馆资源管理的自动化系统可以分为图书馆资源管理自动化系统和图书馆服务自动化系统两部分。前者是一个基本的管理信息系统,主要针对图书馆内部事务,是面向图书馆馆员的;后者是图书馆利用自己各种类型的文献信息资源向用户提供文献信息服务的过程的自动化系统。

**3. 系统化**

图书馆资源管理的系统化,是指图书馆资源管理的研究和管理活动都必须遵循系统的原理。图书馆资源本身是一个复杂的系统,它具有特定的目标、特定的功能、特定的管理机制和信息结构。在管理活动中,必须应用系统的观点和系统的方法,借助现代科学技术来研究和实现图书馆资源管理的系统化。

## 二、图书馆服务资源共享

### (一)资源共享的含义

在数字技术和计算机出现之前,资源共享仅限于以印刷型文献为主的馆际互借互赠、书本目录的交换等。现代的文献信息资源共享,是指图书馆机构采用以计算机技术为核心的现代技术,对文献信息资源进行存贮、检索和传递,快速为全社会的用户提供他们所需的本馆或他馆以及全世界各馆的文献信息资料,实现真正意义上的文献信息资源共享。这种含义的文献信息资源共享是现代图书馆的重要特征。如果图书馆不根据用户需求的变化及时调整策略,及时改进自身的馆藏建设,图书馆将会失去众多信息用户,图书馆在信息领域传统的核心地位将会受到威胁。另外,现代图书馆服务资源共享的内容更广泛,它们可以是人力资源,如资深的图书馆馆员;还可以是相关的信息设备,以至于管理资源的共享。如图书馆联盟中的各成员馆可以充分共享专业人才,小型的成员馆可以通过网络共享这些人力资源,为共同的用户提供服务。如联合参考咨询中就充分利用了人力以及设备的共享,实现了优势互补。

## (二)资源共享的对策措施

### 1. 加强人力资源建设

现代图书馆越来越多地引入电子设备、信息资源和新的应用技术,需要高素质的复合型图书管理人才。图书馆应该不断培养具备多学科知识、专业能力强、具有创造力、开拓型的人才,不断更新知识和技术能力,提高综合素质和水平。为加强进行学科前沿信息的整理分析、具有地方特色的文献信息的集散研究,建立学科前沿数据库和具有地域特色的数据库等不同类型的数据库,为实现资源共享奠定人力资源基础。

### 2. 加强政府宏观调控功能

图书馆实现资源共享是一项整体性的系统工程,在网络、技术、管理等诸多方面,需要进行多学科的优势互补甚至与国际接轨,必须由政府出面来统一规划、组织和协调。通过对图书馆的建设、规划和协调进行导向,进一步建立和健全宏观调控机制,使图书馆的建设能统筹规划、分工合作、互通有无、优势互补,进一步提高我国图书馆建设的水平,减少重复建设,避免人力、物力、财力的巨大浪费。

### 3. 建立统一的技术标准体系、规范

为了和国际接轨,我们应优先采用或等效采用国际标准和通用规范。数据的标准化和规范化是实现图书馆资源共享的前提和根本保证。图书馆实现资源共享需要多个标准之间的联系和协调,需要建立有关的标准体系,需要多种文献格式的描述标准、元数据的定义标准、各种代码和标识符的定义标准、文献类型描述标准、软件接口标准等。在同一标准要求的平台上进行信息加工,才能保证信息产品的一致性和共享性。

### 4. 重视特色资源数据库的建设,开创多样化的信息服务

数字化与特色化是现代图书馆必须同时具备的两个方面。失去了特色化,图书馆不仅会浪费大量的人力、物力和财力,而且会在竞争中失去差别优势,竞争乏力。图书馆的信息资源应该是具有高价值、有序、标准的特色文献资源。应遵循特色化原则,选择本馆独有的、具有地方资源优势的馆藏资源进行开发,把握特色馆藏的精华,进行数字化以及建设特色数据库。依靠先进的信息技术建立高效率的电子文献传递服务系统,开发网络环境下的文献传递服务新模式。建立以最终用户为服务目标的新型管理和服务形式,在技术实现上

提供专门化、专业化以及个性化的服务,提高用户需求的满意率及馆藏文献的整体利用率。

**5. 建立共享的基础**

图书馆资源共享建设是一项浩大的系统工程,需要整个国家总体规划,各有关部门和单位分工协作,不仅需要国内各行业、各地区的合作,还需要同其他国家的合作。成立跨部门、跨行业、跨地区的组织管理协调机构,采用独立开发、合作开发、联盟开发信息资源相结合等方法,明确利益分配原则,把馆际互借、联合编目、数据库建设等项目统筹起来,使各方的权益得以体现,实现图书馆之间的协商与合作。

**6. 加强版权标准化建设和质量管理**

加强法律法规、知识产权、存取权限、数据安全等问题的研究,制定相关法律,通过立法来保护著作权人的权益。开发和创立数字版权管理技术。加强政府宏观调控的力度,制定相应的政策和法规,避免重复建设,避免技术与标准、版权、运行机制等出现失误。

# 第三节 公共图书馆的服务环境

图书馆是为读者提供文献、知识、信息服务的文化教育机构。随着现代社会的迅速发展,图书馆为满足社会需求,除了要具备丰富的文献信息资源和拥有素质优良的馆员外,服务环境的营造也是一个极其重要的方面。服务环境是为了向顾客提供服务体验而建立的物质环境支持系统,包括顾客能以感官感知的有形、无形因素。其概念界定应包含三方面:一是从顾客感知角度探讨服务环境;二是服务环境指物质环境支持系统,它区别于人际交互的无形服务;三是服务环境除了肉眼可见的实体建筑、设备外,还包括可触知、感觉的温度、声音、光线与同处在这个环境中的人。

在图书馆,服务环境意味着土地、建筑物、设备,包括内部装潢、家具和服务供应品等所有的自然和物质因素,以及在服务过程中的一些社会因素,如其他用户和服务人员。像一些不起眼的服务辅助用品,如一张数据库使用说明书、一张文摘卡或索书条等,在传统观念中都是微不足道的,不会引起人们的重视,但从图书馆服务心理和环境的角度来说,这些却是图书馆服务重要的有形展示方式。

## 一、图书馆服务环境

20 世纪 90 年代以来,我国新建的图书馆在服务环境创设上有不少成功的经验,但也有许多图书馆对此都不够重视,从建筑的规划和设计到日常运作,或对服务环境的设计和管理缺乏科学的认识和把握,导致图书馆的服务环境无法达到社会的期望、满足人们的需求。设计和营造一个具有合理的空间尺度、宁静的环境色调、柔和的灯光、高雅的艺术装饰、精美的绿化布置,供人学习、研究、休闲的图书馆服务环境是我们工作中一个重要的课题。

图书馆服务环境就是为用户提供各种服务以及用户获得图书馆服务并进行服务体验

的环境。它既是图书馆服务的"生产"场所,也是用户体验的"服务"场所,是图书馆服务的重要组成部分。它涉及了图书馆服务系统中的四个因素:资源、过程、用户和场所。图书馆服务环境可分为实体环境和心理环境。实体环境是具体的现实存在,用户可用自己的感觉器官看得到、听得到、触得到;心理环境则是读者的心灵感受,它是图书馆服务氛围的一个重要方面。图书馆的服务氛围是建立在服务理念、工作人员的服务态度、实体环境和其他一些因素之上的一种气氛和情调,它是用户或馆员的一种个人感受,常由个人所创造,因人、因时间的不同而相异。图书馆服务环境为开展各种无形服务奠定了有形的物质基础和无形的心理氛围。

## (一)服务环境的构成

环境心理学家把服务环境的构成分为三大类型。

### 1. 环境条件因素

第一类为环境条件因素,它是指影响人类潜意识的基本背景要素,如室温、照明、噪声、音乐、气味、色调等。这些环境因素通常被顾客认为是构成服务内涵的必要组成部分,它们的合理存在并不会使人感到特别舒服或愉快,并且一旦这些因素不具备或令人不快,就会马上引起人们的注意并引发规避行为。

### 2. 形象设计因素

第二类为形象设计因素,是指对顾客较为明显的视觉刺激,如内外部的建筑、色彩、材质、配置和标示等,是存在于知觉最前端的刺激。设计因素有较强的潜力可以塑造顾客的正向知觉和鼓励顾客的趋近行为。它包括美感和功能两部分,美感如建筑、色彩等,功能则指配置、舒适性等,可以同时应用在外部和内部的服务设施上。

### 3. 社会因素

第三类为社会因素,是指服务环境中的"人",包括在服务环境中的其他顾客和服务人员。他们的外表、行为和人数,都会影响顾客对服务机构的认知。顾客因素对于必须共享服务设施的服务机构,是一项重要的环境因素。已有的服务体验会对顾客人数有正向或负向的影响。例如,图书馆的流通服务台前大排长龙,会对人的借阅行为产生负面影响,人们可能因排队等待而打消借书的念头。相反,参加图书馆利用教育的用户人数,则一般会对用户的参与行为产生正面的影响,人数越多,越会提高用户的学习兴趣和参与意愿。

图书馆服务环境既包括了服务提供过程中所有的物质与设备等硬件环境,也包括提供文献信息服务过程中所涉及的软件环境。如馆舍建筑的坐落地点与外部环境;内部装修,包括装修格调、外观、质量等;服务设备,包括智能化程度、运转的可靠性;建筑物,如建筑风格、外观吸引力、与环境的协调程度;设施、设备的布局,如服务功能区域的安排、服务路线的展开等。另外,人本管理制度,服务理念,馆员的综合素质和技能,文献信息的管理、借阅制度,服务项目、服务层次及服务质量,馆员与读者的行为和表现等,也将成为图书馆服务环境的有机组成部分。

服务的软件环境尤其重要。它决定着最终的服务效果,即用户能否尽快获取自己所需要的文献信息。良好的服务环境包括以下所有的软、硬件系统:先进的计算机通信网络系统、合理完善的文献信息资源体系、良好的图书馆人本管理制度和以用户为中心的现代化服务理念;馆员良好的道德品质、职业素养、服务意识、服务态度、扎实的专业理论知识和服务技能;科学有序的书刊信息管理方法,开放、宽松的借阅制度;全面细致的服务项目,各种层次的参考咨询服务,包括一次文献的参考服务,二次文献、三次文献的编制、咨询服务;网上信息导航、原文下载、专题信息咨询服务;等等。而且,无论哪个层次的服务,都必须是高质量的。

### (二)图书馆环境对读者产生的作用

良好的图书馆环境,会对读者产生巨大的作用,主要表现在以下三个方面。

#### 1. 提升读者的精神素养

文献是人类文明的结晶,当读者进入图书馆的大门时,优美的图书馆服务环境带给他们的是一种踏入神圣知识殿堂的感觉,对某些不文明的行为会起到约束和净化作用。在图书馆服务环境的设计和营造中,调动一切对于视觉有效的语言来烘托这种气氛,更可发挥对读者感染、激励并使其产生动力的作用。

在图书馆中,摆放任何一件物品,无论是绘画艺术、雕塑,还是室内绿化植物,都将在特定的环境中给读者以联想,产生超出物体自身意义的效用。比如,在图书馆的大厅摆放一座古老的时钟,钟摆在庄严地摆动,读者从它身边走过时,便有光阴似箭、一去不返的感觉,会下意识地加快脚步,此时的古钟便有了超出指示时间本身的功能。图书馆的庄严典雅气氛也可从很多方面来体现,如摆放雕塑作品,同样能渲染出浓郁的文化氛围。在空间设计上,从装饰材料、灯光的设计、整体色调的烘托及书架的合理摆放等,展示出环境朴素、大方的和谐美,这对读者学习、研究均会产生正面的作用。

#### 2. 调节读者的心理活动

不论是阅览室还是开架书库,当人们置身于浩瀚的书籍之中,大面明亮的窗户为他们提供了书本之外的直接与大自然相连的环境。蓝天、白云、树丛带给读者片刻的休息,也调节着读者的心理。图书馆阅览室的环境在视觉感受上多以直线为主,直线给人以简朴、理性的感觉,但也容易造成单调和呆板。如果在墙壁适当的位置挂上几幅艺术作品或以浮雕形式镶嵌上科学家的治学名言,不仅能调节读者的心理,还可陶冶读者的情操,又是对环境的美化。可以试想一下,一句名人的格言或一幅来自艺术家感发而成的作品,其本身就充满了生命力的感召。读者在这样的环境中读书,既可以在名言中思索,又可以在作品的色彩中唤起向往。

#### 3. 带给人们视觉美感

服务环境能带给读者的美感主要有以下几个方面。

（1）图书馆建筑的形式美

图书馆建筑作为艺术和技术的综合作品，要有美的造型，要简洁、端庄、新颖和充满活力，而且为了开拓意境，还必须十分注意建筑物与周围环境的关系。

（2）物理环境和谐美

图书馆的物理环境和谐，景美境佳，能使读者触景生情、赏心悦目、情绪愉快。例如，在图书馆楼前的广场上，如果有一片绿色的草坪，就会同壮美的综合建筑相得益彰；如果在绿色草坪中再设计一个有象征意义的雕塑，就会产生特殊的效果；在图书馆内部，如果馆藏文献、服务设施摆放井然有序，就可以减少环境对视觉的干扰，增强美感。

（3）秩序井然节奏美

图书馆内，如果人人遵守纪律、专心致志地读书，会呈现出十分和谐的节奏感，这无疑是一种美的环境。在这样的环境中，读者会感受到人与人之间的和睦友爱，会感受到知识给予人的力量。

（4）有助于减少高科技带来的污染

随着社会的不断进步和科学技术的日益发展，图书馆将应用更多的电子和信息技术设备，可能会带来许多电磁辐射和其他污染，这也要求我们通过美化环境来改变这些因高度科技化带给人们的危害。

## 二、图书馆服务环境的构成要素

关于图书馆服务环境的构成要素，国内学术界目前尚未达成一致意见。有学者认为，服务环境包括物质和设备；也有学者认为，图书馆服务环境应该包含情境、资源、支持工具、人和服务活动五大要素。综观国内外学术界关于图书馆服务环境的研究成果，结合图书馆的构成要素和网络化、信息化的时代背景，我们认为，图书馆的服务环境应该包括服务资源、服务空间布局、信息技术条件、服务制度和服务活动五种构成要素。

### （一）服务资源

图书馆的服务资源主要是指图书馆的人力资源、文献信息资源以及图书馆的设施设备。人力资源是图书馆服务环境中最具能动性的要素。图书馆工作人员是联系文献信息资源和读者的纽带，不仅是文献信息资源的组织者和传播者，还是图书馆服务活动的提供者，在整个图书馆服务活动中起着导航的作用。文献信息资源在图书馆的服务环境中处于基础与中心的地位，既包括现实馆藏，又包括虚拟馆藏。毫无疑问，文献信息资源是图书馆存在的最主要标志，也是图书馆开展各种服务活动的基础和重要保障。图书馆的设施设备主要包括外部环境、馆舍建筑、内部装修、导引标识，以及各种电子设备、打印设备、语音设备和为残障人士提供的各种必要设施。这些都是图书馆开展服务活动的重要物质保证。

## (二)服务空间布局

图书馆的服务空间布局主要包括图书馆建筑的整体空间设计、各功能区的科学布局、设施设备的布局和摆放等。图书馆一般分设五个功能区,即书刊典藏区、书刊阅览区、电子文献阅读区、读者咨询区和读者休闲区。服务空间的布局关系到读者对图书馆的第一印象,良好的空间布局有利于树立图书馆的良好形象,提高读者对图书馆的利用率。

## (三)信息技术条件

信息技术条件主要指与图书馆服务有关的信息服务技术和网络技术。信息服务技术主要指集成平台技术、信息推送技术、信息跟踪技术、信息聚类技术、跨库检索技术以及信息交互技术等;网络技术则包括网络信息平台、网络化图书馆服务系统及网络安全技术等。它们既是当前复合式图书馆提高其服务质量的重要条件,也是构建信息服务平台的重要支撑。在现代社会,信息服务技术显得尤为重要。它不仅标志着图书馆的服务模式实现了由传统被动服务向现代主动服务的巨大转变,还延伸了图书馆文献信息服务的范围和功能。例如,在图书馆 Web2.0 中,简易信息聚合(RSS)就被广泛地应用于信息推送服务,从而满足了读者个性化的信息需求。作为图书馆开发与利用文献信息资源的重要工具,信息技术条件将发挥越来越重要的作用。

## (四)服务制度

图书馆的服务制度主要包括国家机关制定、发布或认可的有关图书馆服务活动的法律、法规及政策,还包括图书馆自行制定的各项服务制度与规定。图书馆服务制度的作用主要在于以下两方面。

第一,指引和规范图书馆服务环境的构建,保证图书馆机制的有序运行;

第二,协调图书馆服务环境的各种构成要素之间的关系,提高图书馆工作的效率。

总之,服务制度是图书馆服务环境的重要组成部分。

## (五)服务活动

图书馆是服务性机构,它的一切工作都是围绕服务而展开的,服务是图书馆的终极目标和根本目的。服务活动在图书馆环境中处于核心地位。有学者指出,图书馆的服务活动主要包括服务管理、服务手段、服务方法、服务交流等。在服务活动中所体现出来的服务理念、服务态度也应包括在内。优化图书馆服务活动应该是一个系统工程,需要全方位、多层次地考虑。

以上图书馆服务环境五种构成要素之间的关系是:五种构成要素相互协调、相互作用,共同构成了图书馆服务环境的统一体系。在这个体系里,服务活动始终处于最核心、最基础的地位,它不仅为其他各要素的运行提供了前提,也是图书馆服务环境中最活跃的因素;

服务资源是优化图书馆服务环境的重要条件,是图书馆服务活动中满足读者需求的基本保障;空间布局形成了图书馆服务环境的整体框架,为图书馆服务活动的开展奠定了物质基础;信息技术条件直接影响着图书馆的服务质量和现代化程度,为图书馆服务活动的开展提供了技术保障和支持条件。

总之,图书馆服务环境的各种要素相互联系、相互作用,形成了图书馆服务环境的有机整体。

# 第四节　公共图书馆的服务平台

知识爆炸及用户对信息需求的多样化、精确化和个性化,对图书馆的知识组织工作提出了新的要求。传统图书馆在服务内容及手段方面已经无法保证人们获得及时、有用的信息,构建新的服务平台已成为每一所现代图书馆面临的实际问题。

## 一、图书馆服务平台的含义

图书馆服务平台作为新一代图书馆管理系统,应能够解决如下方面的问题:纸本文献和数字馆藏的统一管理;用户界面功能改进;与其他系统的互操作性。另外,图书馆服务平台将充分利用最新计算技术和架构的优点,尤其是云计算技术,以便降低平台维护成本。图书馆服务平台是馆员进行数据挖掘,知识发现,文献内容分析,服务提供、控制、管理和协调的界面;是用户进行信息交流、知识获取、知识利用和知识创新的操作系统;是将知识资源融入知识服务与用户知识利用双向过程的多层次、多功能的服务体系;是直接影响服务效果的因素,也是图书馆系统功能实现的关键。现代图书馆服务平台一般由用户需求平台、用户教育平台、统一检索平台、协调共享平台、技术支撑平台等子平台构成。各子平台通过自身功能,共同构建并实现现代图书馆服务的机制与目标。

### (一)用户知识需求平台

用户需求的变化激发了图书馆的服务创新,提供符合用户需求的服务是图书馆追求的目标。用户需求平台通过对用户需求的分析,构建个性化用户模型,从而指导知识服务设计,也为用户教育提供参考。用户的知识需求是用户的检索动机,凡是到图书馆来寻求服务的用户都是带着一定的需求而来的。用户性别、年龄、经验、知识、思维、习惯等的多样性使其知识需求也呈多样化。用户需求的意识状态分为三类:一是用户清楚提出的需求;二是用户模糊意识到的需求;三是用户尚未意识到的需求。

知识服务追求满足用户模糊意识到的或尚未认识到的信息需求,即超越用户需求导向,从而提升自己的服务在价值链中的地位。用户的潜在需求与现实需求之间有着千丝万缕的联系。潜在需求的挖掘应在掌握其与现实需求之间的关联性、目的性、派生性、复杂性、可启发性特点的基础上,通过对接、确认、超越三个过程来实现。需求表达是用户在脑海里把知识需求用一定的语言表达成一种概念。馆员从用户处获得的实际上是需求表达。由于各种主客观原因,用户不一定懂得如何表达自己的知识需求。从知识需求到需求表达是一个递减过程。当前,用户需求平台急需解决两个方面的问题:一是如何协助用户更好地表达自己的需求;二是如何通过用户需求表达来准确探究其真正的知识需求。

### (二)用户教育平台

美国图书馆学家杜威坚信,知识应当战胜愚昧,图书馆应该是造就新一代文明领袖和文明国民的有力工具,是"人民的大学"。按国际图联的权威定义,"开展社会教育"是图书馆承担的社会职能之一。联合国教科文组织《公共图书馆宣言》(1994)及我国《普通高等学校图书馆规程(修订)》(2015)等亦将"培养、提高用户的信息意识及文献信息获取利用能力和创造力"作为图书馆的核心任务。我国现阶段图书馆用户教育状况不容乐观。以大学图书馆电子资源利用教育为例,通过网络对我国130所大学图书馆的电子资源利用教育的内容、方式方法、对象等方面进行调研,结果表明:开设电子资源利用课程的占38.10%,开设电子资源利用专题讲座的占62.86%,开展电子资源利用网上教育的占40%,构建电子资源网上检索指南的占78.0%,开展电子资源利用个别化教学的占7.62%,只有个别图书馆开设了类似的用户教育电子论坛。大学图书馆电子资源利用教育存在着不平衡现象明显、缺乏统一管理、教学内容的针对性较模糊、远距离用户的教育亟待解决等主要问题。

在图书馆知识服务模式下,用户知识素质的差异将直接影响知识产品给其带来的收益,因此,对用户进行掌握获取知识能力以及利用知识进行创新能力的教育是知识服务的重要职责。用户教育平台的首要任务是培养用户强烈的知识意识,提高用户通过利用知识产品解决问题的兴趣,让用户享受到通过利用知识产品提高决策的科学性及促进工作效率的好处。其次,通过持续举办培训、讲座等方式,帮助用户提高情报检索技能,培养用户筛选、判断、利用知识的能力及创新能力。最后,更新用户教育方式和手段,充分利用图书馆主页等开辟教育内容具有针对性的用户教育空间,并扩大远程用户教育。

## 二、国内主要跨库检索平台

### (一)清华同方异构数据库统一检索平台(USP)

清华同方在数字图书馆管理系统中提供了异构数据库统一检索平台(Union Search Platform,USP)。USP是一个智能化的网络数据库检索平台,它通过一个统一的用户界面帮助用户在多个网络数据库搜索平台中实现信息检索操作,是对分布于网络中的多种检索工具的智能化整合。USP系统的特点如下。

**1. 通用性好**

USP系统最大的优点是不受239.50、OAI、URL协议的限制,任何在Internet上通行的网络数据库,都是统一检索平台的对象,实现了真正意义上的"统一检索",无须数据库提供商提供接口。因此,USP 的覆盖面很广,95%以上的网络数据库都可以进行配置。

**2. 智能化的网页分析系统**

USP 采用的是基于 COM 组件的智能化网页分析结构,可以同时对多个搜索引擎返回的结果进行多线程分析,并以最快的速度将最合理的结果反馈给用户,结果分析正确率达99%以上。

**3. 个性化的检索结果显示**

USP 为用户提供个性化的检索服务,用户不仅可以随时配置自己感兴趣的搜索引擎,而且可以选择适合自己的检索结果显示风格,可以指定每页显示的结果条数,真正地拥有自己的信息检索平台。

**4. 对数据库检索结果有多种浏览方式**

USP 为了方便用户浏览检索结果,设定了三种检索结果浏览方式。用户既可以分别浏览单个数据库的检索结果,也可以把所有数据库返回结果按返回的先后顺序排列后混合检索,还可以把当前已经返回的结果按照相关度排序浏览。

**5. 支持完全由用户配置的数据库分类检索功能**

对于被检索数据库数量比较大的情况,USP 提供了数据库分类检索功能。目前,USP支持国内外几十种主流的网络数据库,如 ABI、INSPEC、EI、IEEE/IE、JCR、NTIS,PQDD、CSA、EBSCO、Aeademic,Nature、Springer、中国期刊网、万方数据库、高校学位论文、超星电子书、中国资讯行、方正电子书、中国生物医学文献、国研网、专利全文库等,同时被许多图书馆引入使用。

## (二)Cross Search 跨库集成检索系统

Cross Search 跨库集成检索系统是国家科学数字图书馆的子项目之一,该系统可以在实体资源分散的情况下实现"虚拟的资源整合",从统一的检索入口检索多种异构资源,统一呈现结果,从而方便用户使用,节约用户检索时间,因而被许多数字图书馆专家认为是实现资源和服务整合的利器。

Cross Search 跨库集成检索系统已集成 6 类近百种不同来源、不同结构的数据源,包括全文数据库、文摘索引数据库、电子图书资源、网络免费资源、联合目录资源以及国内外重要的联机公共查询目录(Online Public Access Catalogue,OPAC)资源。该系统已经基本覆盖国家科学数字图书馆(China Science Digital Library,CSDL)所购买的所有网络信息资源,科研人员在家里、办公室,甚至在车上都可以通过这一系统进行信息资源的检索、发现和获取。目前,此系统已在中国科学院文献情报中心、中国科学院昆明植物研究所图书馆等多个单位引入应用。

Cross Search 跨库集成检索系统特点如下。

**1. 检索结果的统一呈现**

检索结果显示页面根据检索页面中用户选择的各种参数,包括排序标准、去重标准及每页显示的记录数进行显示。页面上提供了排序、去重、显示级别、每页显示的记录数及分页功能,让用户可以根据自己的需要选择显示的方式,并提供二次检索功能。

**2. 个性化的资源定制**

跨库集成检索系统面向注册用户和非注册用户提供不同层次的服务功能。注册用户可以建立自己的主题,选择所需要的数据库资源添加到"我的数据库资源"列表。当用户执行检索时,可以从"我的数据库"中选择,从而避免每次检索时重复选择数据源。系统不对非注册用户提供资源、全文字段检索、查看全文等功能,非注册用户进入系统后,只能直接从"选择列表资源"中选择数据源进行检索。但是,Cross Search 跨库集成检索系统无高级检索功能,目前仍无法实现网络免费资源,如 Google 等的检索,且检索等待时间较长。

# 第三章　新时期公共图书馆文旅融合服务创新

## 第一节　文旅融合的背景

### 一、文旅融合是国家发展战略深度调整的重要选择

中国经济经过改革开放后 40 多年的发展,无论是经济总量,还是经济结构都发生了翻天覆地的变化。当前,我国的经济发展已逐步进入深度转型期,同时,外部环境的不确定风险也在逐步增加,如贸易摩擦、世界经济增速放缓等。2018 年世界 GDP 增长率按购买力平价计算约为 3.7%,按市场汇率计算约为 3.2%,全球经济增速正在放缓。这些因素对我国外贸经济的发展产生了不小影响,对国内实体经济也形成了一定压力,而文化旅游产业的持续快速增长为当前经济结构的深度调整提供了新的战略空间。根据数据统计,2018 年全球旅游产业持续保持增长,旅游总人数达到 121 亿人次,增幅达 5.0%,旅游总收入也达到 5.34 万亿美元,约占全球 GDP 的 6.1%,增速也达到 3.1%。同时,在经济拉动方面,文化旅游产业的比重也在持续提升。根据世界旅游组织相关数据,全球文化旅游产业对经济的驱动力不断增大,很多国家的文化旅游拉动占 40%,欧洲的一些国家则已超过 50%,甚至更高。我国文化旅游产业的发展也处于快速增长区间,2018 年,我国国内旅游达到 55.39 亿人次,同比增长 10.8%,出入境旅游的总人数也达到 2.91 亿人次,同比增幅达到 7.8%,全年旅游收入实现 5.97 万亿元,占 GDP 总量的 11.04%,直接带动就业人数 2 826 万人,间接实现就业人数 5 165 万人,约占全国就业总人口的 10.29%。文化旅游产业已经在我国国民经济中占有十分重要的地位。因此持续加大国内文化旅游产业的扶持力度是进一步深化和优化我国产业结构的重要举措,是发展经济、增加就业的有效手段,也是提高人民群众整体生活水平的重要措施。当前,党中央和国务院做出了推动文化旅游融合发展的重大决策部署,一方面是实现文化旅游产业转型升级、提质增效的重要途径,另一方面也是优化我国整体产业结构布局,促进经济业态良性发展,带动就业增收的重要保障。

### 二、人民群众对基于文化的旅游品质要求持续提升

当前社会的主要矛盾已发生了深刻变化,转化为人民日益增长的美好生活需要和不平衡不充分的发展之间的矛盾。人民群众在物质生活方面已经获得了较大满足,但在精神文

化生活方面的需求尚未获得充分满足。文化旅游产业需求正逐渐成为人民群众新的需求增长点,且增速较快。根据 2018 年数据,我国国内旅游收入为 5.13 万亿元,增幅超过 12%,远高于 GDP 增幅,并且我国已连续多年成为全球最大的出境客源国。同时,人们在具体的旅游方式的选择上也正在发生深刻变化,不再单纯以"拍照打卡"的方式参观旅游景点的外在景观,而是开始更为深入地去体验不同文化的内在魅力,注重文化因素的挖掘和感受,在旅游参观中学习和了解各种文化知识,感受民风民俗,最大限度地体会旅游中的人文之美。中国青年报社会调查中心 2019 年初进行的一项调查显示,在 2003 名受访者之中,有 87.7% 的旅游人群体验过文化旅游,在参与的各类文化旅游项目中,有 65.8% 的受访者参与过旅游所在地传统文化故事相关的文化旅游项目,有 58.2% 的受访者参与过当地民风民俗有关的文化旅游项目,有 44.7% 的受访者参与过文学影视艺术作品有关的文化旅游项目,受访者对"能深入参与或体验的文化旅游产品"感兴趣程度最高,占比达 60.5%。这些调查数据充分展现了人民群众对文化旅游的品质要求正在不断提升,单一的旅游观景已不能满足人民群众的需求,与文化紧密联系的旅游产品正得到人们的热捧,文化正成为旅游服务产品中越来越重要和独特的元素,成为人们旅游服务消费的重点。

## 三、文旅融合是实现"诗和远方"完美交融的有效途径

从古至今,文化和旅游一直保持着密不可分的关系,古人也常常用"读万卷书"和"行万里路"来表达文化和旅游的对应关系和内在联系。2017 年,联合国世界旅游组织对"文化旅游"的概念进行了重新界定,提出了文化旅游的基本动机是学习、发现、体验和消费旅游目的地的物质和非物质文化景点,这些景点包括艺术和建筑、文学音乐、文化创意、生活方式、价值信仰等当地特有的要素。当前,国内文化和旅游主管部门对所在地文化和旅游资源均进行了系统梳理,但由于我国文化和旅游长期属于两个独立的行政部门,各自为政,文化系统专注于文化服务,旅游系统擅长于市场推介,两方资源无法进行深入交融,即便有一些文件的出台,也较多地流于形式,为融合而"融合",彼此的向心力不强,融入深度也不够。国家将文化和旅游两个部门进行整合,组建文化和旅游部,在组织机构、人员配备、业务职能等多方面进行了系统整合,为文化和旅游的交融提供了强大的基础保障。同时,相关部门前期已对各自的文化和旅游资源进行挖掘和梳理,形成相对完善的资源产品库,但在文旅融合新背景下的资源梳理则仍可进一步深挖和整合。原旅游服务资源由于缺乏对应的文化服务专业力量,旅游服务的深度有待深化,同样,原文化服务资源由于缺乏相应的专业推广能力,文化服务的广度有待拓展。文化和旅游的结合是"诗和远方"完美交融的过程,文化可以更好地走向"远方",旅游可以更有"诗意",文旅融合也将进一步拓展文化和旅游各自的内涵和外延。文化中加入旅游,使文化增添了翅膀,让文化走得更远;旅游中加入文化,使旅游沉淀了品质,让旅游更富深度。2018 年联合国世界旅游组织发布的《旅游与文化协同作用》的报告中指出,文化和旅游是相互依存的共生关系,旅游和文化相互交融、互为一体的过程,不但赋予了空间移动的旅游以文化内涵,而且也使得各类自然风光、人文古

迹、历史名胜、文化场馆、艺术中心等物质性文化场所和文化遗产、民风习俗、文化节庆等非物质性文化元素通过旅游活动得以展演传承,并发扬光大。文旅融合是一个相互渗入、互为支撑、协同并进和深入融合的过程,是推进文化和旅游高品质发展的必然要求。同时,文旅融合还将产生十分强大的经济效益,为文化旅游资源所在地带来更多的发展机遇。

## 四、文旅融合是实现社会主义文化大繁荣的战略需求

2009 年,原文化部和原国家旅游局联合印发了《关于促进文化与旅游结合发展的指导意见》,提出文化和旅游的结合要从构建社会主义和谐社会的高度出发,并明确了"树形象、提品质、增效益"的目标,积极落实措施,加强文化与旅游结合,最终推动社会主义文化大发展、大繁荣。文化和旅游的融合发展不是简单的两项政府工作的整合,它是关系和影响我国社会主义文化发展和文化繁荣的重大战略任务,对国家的整体建设具有十分重要的影响。

文化是内核,旅游是载体,文化和旅游的深度融合是实现社会主义文化大发展的重要途径。文化与旅游融合,一方面文化元素融入旅游,有利于提升旅游产业的品位,促进旅游产业发展方式的转变,实现旅游产业由量到质的转变,从而推动旅游经济的全面发展;另一方面,旅游产业向文化服务的空间拓展,为文化消费创造巨大的市场空间,为文化保护与传承提供有力支撑,为弘扬我国优秀传统文化、革命文化和传播社会主义先进文化提供了巨大机遇。文旅融合对于中华优秀传统文化的发扬、革命文化的传承和社会主义先进文化的弘扬具有十分重要的推动作用。传统文化与旅游产业的融合发展,为中华优秀传统文化的发扬提供了新的动力,有助于扩大传统文化的传播渠道。同时,各类以中华优秀传统文化为核心的旅游产品、文艺演出和文创产品等正逐渐趋于产业化发展,使中华优秀传统文化深入渗透到文化旅游各类产品及服务之中,使人民群众在消费各类文旅产品及服务时能深刻体验中华优秀传统文化之美,让人们"润物细无声"地、无意识地感受到优秀传统文化的魅力。革命文化与旅游产业的融合发展,对于弘扬中国革命文化有着十分重要意义,也为革命文化的广泛传播提供更大活力。近年来,革命圣地旅游越来越受到人民群众的喜欢。同时,很多革命圣地旅游基地大力挖掘革命文化遗产,如井冈山、延安、遵义等,通过大型实景演出、红歌、诗歌朗诵或革命后代及志愿者讲述革命故事的方式,让人们更全面和深入地了解革命文化,传承红色基因,实现更大的社会效益和经济效益,推动革命文化的传承与繁荣。文旅融合的发展,对全面弘扬社会主义优越性,持续深入推进社会主义建设具有非常重要的展示作用。通过文旅融合不断加大社会主义精神文明建设相关成就的挖掘与展示,通过诸如参与各类社会主义先进文化的创意、创新活动,参观社会主义建设标志性成果等,让人民群众深入学习和了解社会主义先进文化,进而增强文化自信、制度自信,引导人们树立崇高的理想信念,最终推进社会主义先进文化的弘扬与发展。

## 第二节　我国公共图书馆文旅融合服务取得的成就

### 一、保证公益性前提,构建以公共图书馆为中心的商业生态链

图书馆属于公共资源,其公益性主要体现在图书馆倡导每个人都有受教育的平等机会,社会有义务确保每个人都能有机会得到平等的阅读资源。公共图书馆的存在为实现这个目标提供了重要的理论意义和现实意义。被称为"有史以来最温暖的图书馆"的杭州图书馆一直践行图书馆的公益性特征,全天免费向流浪者和拾荒者开放资源通道。不分男女老幼、不分工作性质,免费向社会人群开放,一直是杭州图书馆秉持的原则,也正是因为这一举措,使得杭州图书馆被世人所认可,成为一家名副其实的网红图书馆。从此以后各个地方的图书馆都开始向杭州图书馆学习,纷纷出台政策,向流浪者和拾荒者开放资源。这从根本上体现了公共图书馆公益性理念的标准和要求,为实现社会主义现代化的目标打下了坚实基础。此外,图书馆还承担着形成社会全民阅读风尚,引导全民阅读氛围的重要责任,所有的一切都体现着图书馆的公益性理念。在图书馆的角落里,可以设置咖啡区和就餐区,到图书馆阅读的人员可以一边喝咖啡一边读书,或者一边吃简餐一边读书。图书馆还可以扩大经营范围,比如可以卖一些纪念品、书签或者明信片等,围绕图书馆的建设进行商业生态链的打造。

### 二、保证基本服务完善,呈现公共图书馆所具有的文化魅力

社会群体对传统图书馆的印象大多是书籍陈旧、资源稀少,但是随着图书馆的不断发展,实际情况却是图书馆每年都有大量的书籍更新,学习资源丰富,种类繁多,覆盖面全,比传统商业书店所提供的阅读服务更多。现在的年轻人都喜欢去商业书店买书或者寻找学习资源,不愿意去图书馆,其中最主要的原因就是书店比较现代化,往往更符合现代年轻人的观念,尤其是一些网红书店的出现,这本身就比传统图书馆更加吸引年轻人,目前各个地方的图书馆已经意识到年轻群体的庞大,开始积极地对图书馆的内部设置和形象进行改造,在保证图书馆基本功能框架的前提下,打造能够吸引年轻人的阅读空间,不断提高阅读者的舒适度。同时,为了给年轻人留下更好的印象,很多图书馆都推出特色服务。比如,甘肃金川区图书馆运用 3D 和 VR 技术布置科技体验区,可供研学的中小学生体验最新技术。

### 三、保证地方旅游发展,使公共图书馆切入地方特色文化

一些地区的公共图书馆加快了地方文献的整合,特别是通过特色的设置和准备来促进地方旅游业的不断发展。云南腾冲和顺图书馆始建于 19 世纪 20 年代,藏书 7 万余册,有很多现存极少的名人字画藏于馆内,这间图书馆虽然位于乡村,但是有很多游客慕名而来,图

书馆已经成为小有名气的网红打卡地和著名文化景点。该图书馆外形采用中西合璧的建筑手法,由于历史久远,图书馆拥有一种沧桑的历史感,游客们到来以后,纷纷表示能在这个图书馆里感受到当地的特殊文化,游客在这里不仅能够观光游览,还能在图书馆里开展阅读活动。当地的群众也积极向游客展示当地的文化,宣传当地的特色和风俗,这给许多慕名而来的游客留下了深刻的印象。因为这间图书馆提供了非常优良的阅读服务,所以吸引了更多的人前来旅游,更进一步地促进了当地旅游业的发展。

## 第三节　新时期我国公共图书馆文旅融合服务创新策略

### 一、图书馆深度联合数字技术、创新技术融合

#### (一)打造成智慧学习环境

随着科技的不断发展,我国的科技水平飞速进步,数字技术得到了跨越式的发展,其中包含大数据技术、人工智能技术、虚拟现实技术、增强现实技术等,很多人都听说过这些含有科技感的名词,但是也仅仅停留在听说和了解层面,很少有人使用过这些技术。当我们试图将这些技术与图书馆的建设进行联合,就会促进图书馆有更多新的发展。在以前,图书馆主要的职能就是储存书籍,是学习者的聚集地,人人都可以来到图书馆学习知识,但是随着科技与图书馆的合并,赋予科技意义之后,图书馆就成了含有高科技的地方。文化与先进科技相结合能够起到更加吸引人的效果,在我国 2019 年的图书馆年会上,来自全国不同地市的图书馆馆长以及图书馆馆员共同分享了数字技术在图书馆使用方面的心得体会,其中有学者提到可以将 5G 技术应用到图书馆使用当中,比如超清直播、智慧书房、精准推送等,我们有理由相信,基于数字科技的图书馆应用,通过现代科技能够更好地实现线上线下深度融合,将传统的纸质阅读转化为线上阅读,从而不断促进阅读环境的改变和发展。

#### (二)创新技术融合,让图书馆文化结合尖端技术

随着科技的不断发展,数字技术对传统文化传播的路径产生了深远的影响。基于数字技术的深刻变革,数字技术从各个方面都在潜移默化地改变着传统文化的发展。全民调查结果显示社会群体普遍愿意通过电子方式进行阅读,很多人反映通过数字技术进行阅读,能够节省大量时间,提升阅读便利性。网络技术也能够在第一时间将正在发生的新闻传送到家家户户,图书馆已经不再像以前那样,是传统学习的最大传播点。虽然图书馆在不断地提升自己的服务水平,但是人们普遍愿意使用更加便利性的阅读方式来提升自己,比如通过手机或者电脑来了解新闻。面对这样的情况,图书馆必须正视现实,不断寻求将数字技术与图书馆进行结合创新,不断促进图书馆的信息化和智能化。先进的数字技术能够让图书馆从单一的阅读场景变成多项技术使用场景,不断增加社会对图书馆的认识度,并不

断地丰富图书馆的吸引力,只有这样,社会群体和社会民众才能更愿意放下手机加入图书馆阅读的行列当中。

## 二、图书馆应积极推广宣传文旅融合服务

### (一)重视社会形象,强调图书馆提供公共文化服务

公共图书馆要想进一步地扩大自己的影响,加强对外宣传是非常重要的一点。当今社会,人们的阅读方式受到了互联网的深刻影响,互联网提供的快速获取知识的途径给大众留下了深刻的印象。人们普遍认为,网上什么东西都可以看到,但是人们在使用的过程当中,有时候也会发现网络上很多的内容不是免费的,而是需要付费的。众所周知,公共文化服务的根本就是免费服务于大众,政府有能力也有责任不断促进社会成员文化的发展,公共图书馆更应该向社会群体提供免费的文化阅读环境和文化服务产品。但现实情况是,公共图书馆确实是在免费地向大众传播文化,但是传播文化的力度不够,公共图书馆应加强对外宣传,更进一步地提升自己的社会形象,承担更多的社会责任,只有这样才能更好地向大众提供文化服务。

公共图书馆应不断进行正面的、积极的、向上的宣传,这能够极大地提高其在大众心中的形象。公共图书馆要基于提供免费文化服务的基础,向大家传播走进图书馆学习的好处,只有图书馆有了更多的用户,才能够更好地将图书馆的优点宣传出去。

### (二)图书馆加强宣传推广文旅融合服务

各个地方的图书馆,在基于自身实际的前提下,要想实施不同的文旅融合服务,就要不断创新探索更多新的服务形式,这些形式会造就不同的服务模式,该模式可能适合当地发展,但是放到全国范围内可能会"水土不服",因此各个地市的图书馆应该立足自身发展,不断加强自身的宣传,积极主动地将文化加入当地的旅游产业当中,向前来旅游的游客提供新式旅游体验。目前,从各个地市的图书馆的文旅融合情况来看,比较成功的就是天津滨海新区图书馆,该图书馆立足于自身,结合当地的旅游特色,散发出强烈的美学气息,不断吸引游客前去参观游览,该图书馆独特的造型,也吸引了不少游客。

## 三、图书馆吸引民众参与活动,引导市场融合

### (一)派发奖励的方式吸引大众参与活动

利用互联网软件吸引游客的一个重要方法是在活动期间派发奖励,例如,网易图书根据阅读时间给予读者积分奖励,这些积分可以用来购买电子书。图书馆应积极与读者和活动参与者建立社区互动。读者和参与者都有相同的兴趣和爱好,图书馆建立社区可以使有

共同兴趣的人能够产生相互认同感。图书馆馆员积极与社区中的人们交流,询问他们对图书馆活动的意见,或者倾听人们希望参与的活动的要求,通过沟通和引导,增强人们对图书馆活动的认可度,激发人们的积极性。

### (二) 图书馆积极以文旅市场融合为导向

产业整合理论是指技术、产品和业务的整合,进而形成市场整合。

市场融合的标志是提供差异化的产品以获取市场需求,而产品和技术的融合,更多的是新的市场需求。目前,地方图书馆推出的文化旅游一体化服务还处于产品整合阶段。在文化产业与旅游产业的融合中,有突出表现的是地方博物馆,它与旅游产业有着密切的联系,博物馆是游客大多选择的旅游景点之一,博物馆也是公共文化服务体系的重要组成部分。公共文化服务向公众免费开放,包括各种历史文物和文化自然遗产的展览。博物馆实现了文化与旅游市场的融合。图书馆也可以借鉴博物馆整合文化和旅游市场的经验,借鉴博物馆吸引游客的方式,如提供独特的公共文化服务,开展内涵深厚的公共文化活动等。

### 四、图书馆打造文化旅游 IP,突破产品融合

#### (一) 文化旅游 IP 带来全新的旅游体验和文化消费体验

在近 30 年的文化旅游产业的突破式发展过程当中,文化和旅游都处在上升阶段,传统的文化和旅游以观光和旅游为主,主要方式就是到某个地方去参观游览,在浏览地点留下照片就是所谓的旅游,人们早已经熟悉且厌倦了这样的旅游方式,随着游客的个性不断发展,游客对旅游的体验也提出了更高的要求,游客已经不再推崇传统的走马观花式的旅游,更强调的是情感的共鸣。近年来,一个普遍的现象就是游客不再满足于对风景的喜爱,而是热衷于挖掘该景点背后的故事,例如旅游地点过去发生过什么,历史上有什么值得铭记的地方。基于这样的大背景,文化旅游 IP 就显得更加重要。比如迪士尼公司每年都会出不同的电影动画,通过对动画片主角形象的刻画,来不断扩大迪士尼乐园的影响力和认知度,在每个人的心中,再有吸引力的电影和游戏都比不上实体迪士尼乐园所带来的情感体验,人们愿意为了到迪士尼乐园去玩而放下手机,因此文化旅游 IP 能够结合自身特色产生更多的衍生品,为文化消费者和旅游者带来全新的体验。

#### (二) 图书馆要积极打造文化旅游 IP,突破产品融合

当前,在我国旅游景区的发展过程当中很少会持续地对 IP 进行打造,缺少旅游 IP 就会降低旅游景区的吸引力,互联网的发展使得传统的商业模式很难再有新的突破,图书馆要不断地顺应时代发展的潮流,积极打造文化旅游 IP,不断推进旅游服务,将旅游业和旅游服务结合起来,不断突破新的服务理念,图书馆在打造文化旅游 IP 时,要有特色性、故事性和当地的文化属性,不断地突破产品的融合。文化旅游 IP 要有以下几个关键要素:创新、营

销、粉丝互动、自媒体和产出品,图书馆要不断地通过创新方式促进营销的发展,从而创造出更高的市场认可度,图书馆要努力在宣传推广上拥有更多的话语权,占据更重要的位置,只有拥有更多的话语权,才能更好地向外宣传,才能让更多人认识和了解到图书馆的魅力所在,才能真正做到服务于全民阅读。

# 第四章　新时期公共图书馆社区服务创新

## 第一节　我国公共图书馆社区服务

### 一、我国公共图书馆社区服务发展历程

20世纪80年代初,为解决在改革开放的大背景下因社会变迁加速而引发的各种社会问题,我国民政部门引进了社会学中的社区工作理论,吸取发达国家及发展中国家在社会发展方面的经验教训,并结合我国的实际,开始酝酿城市社会福利制度的改革,提出开展城市社区服务工作的任务,在全国掀起了社区服务理论探讨和试点实践的热潮。1996年10月,党的第十四届中央委员会第六次会议通过《中共中央关于加强社会主义精神文明建设若干重要问题的决议》,提出要深入持久开展群众性精神文明创建活动,建设社区文化、村镇文化、企业文化和校园文化。2000年11月3日,民政部颁发《民政部关于在全国推进城市社区建设的意见》,提出要"积极发展社区文化事业,加强思想文化阵地建设,不断完善公益性群众文化设施"。作为社区重要文化设施的社区图书馆逐渐受到关注,一些经济发达地区率先进行了社区图书馆的建设实践。如"九五"期间,上海在原有三级公共图书馆网络(市级、区县级、街道乡镇级)的基础上着手建立第四级网络——里弄(村)图书馆,截至"九五"期末,市中心城区里弄(村)图书室建成比例达55%,总数达3 200多个。北京市东城区6个街道经过努力,于2001年建成藏书规模达到10 000册以上、建筑面积达100平方米以上、阅览座位达30席以上的街道图书馆。在此基础上,把图书馆的建设向居委会社区延伸,和平里街道在24个社区内推行统一的"图书资源共享借阅卡",制定了统一的借阅制度,颁发了统一的标牌,实现了图书资源的共享。

1995年,中共中央办公厅、国务院办公厅转发《中宣部、农业部关于深入开展农村社会主义精神文明建设活动的若干意见》,提出要积极推动农村文化的发展和繁荣,把倡导和组织农民读书,作为提高农民素质的重要措施来抓。为贯彻落实上述意见,1996年,广东省启动实施"千村书库"工程,决定在1996—2000年,有计划、有步骤地在全省建立1 000个村级图书馆。1997年,中宣部、原文化部等九部委联合发文在全国组织实施"知识工程",一些大中城市以实施"知识工程"为契机,大力推进街道图书馆建设,将其作为城市社区建设的一个重要组成部分来抓,取得了显著的成绩。例如,南京市积极开展"街道图书馆的创建达标活动",全市街道图书馆的普及率达到80%,其中鼓楼区10个街道于2000年底全部建成

"万册"图书馆。

社区图书馆建设取得的成果引发了图书馆界对社区图书馆的持续关注。2001年10月18日,中国图书馆学会联合十省(自治区、直辖市)图书馆学会召开"21世纪中国沿海地区乡镇图书馆发展战略研讨会",与会代表一致认为我国的公共图书馆必须向乡镇延伸,真正把乡镇图书馆视为公共图书馆的重要组成部分;提出乡镇图书馆的性质应从"民办"转移到"公办"上来;21世纪初,中国乡镇图书馆建设的重点应放在沿海地区,而在经济欠发达地区,应提倡多元化的办馆模式,鼓励社会办馆。2002年初,中国图书馆学会成立社区乡镇图书馆专业委员会,并于同年10月召开"第二届中国社区乡镇图书馆发展战略研讨会",就社区乡镇图书馆的发展模式、地位与作用、服务对象、内容、方式、文献资源保障等问题进行了研讨。此后,社区乡镇图书馆专业委员会每年召开主题会议,探讨中小型图书馆和社区乡镇图书馆的发展,加强全国图书馆同行间的相互了解与交流。"十五"期间,各地尤其是沿海经济发达地区城市的公共图书馆社区服务开始蓬勃发展。例如,2002年启动的佛山禅城区"联合图书馆"、北京市公共图书馆服务体系;2003年启动的广东流动图书馆、深圳"图书馆之城"、杭州公共图书馆"一证通"服务网络;2004年启动的长春市协作图书馆、东莞"图书馆之城";2005年启动的苏州城区总分馆、嘉兴乡镇图书馆建设等。

"十一五"时期,我国初步形成了覆盖城乡的公共文化服务网络,抓好基层文化建设成为这一时期文化发展的重点之一,乡镇、村(社区)图书馆(室)建设迎来了新的发展机遇。2006年9月,中共中央办公厅、国务院办公厅印发了《国家"十一五"时期文化发展规划纲要》,提出在完善公共文化设施网络布局方面,要以大型公共文化设施为骨干,以社区和乡镇基层文化设施为基础,优先安排关系人民群众切身文化利益的设施建设;在创新公共文化服务方式方面,实行定点服务与流动服务相结合,鼓励具备条件的城市图书馆采用通借通还等现代服务方式,推动公共文化服务向社区和农村延伸。2007年,中共中央办公厅、国务院办公厅发布《关于加强公共文化服务体系建设的若干意见》,提出要加强社区文化中心、村文化活动室等基层文化阵地建设。同年,国家发展和改革委员会和原文化部印发了《全国"十一五"乡镇综合文化站建设规划》,明确在"十一五"期间,国家将支持新建和改扩建2万多个基本规模为300平方米的农村乡镇综合文化站,这些文化站的功能之一就是开办图书室,组织群众开展读书活动。2007年3月,原新闻出版总署会同中央文明办、国家发展和改革委员会、科技部、民政部、财政部、原农业部、国家人口和计划生育委员会联合发出《关于印发〈"农家书屋"工程实施意见〉的通知》(新出联〔2007〕2号),开始在全国范围内实施"农家书屋"工程,解决广大农民群众"买书难、借书难、看书难"的问题。这一时期,城市社区图书馆也在积极探索新的发展模式,如深圳图书馆在已建成的四级图书馆网络的基础上,研发了"城市街区24小时自助图书馆系统",拓展了图书馆的外延,提高了文献资源的利用率,并使自助图书馆的服务模式辐射至全国范围。沈阳市的社区图书馆则探索了多种建设模式,如社区独立创建图书馆的"独立型"模式,以汽车图书馆为主要形式的"流动"模式,社区与企业、学校等图书馆合作的"联办"模式以及总分馆模式等。

进入"十二五"时期,我国政府对公共文化服务体系建设的重视程度进一步加强,一系列相关政策文件、法律法规相继制定、出台。这一时期公共文化服务体系建设的一个重要特点就是统筹城乡、突出基层,推动公共文化服务体系建设重心下移、资源下移、服务下移,公共文化资源向城乡基层的倾斜力度进一步加大,为社区图书馆的发展带来了历史性机遇。2011年,原文化部、财政部共同开展了"国家公共文化服务体系示范区(项目)创建工作",要求按照公益性、均等性、基本性、便利性的原则,在全国创建一批网络健全、结构合理、发展均衡、运行有效的公共文化服务体系示范区,培育一批具有创新性、带动性、导向性、科学性的公共文化服务体系项目,为我国公共文化服务体系建设探索经验、提供示范,推动公共文化服务体系建设科学发展。乡镇(街道)综合文化站建设、村(社区)文体活动室、公共电子阅览室建设均被纳入创建标准,极大地推动了示范区的社区图书馆建设和服务。

2013年1月,原文化部发布《"十二五"时期公共文化服务体系建设实施纲要》,提出到2015年初步建立覆盖城乡、结构合理、功能健全、实用高效的公共文化服务体系,重点任务之一是使行政村文化活动场所设置率、(城市)社区文化活动场所设置率分别从34%和46%达到期末的90%。紧随其后,原文化部发布了《全国公共图书馆事业发展"十二五"规划》,明确要加强乡镇、社区图书馆(室)及服务网点建设,推进流动图书馆设施建设,形成覆盖城乡、比较完备的公共图书馆设施网络建设。2015年1月,中共中央办公厅、国务院办公厅印发《关于加快构建现代公共文化服务体系的意见》,要求依托城乡社区综合服务设施,加强城市社区和农村文化设施建设;以县级文化馆、图书馆为中心推进总分馆制建设,加强对农家书屋的统筹管理,实现农村、城市社区公共文化服务资源整合和互联互通,进而实现城乡基本公共文化服务均等化。2015年5月,中国图书馆学会发布了《书香城市(县级)标准指标体系》《书香社区标准指标体系》《书香城市(县级)、书香社区标准体系指标说明》,为基层图书馆开展全民阅读活动探索路径、积累经验、提供示范。2015年10月,国务院办公厅发布《关于推进基层综合性文化服务中心建设的指导意见》,提出要推进县域内公共图书资源共建共享和一体化服务,加强村(社区)及薄弱区域的公共图书借阅服务,整合农家书屋资源,设立公共图书馆服务体系基层服务点。

进入"十三五"以后,我国公共图书馆事业步入蓬勃发展的新时期,图书馆相关法律法规的制定和出台也进入快车道。2016年3月11日,原文化部发布《社区图书馆服务规范》,并于2016年5月1日正式实施,成为我国第一部规范社区图书馆服务的行业标准。2016年12月,《中华人民共和国公共文化服务保障法》颁布,规定地方各级人民政府可以采取新建、改建、扩建、合建、租赁、利用现有公共设施等多种方式,加强乡镇(街道)、村(社区)基层综合性文化服务中心建设,推动基层有关公共设施的统一管理、综合利用,并保障其正常运行。2017年7月,原文化部印发的《"十三五"时期全国公共图书馆事业发展规划》将推进乡镇(街道)、村(社区)图书室建设作为重点任务之一,要求推动乡、村基层综合性文化服务中心建设,按照相关建设标准和要求设立图书室,配备相应的器材设备,完善管理制度。村级不具备单独设立图书室条件的,可开辟图书阅览区。2017 年 11 月,《中华人民共和国公共图书馆法》正式颁布,规定县级以上人民政府应当设立公共图书馆。地方人民政府应当充分利用乡镇(街道)和村(社区)的综合服务设施设立图书室,服务城乡居民。这一系列法律、政策文件对居民享受社区文化服务做了全面部署,对图书馆开展社区服务具有重要意义。

同时,"十三五"时期是我国城乡社区服务体系建设,特别是农村社区服务体系建设夯基垒台、立柱架梁的关键阶段。2016 年 10 月,民政部发布《城乡社区服务体系建设规划(2016—2020)》,提出要大力发展城乡社区文化、教育、体育服务;广泛开展社会文化活动,依托城乡社区综合服务设施,建立社区(村)综合性文化服务中心;依托农家书屋和实体书店,大力推动全民阅读;提高数字化文化服务能力和水平;统筹发展城乡社区教育,建立健全城乡一体的社区教育网络;注重社区教育机构与城乡社区综合服务中心(站)的资源共享,提高图书馆、科技馆、文化馆、博物馆和体育场馆等各类公共设施面向社区居民的开放水平。这无疑为社区图书馆的加快建设和发展带来了重大机遇。

## 二、我国公共图书馆社区服务的现状

到"十二五"期末,我国基本实现了全国所有地市级城市均有设施达标、布局合理、功能完善的公共图书馆的目标,县乡两级公共文化设施规范化、标准化水平进一步提升。社区图书馆建设也取得了一定成就,2013 年,原文化部还开展了第一次全国乡镇综合文化站评估定级工作,有力地促进了附设于乡镇综合文化站的图书馆(室)的建设和发展。但是,由于长期以来乡镇、村(社区)图书馆(室)没有被纳入我国文化主管部门开展的图书馆事业统计、评估工作中,仅在"十二五""十三五"时期全国公共图书馆事业发展规划中部署了乡镇和社区图书馆的发展目标,从现有的文献中无法宏观和全面地了解乡镇和社区图书馆的发展和服务现状,仅能了解某些地区的发展情况。本书对若干不同经济发展水平地区的乡镇和社区图书馆的发展情况进行总结和分析,以求窥一斑而知全豹。

### (一)广东省乡镇和社区图书馆服务现状

《中国文化发展指数发布与评价报告(2017)》的数据显示,广东省是文化投入全国排名前五位的省份。近几年,广东省以城乡基层公共图书馆设施建设为重点,加强对公共图书馆布局的统筹规划,按照普遍均等、惠及全民的建设原则,实现了基层图书馆全覆盖,形成比较完备的省、市、县(区)、乡镇(街道)、村(社区)五级公共图书馆设施网络。深圳于 2003 年启动"图书馆之城"建设,至 2016 年实现了市、区、街道、社区共 220 家图书馆及 200 台自助图书馆的互通互联、资源共享和一证通行、通借通还。2015 年,广州市政府发布《广州市"图书馆之城"建设规划(2015—2020)》,至 2016 年,广州市共有公共图书馆 122 个,其中市、区馆 19 个,街镇分馆 84 个,社区(村)分馆 8 个,与机关团体、企事业单位合建的分馆数量为 11 个。广州市共有 170 个街镇,其中,4 个街镇各设有 2 个街镇分馆,76 个街镇各设有

1 个分馆,即共有 80 个街镇设有街镇分馆,占街镇总数的 47.06%;98 个街镇范围内有实现通借通还且对公众免费开放的公共图书馆(分馆),占街镇总数的 57.65%。

2016 年初,广东省启动并大力推进县级图书馆总分馆试点建设,选取了两批图书馆总分馆试点,共计 27 个。从 2016 年起,通过省财政支持的方式,重点扶持经济欠发达地区开展总分馆试点建设,以县为单位,每年图书馆、文化馆总分馆试点分别建设 10 个左右,分批推进试点工作,计划到 2020 年共计扶持建设 60~100 个图书馆和文化馆总分馆,每年对经济欠发达地区总分馆试点建设给予一定的经费支持。为了试点建设能够取得更好成效,采取分步骤、分批推进的模式,优先选择基础条件好、财政保障相对充分的县区开展,形成可借鉴的路径、方式和方法,由建设成功试点辐射其他区域。在现有省、市、县、镇、村五级公共文化服务设施基础上,按照统一领导管理、统一服务提供、统一考评评价"三统一"的要求推进总分馆建设,促使总分馆模式成为图书馆未来发展的基本方向。2018 年初,试点区域基本建立起县级总馆、乡镇(街道)分馆、村(社区)服务点的三级体系,盘活了基层公共文化资源,实现了资源的互通共享。

(二)成都社区图书馆建设和服务

余晓松通过网络问卷和实地调研两种方式对成都地区一共 32 个社区图书馆的经费投入、馆藏书目、读者群体、管理方式等状况进行了调研。调研发现,在购书经费方面,仅有 13 家图书馆有购书经费,约占总数的 41%,其他大部分社区图书馆没有图书经费预算。在有经费的社区图书馆中,有将近一半的社区图书馆图书经费仅在 1 000 元以内,图书经费超过 5 000 元的仅有几家。在馆藏方面,大部分社区图书馆的馆藏书目不仅数量有限,而且质量堪忧,很多图书的印刷比较粗糙,图书破旧,图书的层次、类别以及适用性等各方面都存在很大的缺陷,如经典名著种类较为单一,各种科普类专业书籍数量相对较少。调查还发现,大部分社区图书馆仅能提供纸质图书资料,仅有 6 家设在新兴社区或者较为高档社区的图书馆提供电子图书资源,但是电子图书设备由于没有及时维护或升级,不少设备不能正常使用。在读者群体方面,广大中青年是接受和使用现代化设施较为广泛的群体,但由于社区图书馆缺乏电子类资源,因而很难吸引更多年轻人使用图书馆。

在管理方面,有 25 家图书馆是以社区管理为主,有些社区图书馆已经开始与当地的高校或者企业合作,尝试提供更多元化的服务内容。另外有两个社区图书馆尝试引入一些小微图书馆(文化驿站)建设活动,有助于社区图书馆建设更加人性化、便利化,这说明社区图书馆已经在力所能及的范围内寻求更好的发展。在人员配备方面,社区图书馆的工作人员大多属于临时聘用人员或者社区干部兼职,福利待遇较差,很难吸引到文化水平高、综合素质较好的人才,在很大程度上限制了社区图书馆的人员队伍建设,从而影响了整个社区图书馆的服务水平。

(三)陕、甘两省乡镇(社区)图书馆现状

根据《中国文化发展指数发布与评价报告(2017)》的数据,甘肃的文化投入位列全国后五位。万行明、谢林 2011 年在陕、甘两省选择了 8 个县(区)所辖 29 个乡镇(社区)(其中既有全国百强县所辖乡镇,也有国定、省定贫困县所辖乡镇)的社区图书馆进行了调研。调查显示,所有图书馆均隶属于乡镇、社区综合文化站管理,不具独立法人身份。在购书经费方面,29 个馆中有购书经费的为 5 个馆,占比仅为 17.2%,拨款金额自 5 000~15 000 元不等。在馆藏文献方面,藏书 2 000 册以下的有 10 个馆,占比 34.5%;2 000~5 000 册的有 8 个馆,占比 27.6%;5 000~10 000 册的有 3 个馆,占比 10.4%;10 000 册以上的有 6 个馆,占比 20.7%。藏书最多的图书馆有 65 000 册,最少的仅 1 000 册,各占比 3.4%。在人员方面,29 个馆中共有图书管理员 62 人,平均每馆 2.14 人,其中 55.17% 的馆有专职管理人员、65.52% 的馆有兼职管理人员,管理人员中接受过专业培训的占 44.82%、未接受专业培训的占 55.18%。

在服务方面,周一至周五开放的有 2 个馆,每周开放 1 次的有 7 个馆,18 个馆不定时开放,占比达 62%。在图书流通方面,2010 年 29 个馆中仅 19 个有文献借阅记录,接待读者最高为 13 000 人次,最低为 117 人次;流通图书最高 20 000 册次,最低 71 册次;此外,仅有 9 个馆与县级图书馆建立了图书流通关系,有 4 个馆配备有电子阅览室。由于经费不足、人力有限等原因,仅有 4 个馆开展了针对未成年人、老年人等弱势群体的服务。

### (四)农家书屋的建设现状

为了解决广大农民群众"买书难、借书难、看书难"的问题,我国从 2007 年开始在全国范围内正式启动农家书屋工程,截至 2016 年底,我国已基本实现了所有行政村农家书屋的全覆盖。然而,农家书屋的实际运行状况却不尽如人意,普遍存在资金不足、图书更新迟缓、人员缺乏、开放时间短等问题,有些农家书屋甚至从未开放,形同虚设。姚朝进对贵州省 3 个贫困县的 6 个行政村的农家书屋进行调查,结果显示,农家书屋使用面积较小,设备设施简陋,大都只有图书陈列室,没有读者的阅读空间;藏书数量少,藏书结构不合理,有 5 个农家书屋的藏书自其建成以来,一直没有得到补充;由于没有专人管理,这些农家书屋自建成起(近 20 年间),几乎没有村民去看过书、借过书,文献资源利用率几乎为零。贫困地区如此,在经济较为发达的地区,农家书屋的发展也存在诸多问题。王敏等对北京市 6 个区县的 24 所农家书屋的调查,结果显示,在 24 所农家书屋中,电脑配备情况不佳,16 所没有电脑,7 所只有 1 台电脑,仅有 1 所配备有 2 台电脑;24 所农家书屋面积均在 100 平方米以内,约 50% 的农家书屋的面积在 20~40 平方米;在藏书方面,约 79% 的农家书屋可供借阅的图书在 1 000 册以上,符合农家书屋工程启动时的基本要求,但仅有 4 所更新过图书;在人员方面,24 所农家书屋的管理员有 22 人是兼职,仅有 2 位专职人员。由于现阶段农家书屋与公共图书馆分属于不同的管理系统,虽然有些地方将农家书屋的管理交由区(县)级公共图书馆,但农家书屋并未真正融入基层公共图书馆服务体系之中,再加上资金、人员等各方面的困难,农家书屋还难以承担对农村社区的图书馆服务。

（五）我国社区图书馆服务存在的问题

截至 2016 年，我国共有 7 957 个街道，31 832 个乡镇，10 万个城市社区，农村社区建设覆盖面不断扩大，社区图书馆服务体量庞大，完善社区图书馆的服务任重而道远。从宏观环境上来看，由于我国城乡社区服务体系建设仍处于初级阶段，主要体现在城乡社区服务体系建设发展不平衡；城乡社区服务设施配套和技术更新相对滞后，服务项目经费和资源投入依然紧张；社会力量和市场主体参与不充分，专业教育和人员培训亟待加强。从图书馆行业来看，图书馆社区服务也还在不断地摸索中，现阶段社区图书馆服务存在的主要问题如下。

一是整个公共图书馆事业发展存在着区域性差异，导致社区图书馆建设和服务发展极不平衡，存在着巨大的地区差别和城乡差别。在地域上，沿海发达地区和中西部地区差别较大；在同一地区，城区和郊区、不同的社区图书馆之间也存在较大差距。国家统计局的统计数据显示，2016 年，人均拥有公共图书馆藏量（册/人），北京为 1.19，上海为 3.17，而云南和贵州分别为 0.35 和 0.44；一项对京津冀地区基层社区图书馆的调查显示，2014 年，北京和天津的社区图书馆总量分别为 1 624 所和 1 407 所，而河北仅有 723 所。此外，从上述广东、成都、陕西和甘肃省的案例中，我们也可以看到社区图书馆发展在地域上存在着巨大差距。

二是经费短缺。我国的图书馆事业发展经费多用于大城市、大型图书馆，基层图书馆所得经费不足以维持日常运行。社区图书馆的建设资金来源没有保障，多数社区并未设立专项资金用于社区图书馆或阅览室建设，也未明确规定应由谁负责承担社区图书馆或阅览室建设的资金。很多社区图书馆建设被当成是当地的形象工程，不考虑可持续发展，只建不管，缺乏资金长效投入机制，一次性集中投入后就出现资金断流，没有资金进行馆藏更新和服务开展，最终导致了社区图书馆的夭折。例如，一些地区的农家书屋建设就存在后续资金跟不上而面临关闭或已经关闭的状况。

三是人才匮乏。从上述案例可以看出，多数社区图书馆缺乏专职工作人员，尤其是在乡镇和村级图书馆，无专职工作人员的问题较为普遍，很多社区（村）图书馆的管理人员由村干部、社区居委会或社区工作站人员兼任，他们利用工作空余时间管理图书馆，并且多数人没有接受过图书情报专业教育或培训，因而无暇或无业务能力开展更多更好的服务；即使是专职人员，由于工资待遇低、职业发展不尽如人意等问题，难以吸引优秀人才长期留在社区图书馆工作，造成队伍人才结构失衡、稳定性差的局面。

四是社会力量参与不足。长期以来，我国社区图书馆主要是通过政府主导建设，由政府号召、出资和管理，第三方机构和社区居民的参与有限。虽然有少数地区已经在探索社会力量参与社区图书馆的建设，但多数地区还没有形成企业、个人、社会组织等社会力量参与的社区图书馆多元化发展模式，仅限于小范围的个人捐赠、志愿者参与等，随意性较大，从而无法为社区图书馆的可持续发展提供有效的补充力量。

五是缺乏法律法规保障。社区图书馆缺乏专门的法律保障,相关法规政策分散在不同的领域,并呈现较大的区域差距。在国家层面,虽然 2016 年原文化部发布了《社区图书馆服务规范》,但该规范仅为推荐性标准,缺乏强制力和执行力。2017 年正式颁布的《中华人民共和国公共图书馆法》仅规定"地方人民政府应当充分利用乡镇(街道)和村(社区)的综合服务设施设立图书室,服务城乡居民",未明确提及社区图书馆的建设。在地方层面,一些经济发达地区如上海、广州、北京、深圳、苏州等地对社区图书馆建设较为重视,有关社区图书馆的政策法规相对比较完善,并已形成了明确的服务和评估方案。然而在经济欠发达地区,图书馆事业发展缓慢,社区图书馆发展得不到重视,相关法律法规的制定更是无从谈起。

# 第二节　公共图书馆社区服务类型创新

## 一、基于服务对象的服务

### (一)面向未成年人的服务

未成年人服务是社区图书馆服务的重要内容之一,也是图书馆社会教育职能的一种体现。在不同的国家或地区,未成年人被定义的年龄范围不同。我国根据联合国《儿童权利公约》提出,儿童是指"18 岁以下的任何人"。未成年人服务分为婴幼儿服务(1 至 3 岁)、学龄前期儿童服务(4 至 6 岁)和中小学生服务,以及特殊儿童群体服务。

**1. 婴幼儿服务**

世界各国图书馆都非常重视婴幼儿服务,如美国、英国、意大利等都已经有着多年的儿童服务历史。美国是全世界范围内图书馆开展儿童服务最早的国家,其早期阅读计划"出生即阅读"(Born to Read)项目,为新生婴儿提供免费阅读大礼包,内含图书、婴幼儿早教信息、新生儿读者证、玩具、婴幼儿用品等;为婴幼儿家长提供免费的培训,宣传婴幼儿早期阅读的重要性,指导父母开展亲子阅读、培养婴幼儿阅读兴趣并形成习惯,同时为家长普及婴幼儿健康、营养、教育及身体发育知识,教会家长使用图书馆资源等。英国的"阅读起跑线"(Bookstart)计划始于 1992 年,分别为 0 至 12 月、1.5 岁至 2.5 岁以及 3 至 4 岁的孩子设计免费的阅读礼包,指导孩子和家长体验阅读乐趣,养成阅读习惯。

由于服务对象的特殊性,婴幼儿服务在人力的投入上往往要大于成年读者,对人员的专业程度要求较高;同时图书馆需要开辟专门的服务场地和空间、购买适龄的馆藏以及组织活动所需的爬行垫、摇铃等玩具和免洗洗手液等卫生用品和用具。目前,我国公共图书馆由于人力资源缺乏、基础设施等条件有限,仅在少数大城市的公共图书馆开展有婴幼儿服务,如苏州图书馆开展的"悦读宝贝计划",而社区图书馆囿于多种条件限制,还未见开展此类活动的报道。随着我国三孩政策的全面放开,新生婴儿的数量也会迅速增长,开展婴幼儿服务,必将是未来社区图书馆服务的重要发展方向之一。

**2. 学龄前期儿童服务**

由于学龄前期的孩子已经具备了一定的自理能力,相较于婴幼儿服务来说较易开展,公共图书馆开展的针对这一时期儿童的服务可谓五花八门,但归纳起来主要有以下几种。

(1)阅读指导服务

阅读指导服务即将图书馆的优质资源推荐给儿童,指导儿童阅读适合其身心发育的优质图书。这一类服务主要包括开展故事会、朗诵活动、好书荐读、家长讲座、读书会等。

(2)益智教育类活动

益智教育类活动是指如手工制作、绘画、歌舞、游戏等课程或活动,旨在提高儿童多方面的能力。英美等国家图书馆为儿童提供的益智类玩具服务值得我国社区图书馆借鉴。美国的社区图书馆提供实体玩具和数字玩具(如电子游戏、视频游戏),并通过开展多种活动提高儿童多方面的能力,如乐高俱乐部、建筑俱乐部、桥牌俱乐部、游戏俱乐部等,这些活动不仅对儿童空间想象能力、逻辑思维、科学创造力的培养和提高有很大帮助,还有效地提高了儿童的活动表现力,为他们提供了社交平台及场所。如广州图书馆为 2 至 8 岁的儿童及其家长提供玩具服务。

(3)亲子活动

亲子活动的目的是家长和儿童共同参与一系列活动,一同分享,互为聆听、讨论和合作的对象,增进父母与子女之间的情感交流,提高家长和儿童参与图书馆活动的积极性,激发他们的阅读兴趣。只要是家长和儿童共同参加的、具有一定主题的活动都可称为亲子活动。如亲子摄影、亲子手工、亲子电影专场、亲子茶艺等。

**3. 中小学生服务**

与学龄前期儿童相比,中小学生已从以游戏为主导活动的"幼儿"成为以学习为主导活动的"学生",开始接受正规教育。针对中小学生的图书馆服务首先要考虑他们的身心发展特点,其次是注意与学校的合作。目前常见的为中小学生提供的图书馆服务主要有以下几种方式。

(1)阅读推广和指导服务

阅读推广和指导服务最常见的有主题阅读或经典阅读活动。在主题阅读方面,例如,我国现代著名翻译家、文学家傅雷是上海浦东新区南汇下沙镇人,上海航头镇图书馆为此设立"傅雷书架"开展主题阅读;周浦镇图书馆开展了一系列"傅雷"专题活动,如"读傅雷家书,做青春少年"读书交流活动,"好家风、好家训、好家规"故事演讲赛,与傅雷研究中心合作创作的《傅雷家书》经典故事话剧,在全区中小学校巡演。在经典阅读方面,很多公共图书馆已形成少儿国学经典阅读的品牌活动,如广州图书馆的"少儿读经班"、天津图书馆的"国学冬令营"、深圳图书馆的"亲子国学阅读"、上海图书馆的"国学阅读夏令营"等。其他活动形式如南京图书馆暑期为中小学生推出名著导读活动,由专业教师介绍名著作者生平事迹,讲述写作手法,提高学生阅读能力;杭州图书馆暑期开展"我的图书我来管"活动,招募小学生担任导读员;金陵图书馆以"朗读者"活动为平台,开展"朗读者"暑期故事会;衡水市图书馆在全市各级公共图书馆的少年儿童读者及在校中小学生范围内开展以"阅读红色经典,传承红色精神"为主题的燕赵少年读书系列活动;厦门市思明图书馆举办青少年名著阅读会;等等。

(2)素质提升活动

素质提升活动包括但不限于科学、环保、法治、安全的教育和兴趣培养等。例如,上海市徐汇区各社区图书馆为中小学生提供的素质提升活动有:"感受科普魅力,体验科技奥秘""青少年爱绿行动系列活动之爱绿环保宣传画""漕河泾街道图书馆寒假禁毒法治安全教育讲座""虹梅街道图书馆暑期交通安全讲座""徐家汇街道图书馆社交礼仪讲座""我爱动脑筋——虹梅街道图书馆棋类兴趣班活动"等。厦门市思明区图书馆开展机器人夏令营、暑期中小学生象棋夏令营、暑期中小学生书法提高夏令营、创客动物夏令营等活动。此外,一些图书馆与当地中小学建立联系,成为提高学生综合素养的社会实践基地。例如,济南市图书馆与济南市中区教育局签约共建"市中区中小学生社会实践基地",为学生搭建参与社会实践、培育核心素养的平台。

(3)课后托管与作业辅导

20世纪80年代,美国公共图书馆纷纷在图书馆内开展作业辅导服务,由专门的教师协助少年儿童解决课业问题,目前这一服务已拓展为图书馆提高青少年各种技能的课后服务项目。例如,休斯敦公共图书馆开辟社区放学空间,每周为儿童提供游戏、科学、技术、工程与数学活动、作业辅导、计算机操作、手工制作等服务项目;该馆还与休斯敦社区发展局合作,请专业教师帮助高中毕业生完成大学及职业规划课程。纽约公共图书馆在其分馆中推出了一系列免费放学后项目,为学生提供诸如一对一辅导、技术项目、素养训练及带薪实习机会等。我国公共图书馆开展此类服务起步较晚,目前仅有少数图书馆开展了此项服务。如常州市武进图书馆成立家庭作业辅导中心,由常州大学志愿者结对新市民子女进行家庭作业辅导,以帮助新市民子女提高学习能力。长春宽城区图书馆与天津路小学、南京小学相隔不远,每天15时小学生们放学后就会到图书馆写作业、看书,17时30分图书馆闭馆之前由家长接走,这解决了社区上班族无法按时接孩子放学的问题。

**4.特殊儿童群体服务**

对于公共图书馆来说,特殊儿童指的是那些不能正常享受阅读资源,或者需要在他人帮助下才能在图书馆获得资源的儿童,如残障儿童、留守儿童、流浪儿童、农民工子女、孤儿、边缘少年群体(罪犯子女或少年犯)等。国外由于对于弱势群体(包括特殊儿童)的法律保护更为完善,在相关图书馆法规中就包括了图书馆对于这些群体必须具备的责任,因而图书馆开展的针对特殊儿童的服务也较为成熟。例如,美国阿拉斯加图书馆每两个月会为阅读障碍症读者推送一个"会说话的书"目录,年龄段不同目录也不尽相同,读者还可以要求图书馆提供音频访问地址。美国社区玩具图书馆为有特殊需要的儿童群体配备了自适应玩具及设备,如为自闭症儿童准备的多米洛游戏——情绪卡片与记忆卡。查尔顿玩具图书馆定期安排志愿者运送玩具或设备到特殊儿童家中,保障他们的游戏、阅读、学习需要。此外,美国 49 个州还利用暑期联合开展阅读项目——"协同暑期图书馆计划",旨在鼓励特殊儿童积极参与阅读活动。对于特殊儿童,日本公共图书馆均设有特殊文库为其提供服务。例如,针对视觉残疾儿童的文库,除了半价提供资料邮寄服务外,每月至少还会开展两期读书朗读会。早在 1996 年 10 月,视觉残疾儿童文库就已开放了点字图书外借服务。

近几年来,我国公共图书馆也在尝试为特殊儿童群体提供服务,多数图书馆利用特殊节日或以主题活动的形式开展服务,但普遍活动周期短,次数少,缺乏持续性;少数图书馆形成了自身独特的服务模式,能够长期、持续地开展下去。总体看来,我国公共图书馆特殊儿童群体服务在设施设备、馆外合作、相关馆藏、服务宣传、馆员素质等几个方面亟待加强建设和提高。例如,江西省会昌县图书馆专门针对"留守儿童"推出以家庭为单位,以家长为辅助,以班级为枢纽,将阅读辅导服务推送到留守儿童家中的"家庭导读服务模式",通过走访、问卷调查、电话咨询、预约面谈等方式,深入了解"留守儿童"的认知能力、阅读水平、阅读需求,有针对性地设置家庭导读方案。菏泽市图书馆在全国助残日期间,邀请菏泽市特教中心有视听障碍的学生走进图书馆观看无障碍电影,阅读馆藏盲文图书和期刊,体验智能盲用电脑、盲人学习机、盲文书籍、电子助视器等,为残疾儿童提供精彩的文化视听体验。洛阳市图书馆则是在国际残疾人日,为智障儿童送去玩具、护耳等慰问品和图书资料。杭州少年儿童图书馆组织"让世界充满爱——流浪儿童关爱活动",在市内"流浪未成年人管理保护中心救助中心"设立"馆外流通点",定期为流浪儿童挑选各类优秀读物,为流浪儿童举办迎新春晚会,请青少年心理咨询师为流浪儿童上心理疏导课。

## (二)面向老年人的服务

老龄化问题已经成为困扰人类社会发展的全球性问题之一,为老年人提供改善其健康、文化生活和生活环境等的服务,也成为世界各国关注的社会问题之一。作为公益性的文化机构,国外公共图书馆很早就关注并开展了针对老年人的各项服务。

美国公共图书馆对老年人的服务关注始于 20 世纪 60 年代。1964 年,美国制定了《公共图书馆对老年人的责任》,提出对于随着老年人年龄增大而引起的社会、经济、生理等诸多问题,所有的图书馆,尤其是公共图书馆应该负起责任。很多公共图书馆通过与老年社区合作开展服务。例如,旧金山公共图书馆于 2006 年与当地老年公寓合作,其使命湾分馆为母语非英语老年人提供学习俱乐部、低强度的尊巴(一种健身活动)课程、基础的网络安全和隐私培训活动、遗嘱和遗产规划交流活动等。图书馆还为老年读者提供放大镜、专门的辅助电脑等设备。位于俄勒冈州的农业城镇科尼利厄斯,建设了名为"科尼利厄斯之宫"的老年社区,建筑共三层,有 45 间老年公寓,建筑内部专门为图书馆预留了空间,以方便为老年人服务。波士顿公共图书馆的"never too late"项目,通过举行主题趣味活动——绘画、纸牌游戏、歌舞表演、乐器演奏、手工编织等,吸引不同兴趣的老年人参与,提高老年人的社会交往能力。针对老年人数字素养能力低下的问题,2013 年,美国博物馆与图书馆服务协会(IMLS)、美国图书馆协会(ALA)等机构联合建立了"Digital Learn. org"门户网站,该网站提供基于图书馆对以往参加数字素养培训的老年人的反馈而建设的课程,供老年人自学;同时,IMLS 在《图书馆服务与技术法案》的批准下,拨款约 220 万美元给全美的 31 家公共图书馆,用于发展图书馆线下老年人的数字素养教育。

在我国,根据全国老龄办发布的数据,截至 2017 年底,我国 60 岁及以上老年人口有 2.41 亿人,占总人口的 17.3%,预计到 2050 年前后,我国老年人口数将达到峰值 4.87 亿人,占总人口的 34.9%,我国已步入老龄化社会。2018 年修订的《中华人民共和国老年人权益保障法》第七十二条规定,"国家和社会采取措施,开展适合老年人的群众性文化、体育、娱乐活动,丰富老年人的精神文化生活"。老年人离退休后,生活重心转移到家庭,在某种程度上会产生失落、孤独、寂寞、自卑的情绪,社区图书馆则是联系老年人和社会的重要支点。老年读者是图书馆不可忽视的一支读者队伍,丰富老年人的文化生活,是图书馆社区服务工作的重点之一。目前,我国公共图书馆为老年人提供的服务主要有阅读便利服务、知识科普服务、健康资讯服务、文化娱乐服务、人文关怀服务五类。

**1. 阅读便利服务**

阅读便利服务主要是针对老年人的特点,为他们阅读图书提供便利条件。例如,老年读者随着年龄增长,会变得行动迟缓,腿脚不灵便,应将老年人经常去的报刊阅览室尽量设置在较低的楼层并设有明显标识;在阅览室设置老年读者阅读专座,在人流量高峰期,优先供老年读者使用;在阅览室放置放大镜、老花镜、笔、纸等,提供给有需要的老年读者;对于行动不便的老年读者,开展上门送书服务;等等。

**2. 知识科普服务**

知识科普服务旨在帮助老年人学习新技能以及维护自身权益,如普法、旅游常识、安全知识、数字素养讲座或培训等。佛山市图书馆推出了"耆英畅游数字乐园"数字资源体验活动,是专为业余时间较充裕,对数字化产品有了解和体验需求的老年人举办的数字阅读活动;同时与当地社区机构合作,将图书馆资源和服务带进社区,使活动更大限度地方便老年读者参与。绍兴市柯桥区图书馆采取"三单制"培训模式,开展"文化养老工程进社区"活动,在充分调研的基础上,了解受老年人欢迎的课程,开出订单,由图书馆根据订单精心配出菜单,再根据菜单到社区开展免费培训。重庆市渝北区图书馆常年在渝北区各社区开展"常青 e 路·幸福夕阳"老年人数字阅读系列培训,内容包括移动终端智能手机应用培训、预防电信(网络)诈骗培训等。

**3. 健康资讯服务**

健康资讯服务是我国公共图书馆普遍开展的老年服务。例如,上海市徐汇区图书馆开设周日老年健康知识讲座,首都图书馆举办"我谈老年人的体育生活"系列讲座,科尔沁区图书馆利用全国文化共享工程资源为多年来支持图书馆工作的老年读者举办"健康知识"讲座,这些活动深得老年读者的欢迎。

**4. 文化娱乐服务**

知识科普类和健康资讯类的活动形式以讲座为主,休闲娱乐类的活动形式则更为灵活多样,如读书看报、观影看剧、组织老年社团活动,以及开展有关老年人健康类调查报告会、饮食讲座以及社区有奖知识竞赛等。例如,辽宁朝阳市图书馆成立朝阳老年读者之友会,开展"朝阳四大文化""快乐读书""健脑强身""文化养老"等主题交流研讨活动,并与"朝阳市老年文化促进会""朝阳市老年书画研究会""朝阳市金秋文学社"等社会团体密切合作,联合举办丰富多彩的文化活动,如"老年文化专题论坛""老年读书有奖答题""老年书画创作展""老年维权知识讲座""老年读者迎新春联欢会"等,极大地丰富了老年人的精神文化生活。丹东市图书馆与丹东市老干部局、老干部书画协会等部门联合举办针对老年读者的多种活动,如"鸭绿江的红色记忆""九九重阳久久情""上元佳节团圆情"等系列读书征文活动,吸引了众多老年人参加;与丹东市老干部摄影协会联合举办"感知文化爱我丹东"摄影大赛等,得到了广大老年读者的热烈响应。厦门市图书馆从 2012 年以来,为丰富老年人的精神文化生活,策划了一系列活动,选取适合老年人观看的电影题材,年均举办 50 场免费电影展播活动,观影人数达 7 000 多人次;年均举办各种书画摄影、历史史料等专题展览和作品鉴赏会 10 场次,吸引了超过 1 万人次的老年人到馆参观、研讨和交流,满足老年读者琴棋书画、读史、写史等多方面的兴趣爱好。

**5. 人文关怀服务**

人文关怀服务则充分考虑老年人心理特点,并在细微之处满足老年人的生理和精神情感需求。老年人生活活动范围小、人际交往相对闭塞,常常感到孤独与空虚,图书馆须关注老年人心理健康,及时提供国内外重大事件新闻报道,使老年人不因行动不便、生活闭塞而与社会脱节。图书馆为老年读者提供大字图书,购买有声读物、大触屏电子阅读机,订购老年人喜欢阅读的书刊,提供眼镜、轮椅等服务。人文关怀服务还体现在使老年人"老有所乐"。例如,厦门市图书馆组建"图书馆服务宣讲团"志愿者队伍,走进福利院、爱心护理院和敬老院,陪老人们聊天,消除他们的孤独与寂寞,并把图书馆最新的服务和基本知识带给他们。

**(三)面向其他弱势群体的服务**

弱势群体通常是指由于某些障碍或缺乏经济、政治和社会机会而在社会上处于不利地位的人。弱势群体通常包括两类群体,一是生理性弱势群体,即有着明显的生理弱势的群体,如未成年人、老人、残疾人等;二是社会性弱势群体,即因社会地位过低、个人收入过少等原因造成的弱势群体,如农民工、拾荒者、失业人员、无家可归者、刑满释放人员等。英国、美国、日本等发达国家有完备的图书馆服务弱势群体的法律法规体系,如美国的《关于种族歧视和性别歧视的决议》《为贫困人口提供图书馆服务》《图书馆残疾人服务政策》《老年人图书馆和信息服务指南》等；英国的《所有人的图书馆：社会包容政策指南》《激励所有人学习》等；日本的《日本图书馆法规基准总揽》《犯人图书馆服务指南》等。我国没有专门的针对弱势群体的图书馆法律法规，但在近年来颁布的图书馆法律法规中均有体现。如《中华人民共和国公共图书馆法》第三十四条规定："政府设立的公共图书馆应当考虑老年人、残疾人等群体的特点，积极创造条件，提供适合其需要的文献信息、无障碍设施设备和服务等。"《公共图书馆服务规范》（GB/T 28220—2011）中规定："公共图书馆服务对象包括所有公众。应当注重培养少年儿童的阅读习惯，并努力满足残疾人、老年人、进城务工者、农村和偏远地区公众等的特殊需求。"老年人和未成年人服务前文已有涉及，这里就不再赘述，本节重点关注为残障人士、农民工及其子女、求职者和服刑人员提供的服务。

**1. 为残障人士提供的服务**

针对残障人士，社区图书馆可在馆内设立无障碍通道，加强为各类弱势群体服务的环境建设。例如，允许视障人士携导盲犬自由进入图书馆，提供盲文显示器、放大镜、语音合成软件、盲文记录机、盲人阅读器、大字符键盘、盲文打印机、大幅面打印机、录制书籍、读取器、帕金斯机等设备；为听障读者提供听力辅助设备、手语翻译等服务。对于因身体残障不能去图书馆的人提供上门服务、电话咨询或流动图书馆服务。

除无障碍设施和阅读辅助设备以外，我国很多图书馆均开展了专门针对残障人士的活动。例如，苏州图书馆依托视障人士阅览室开展了针对视障人士的丰富多彩的服务项目，并吸引了社会上众多热心志愿者的参与，形成拥有七大主题的"我是你的眼"残障主题活动体系，包括视障人士读书会、视障人士爱心电影、苏州大讲坛——阳光讲坛、"一帮一手牵手""走出户外触摸世界"、视障读者系列培训、"真人图书馆"等。

**2. 为农民工及其子女提供的服务**

根据国家统计局的数据，2017 年我国农民工总量达到 28 652 万人，比上年增加 481 万人，其中外出农民工 17 185 万人。作为新市民，外来务工人员在适应社区生活、求职就业、子女教育等方面存在诸多疑问和障碍。帮助农民工尽快融入城市文化生活，满足他们多样化、个性化的需求已成为城市文化建设的重要任务，也是公共图书馆义不容辞的社会责任。目前，我国公共图书馆开展的农民工服务主要有节假日慰问、为农民工送书报刊、在农民工聚集区建立流动书屋和图书馆分馆、举办实用技能培训和讲座、帮助农民工网络购票以及开展其他文化活动等。

例如，重庆渝中区图书馆在渝中区南纪门劳务市场内为农民工量身打造了农民工图书馆，设有阅览室、多功能活动室、电影放映室、培训室等，在每年春秋两季招工高峰期，对农民工开展计算机基础培训、就业技能培训等免费培训，同时利用图书馆的网络资源，在电子阅览室为农民工准备了网上求职用工的各种链接，指导农民工网上注册、浏览用工需求、发布求职信息等。类似的农民工图书馆还有天津河北区仁恒滨河水岸住宅建筑工地建立的天津首家建筑业农民工图书馆、安徽省郎溪县农民工图书馆、兰州市七里河区西园街道西津东路社区的农民工流动图书馆等。此外，一些图书馆把图书直接送到工地，如成都成华区图书馆把生活、科普、健康、军事等内容丰富的书刊送到建筑工地，并在活动现场发放"图书馆服务指南"，指导农民工使用图书；宿松县图书馆将流动图书车开到经济开发区岳塑汽车有限公司开展"情暖农民工送书进企业"活动等；郑州市中原区图书馆为西三环建设路后牛庄拆迁房安置小区的农民工开展以"情系金秋——关爱农民工"为主题的期刊捐赠活动，并赠送图书馆宣传手册、布袋子以表达对农民工的敬意和慰问。

在为外来务工人员子女服务方面，常见的服务活动为图书馆与农民工子弟学校、幼儿园等建立合作关系，开展读书活动，赠送图书、文具等。上海市青浦区图书馆在青浦区隐贤民办小学举办"赠一本书、献一份爱"——农民工服务日赠书活动，在活动中与青浦隐贤民办小学签署了"青浦区图书馆馆外服务点协议"，以便提供更多的资源供师生使用。浙江龙泉市图书馆打造的小候鸟学堂服务品牌，主要是针对农民工子弟开展各类活动，为其提供均等的阅读服务，组织开展丰富多彩的读书活动，每季或每月举行相应的阅读推荐、阅读体验活动，举办"小候鸟阅读日"等各种形式的读书日活动。与幼儿园、学校联合举办未成年人读书节活动，定期进行送书、送展览、送电影进校园活动，激发农民工子弟的阅读兴趣，丰富他们的文化生活。

### 3. 为求职者提供的服务

公共图书馆为求职者提供的服务主要包括就业信息咨询、职业教育或职业技能培训。信息咨询服务是指图书馆组织专业馆员，利用馆藏和网络信息，搜集、整理就业专题信息资源，免费提供给求职人员；职业技能培训旨在提高求职者的职业技能，增加其就业率。在这方面，美国图书馆的做法值得我们借鉴。美国公共图书馆的就业支持服务主要包括以下几个方面：一是提供就业相关馆藏资源，如图书、期刊、视听资料、数据库、在线资源、就业相关软件等；二是就业相关项目或活动，如求职相关课程、讲座、一对一培训、工作坊、博览会等；三是设立就业信息中心——一个满足公众就业、求职需求的集成空间；四是引进志愿者和其他组织合作开展就业相关服务。

我国公共图书馆就业服务实践相对较少，只有少数图书馆开展了相关服务。如金陵图书馆在电子阅览室长期设立"职业技能培训专区"，免费为进城务工人员提供驾驶技术、建筑施工、家政服务、物业管理等职业技能培训视频专题课程的点播服务，并安排专门的工作人员对其进行辅导；提供专题信息资源导航和代检索服务，及时采集就业形势、法规政策等方面的信息资源，答复相关信息咨询，在求职人员职业生涯规划和就业创业方面给予其帮助和指导。此外，金陵图书馆与南京市总工会签署"职工书屋"共建协议，为全市符合条件的基层单位以及大型企业建立图书分馆或流通服务点，提供丰富、专业的文献资料，促进员工深入学习和提高职业水平，不定期在职工书屋开展职业培训和讲座，加快员工职业素养、职业精神的全面发展。就目前我国社区图书馆的情况，多数缺乏独立开展就业服务的资源和人力，初期可与相关组织机构合作或利用中心馆和总馆的资源，为城市失业或赋闲人员、外来务工人员等提供基础性的就业服务,如信息咨询服务等。

**4. 为服刑人员提供的服务**

服刑人员虽然被剥夺了人身自由,但仍然有利用图书资源、享受图书馆服务的权利。阅读是一种有效疏导服刑人员负面情绪的方式。图书馆为服刑人员开展服务的形式包括:赠送图书、设立图书流通站、开设图书馆分馆、举办讲座以及帮教活动、提供就业培训和技能培训等。20 世纪 80 年代中期,我国图书馆就已经开展了面向服刑人员的书籍借阅服务。以上海为例,其服务方式主要有:一是送书到监狱,如川沙图书馆、徐汇区图书馆每 3 个月到监狱赠书 1 次;二是把图书流动车开进监狱,如黄浦图书馆、卢湾图书馆、虹口图书馆等定期把图书流动车开进监狱;三是成立监狱图书馆,如黄浦图书馆在宝山监狱、市第三劳教所建立监狱图书馆,卢湾图书馆在上海监狱建立图书馆等;四是签订"监狱文化建设协议书",黄浦图书馆、长宁图书馆分别与其所服务的监狱签订"共建监狱文化协议书",主动参与对监狱服刑人员的思想改造,开展以"读书育人"为主题内容的监狱文化活动;五是建立读书小组开展各种类型的读书活动;六是组织志愿者帮教队伍,与监狱服刑人员开展"一帮一"的社会帮教活动。

## 二、基于文献类型的服务

### (一)借阅服务

**1. 阅读资源**

社区图书馆由于经费有限,其文献数量与种类很难与大型图书馆相比,藏书建设应以满足社区读者需求为宗旨,在内容方面把握如下原则。

(1)实用性

社区图书馆主要为本区居民服务,馆藏建设应针对本区居民生活、工作、学习、娱乐等较为普遍的需求,代表本区居民的文化生活水平,才能保证藏书适合大多数读者阅读,有较高的利用率。

(2)综合性

社区图书馆要面对不同社会阶层、不同年龄的读者,其需求具有多层次、多样化的特点,如科学普及、自修学习、家庭教育、求职、文化消遣等。馆藏建设应顾及读者多层面、多方位和多角度的需求,体现其综合性。

(3)特色性

社区图书馆馆藏突出所在区域的历史文化特色或者本区域读者的特殊需求,有助于推动具有地域特色的图书馆服务,进一步拉近与读者的距离。这包括两个方面,一是以本地传统文化为基础的特色馆藏建设,如北京东城区第二图书馆建设的"老北京"特色库,涵盖老北京小吃、方言、胡同、建筑、文学、艺术等多方面的内容;二是为满足本区域经济建设或文化发展的特殊需求而建设的特色资源,如深圳盐田区图书馆紧紧抓住滨海城区的海洋特色,重点收藏各类海洋文献资源,并通过各种不同的方式征集、搜集、整理地域性的海洋历史文献。

(4)注重数字资源的建设

随着网络、手机、平板等各种智能终端的飞速发展,数字阅读日益成为读者尤其是年轻读者参与阅读的重要方式。有条件的社区图书馆要加强数字资源的建设;暂时没有条件进行数字资源建设的社区图书馆,可通过向读者推荐总馆或中心馆的数字资源进行弥补。

在文献数量和种类方面,我国2016年发布实施的《社区图书馆服务规范》分别对馆藏总量和年馆藏增长率进行了规定,即"按服务人口计算,基本馆藏量应不低于人均0.5册,复本不大于2册,年更新数量不少于10%,报刊年订阅数量应不少于50种"。而在此之前,中国图书馆学会于2015年5月发布的《书香社区标准指标体系》规定,社区图书馆图书总量为5 000册(件),年更新图书率为30%;报纸期刊100种,音像制品30种;要求能"通过联网计算机利用数字资源"。

**2. 导读服务**

导读,即引导、指导读者正确利用馆藏资料,养成良好的阅读习惯,提高资源利用率。导读主要有以下几种服务形式。

(1)定期举办小型主题书展或新书推荐活动

围绕社区居民感兴趣的主题进行馆藏书刊的宣传,向读者推荐相关主题的新书和经典图书。例如,天津和平区图书馆举办"舌尖上的食品安全"主题书展,设立专架,精选食品安全相关图书,向广大读者群众普及食品安全相关知识。一些图书馆利用传统节日举办主题书展,如在端午佳节之际,隆昌市图书馆在综合阅览室展示一批与端午节相关的书籍,让市民在阅读中了解更多端午节的文化内涵。天津河西区图书馆围绕每年的时事热点、民俗节日以及读者需求,每月推出一次主题鲜明、积极向上、具有特色的主题书展。重庆沙坪坝区图书馆为迎接党的十九大胜利召开,精心策划了"不忘初心 继续前进"主题图书展等。

(2)编撰导读刊物或书目

社区图书馆人力资源有限,自行撰写书评编辑刊物可能会力不从心,可以定期精选一些已公开发表的书评或图书介绍,制成小册子向读者发放;也可以将近期新书书目分门别类地列出来张贴在阅览室或向读者发放;还可以在微博、微信平台上定期推荐新书和优秀图书导读书目。图书导读书目可以按读者年龄、职业等进行分别推荐,如中学生阅读书目、老年人阅读书目等。

**3. 阅读推广活动**

阅读推广活动旨在提升读者的阅读兴趣,增强阅读的影响力度,使人们更有意愿、更有条件地参与阅读,现已成为各类图书馆的常规活动,如国内围绕"世界读书日""图书馆宣传服务周"开展的各项活动,国际上近年来流行的"一本书,一个社区"阅读推广活动等。社区图书馆的阅读推广活动可以从以下几个方面开展。

（1）培育和鼓励家庭阅读

家庭阅读是推进国民阅读的重要力量，强调家庭环境对个人阅读的影响。社区图书馆通过组织以家庭为单位的读书活动，达到阅读推广的目的。例如，宁夏阅海万家社区图书馆与英迪贝尔教育咨询有限公司携手，每周定期举办"大风车公益亲子互动活动讲堂"，通过游戏活动在家长和孩子之间架起桥梁；"NYC父母讲堂"不定期开讲，主要针对中小学生及其家长邀请儿童心理学专家，通过"捕捉儿童敏感期"案例，帮助父母、家庭成员了解孩子，科学正确地面对孩子、面对家庭教育，建立学习型家庭。

（2）与学校合作提升学生的阅读能力

社区图书馆与学校通力合作，根据学生兴趣广泛、求知欲强的特点，制订阅读推广计划。社区图书馆提供场地和书刊，编辑阅读书目，组织读书活动；学校派专业教师给予指导，使学生掌握科学的读书方法。浙江嘉兴市2017年1月启动的"图书馆第一课"活动，就是嘉兴市图书馆总分馆服务体系开展的馆校合作项目，由图书馆与各小学签订"馆校合作教育协议"，通过为小学生发放图书馆制作的"阅读礼包"，举办丰富多彩的读书活动，培养学生浓厚的阅读兴趣和良好的阅读习惯。例如，嘉兴市图书馆余新分馆和余新镇中心小学、王江泾镇图书馆与长虹小学分别签订了"馆校合作教育协议"。到2017年底，嘉兴市已经在市区中小学、幼儿园全面铺开了"图书馆第一课"的阅读推广项目，嘉兴市图书馆及11家区、镇（街道）分馆与当地中小学、幼儿园共开展了220场形式各异的"图书馆第一课"活动，共有约5 600名中小学生、学龄前儿童及家长参与，共计发放5 000份阅读礼包。

（3）组织面向社区成年人的读书活动

组织面向社区成年人的读书活动，可以促进阅读推广活动的开展，具体活动包括：阅读讨论活动，图书馆做好充分的活动准备，搜集所讨论图书的作者情况、创作背景、作者观点、待讨论的问题等信息，组织阅读本书的读者参与讨论；读书征文活动，拟定征文主题，针对学生、农民、成人等群体开展阅读征文活动，评选出优秀征文给予奖励；鼓励读者参与文化交流互动。例如，南京雨花图书馆将读书"搬"到牛首山，与郊游、交友完美结合到一起，以"全民阅读"为主线，以"书"为媒介，以"诗"抒发情怀，开展了多种形式的阅读活动，吸引近千人前来体验郊外的休闲阅读新方式，获得了参加者的一致好评。

## （二）信息服务

社区信息服务最早出现于20世纪60年代的美国，之后在西方公共图书馆逐渐发展起来。1980年，英国图书馆协会公布的研究报告《社区信息：公共图书馆能做什么？》对社区信息服务的概念做出了明确界定，即"社区信息服务是帮助个人或团体解决日常生活问题、参与民主进程的服务。该服务的重点是人们所面临的至关重要的问题，即与家庭、职业、权利有关的问题"。联合国教科文组织于1994年发表的《公共图书馆宣言》指出，"公共图书馆服务的核心应该与信息、扫盲、教育和文化密切相关""使社区每一个人都能切实得到图书馆服务"。图书馆开展社区信息服务,能够帮助居民解决与其日常生活、工作和学习密切相关的问题,对提高社区居民个人技能和生活素质、扩大社区居民交往范围、改善社区居住环境、促进当地的社区建设等具有重要作用。在我国,社区信息服务的内容主要有政府信息服务和实用性信息服务两种。

**1. 政府信息服务**

《中华人民共和国政府信息公开条例》规定,各级人民政府应当在国家档案馆、公共图书馆设置政府信息查阅场所,并配备相应的设施、设备,为公民、法人或者其他组织获取政府信息提供便利。行政机关可以根据需要设立公共查阅室、资料索取点、信息公告栏、电子信息屏等场所、设施,用以公开政府信息。行政机关应当及时向国家档案馆、公共图书馆提供主动公开的政府信息。图书馆应公开的政府信息既包括国家大政方针,也包括与居民切身利益相关的政策信息,具体有:国家法律、行政法规、规章和规范性文件;行政事业性收费的项目、依据、标准;扶贫、教育、医疗、社会保障、促进就业等方面的政策、措施及其实施情况;环境保护、公共卫生、安全生产、食品药品、产品质量的监督检查情况等。社区图书馆应将国家和地方政府公开的信息资料开放专架摆放,便于居民查阅,并在图书馆网站开辟政府信息公开专栏,方便读者查询。

**2. 实用性信息服务**

与国家和地方政府政策性信息相比,实用性信息与居民的日常生活、工作和学习关系更为密切。社区图书馆应对社区居民的需求、个性、习惯进行调查和分析,筛选与居民日常生活相关的健康、家政服务、法律、住房、理财、交通、就业、婚介、旅游等各方面信息,编印小报、指南、宣传单、手册等,设专架摆放,有条件的社区图书馆还应编制网上导读,为居民网上检索、查询相关信息提供方便。例如,美国社区图书馆通过电子邮件向订阅的读者定期推送《社区图书馆通讯》,向读者介绍社区图书馆的各种服务、文化活动以及社区新闻。此外,失业者、残障人士、外来人口、老年人等弱势群体的信息需要也应被纳入调查范围,如社会福利、就业、教育、培训信息等,这些信息的获得需要社区图书馆与本区域的社会福利机构、社区中心、医院、养老院等加强联系和合作。

### 三、基于活动空间的服务

#### (一)讲座服务

进入21世纪以来,我国公共图书馆讲座服务蓬勃发展,出现了很多知名品牌,成为公共图书馆履行社会教育职能的重要手段。2005年,首届全国图书馆讲座工作研讨会召开。考虑到经济发展水平、人才资源、科研水平、人文环境以及各地传统文化的差异导致的各地公共图书馆讲座资金投入、硬件设施建设等不平衡的情况,2010年,由国家图书馆牵头成立了全国公共图书馆讲座联盟,以期达到各地图书馆之间加强合作,资源共享,互帮互补,均衡推进图书馆讲座的全面发展的目的。由此,我国公共图书馆公益讲座进入快速发展阶段。

目前,我国公共图书馆开展社区讲座的出发点和落脚点是宣传时事、政策、法规、常识、知识等,丰富居民文化生活,帮助居民解决生活问题。社区讲座活动内容以面向社区居民、贴近生活、解决居民生活问题的实用性、普及性知识为主,主要分为以下几类。

### 1. 青少年教育类

此类讲座意在使青少年开阔眼界、增长知识,树立远大的理想和信念,讲座内容涉及青少年心理健康、法治道德教育、家庭教育、课余生活、学习方法等方面。例如,金华市图书馆的"如何建立和谐的亲子关系"、珠海市图书馆的"中国青少年音乐教育——除了技巧,还需要学什么"等。

### 2. 健康保健类

此类讲座以帮助居民正确认识病源,了解病程、病理方面的知识,树立正确的健康理念为主要目标,有些还教会居民一些简单的医学知识、易学的自疗方法等。主题通常分为慢性病防治类、传染病防治类、心理卫生类、中医保健类、食品安全类以及识别伪医学知识等多个类别。如深圳图书馆的"自律的饮食可以逆转糖尿病吗"、泉州市图书馆的"关注中医学小儿推拿——宝宝积食的推拿手法"、上海徐汇区图书馆的"夏季皮肤病的防治"等。

### 3. 地方文化类

打造地方品牌是社区图书馆开展讲座服务的一大亮点。地方文化知识讲座以挖掘地方历史文化内涵、提炼地区精神、传播优秀文化、紧跟当前社会热点为宗旨。例如,绵阳市图书馆的中华传统文化系列讲座、衡阳市图书馆的"晚清官场奇葩——彭玉麟心中的江湖"、菏泽市图书馆的传统文化公开课等,从多个角度展示具有浓郁地方特色的历史文化。

### 4. 科普知识类

科普知识讲座主要是向社区居民普及推广科普知识,提高其科学素养,主题包括安全、防火防盗防诈骗、反邪教、灾害应急反应、前沿科技等。例如,南京图书馆的"火星探测:通往未来的远征"、唐山市图书馆的"地震无情,减灾有道——纪念唐山抗震胜利40周年防震减灾科普知识讲座"等。

### 5. 法律资讯类

此类讲座意在普及与社区居民生活息息相关的法律知识,如《中华人民共和国民法典》《中华人民共和国妇女权益保障法》《中华人民共和国消费者权益保护法》《中华人民共和国道路交通安全法》《中华人民共和国食品安全法》等,提高和增强社区居民的法律意识,提升他们懂法、用法的能力。例如,襄阳市图书馆"以法治思维和法治方式捍卫舌尖上的安全"、孝感图书馆"新常态下的家庭资产配置"等讲座。

### 6. 阅读推广类

此类讲座是指通过分享阅读经验与体会、开展互动交流、探讨阅读中的问题等方式推进全民阅读的讲座形式。例如,镇江市图书馆"幼儿早期阅读的十个问题"、重庆渝北区图书馆"阅读的困境与救赎"等讲座。

**7. 文史艺术类**

此类讲座内容庞杂,包括中外历史、哲学、国学、文博、戏曲、诗歌、音乐、舞蹈、绘画、书法、动漫等多个类别。例如,南宁市图书馆的"今天我们该怎样读鲁迅",苏州图书馆的"中国传统画派——米点山水",上海图书馆的"横看成岭侧成峰——朝鲜半岛汉籍里的中国"等。

**8. 政治经济类**

此类讲座主题以国际形势、国家政策、经济动态等的焦点话题为主,用客观、理性的态度,深入浅出的语言为居民解读国家政治经济生活中的热点话题,提高居民参与国家事务的热情。例如,九江市图书馆的"印太战略与中美关系"、广州图书馆的"借力乡村振兴东风,加快我市'三农'事业发展"等讲座。

**9. 社会生活类**

此类讲座以人民群众普遍关心的时下生活热点、难点为主题,如时尚潮流、投资理财、就业择业、人际交往等,为居民困惑的问题提供切实可行的解决方法。例如,太原市图书馆的"高考自主招生报考指导"、九江市图书馆的"中国美术教育的现状和发展趋势——美术联考的训练和应试攻略"、佛山市图书馆的"职场口才与沟通技巧"等讲座。

**10. 心理健康类**

此类讲座意在提高居民调节自身情绪、排解不良情绪的能力,从而有效维护自身心理健康。这一类讲座通常以关注弱势群体为主,如未成年人、刑满释放人员、留守儿童、残障人士、老年人、家庭妇女等。例如,贵阳市图书馆的"家庭教育之赞美与接纳"、宜昌市图书馆的"关系智慧与和谐人生"等。

## (二) 文化活动

社区图书馆的文化活动,多以阅读推广为最终目的,意在吸引更多读者参与图书馆活动,了解图书馆服务和资源,通常有以下几种形式。

**1. 培训学习**

社区图书馆应根据居民需求开展一些与日常生活相关的技能培训,满足居民终身学习的需求,如演讲培训、朗读培训、少儿计算机培训、外语培训、老年人计算机(手机)使用培训、3D 打印培训、音乐欣赏课、数字图书馆使用培训、急救知识培训、无线电修理培训等。

**2. 影视播放**

目前,大多数公共图书馆的影视播放活动多针对儿童和青少年,如利用假期为中小学生播放红色电影,在少儿活动中播放动画片等。一些图书馆在影片播放完毕后附有鉴赏、讨论等活动。

**3. 手工制作**

儿童和青少年的制作活动侧重于益智和体现童趣,如制作月饼、饺子、纸杯蛋糕、节日贺卡、智能机器人、水拓画、纽扣画、彩绘以及折纸等;成人手工艺制作活动则侧重展现手工艺的文化价值,例如剪纸、串珠、打中国结、画脸谱、制作灯笼、风筝、布艺老虎、宫灯、十字绣钥匙扣、油纸伞等。

**4. 展览**

根据展览的内容可分为:图片展(如喜迎党的十九大图片展、"奋进小康"主题图片展、"庆祝改革开放四十周年"图片展、安全知识图片展、学习《公共图书馆法》图文展);图书展(古籍文献联展、诗词歌赋类图书展、传统民俗类图书展、自然科学类图书展);摄影展(如端午节主题摄影展、"寻找图书馆最美阅读空间、人文阅读"摄影作品公益展);书画展等。

**5. 竞赛**

图书馆开展的竞赛活动有以下类型:征文大赛、中小学生作文比赛、讲故事比赛、朗诵演讲比赛、摄影机视频制作大赛、知识竞赛、玩具创意比赛、海报创意设计大赛等。

**6. 文艺演出**

文艺演出活动为社区居民展示自身才艺提供了舞台,社区图书馆多与社区组织合作,吸纳一些有才能并热心公益的人士参加和组织演出活动,调动居民参与社区文化活动的积极性,同时宣传图书馆服务。

**7. 节假日主题活动**

传统节日是图书馆举办社区文化活动的重要时机,如元旦(新年诗会、新年茶话会)、春节(猜灯谜、"看图书,送春联"活动)、元宵节(闹元宵猜灯谜活动)、妇女节(讲座)、青年节、儿童节(文艺演出)、建军节(拥军慰问)、建党节(播放主旋律电影)、教师节("亲制纽扣花感谢师恩"活动、教师节献礼——贺卡制作活动)、重阳节(敬老、爱老活动)等。

## 四、其他服务类型

### (一)流动服务

流动服务是图书馆服务拓展和延伸的有效手段,可有效解决远离图书馆或交通不便地区居民的看书问题。图书馆开展流动服务最早可追溯到1892年,美国纽约州图书馆用最简单的篷车将图书送到边远地区巡回送卖。20世纪初,美国公共图书馆领域就开始使用流动图书馆,以解决公共图书馆系统不够完善、分馆数量少、网点覆盖面小等问题,并重点解决特殊人群和节假日等服务时间的问题。流动图书馆服务从此在国际上被广泛使用。

在我国,从民国时期开始浙江流通图书馆已经使用自行车送书,还有图书馆推着巡回图书车,挑着图书担,把知识送给基层民众。1983年,河北省唐山市丰南图书馆用一辆加重自行车开展流动服务,图书馆人骑着它送科技、送知识,走遍了全区所有乡镇和大部分村庄。1985年,我国第一台汽车图书馆专用车试制成功,并交付武汉图书馆使用。1986年,该专用汽车通过鉴定,获准进行批量生产。20世纪80年代后期,我国各级公共图书馆已拥有60多座汽车图书馆,分布在20多个省、自治区、直辖市使用。进入21世纪,随着我国政府大力推进公共文化服务均等化、便利化,公共图书馆流动服务得到了快速发展;同时,伴随着新技术的应用,流动服务设备、形式也出现了新变化。以丰南图书馆为例,2009年,丰南图书馆流动服务车换成了6座的面包车,其服务功能也从单一的图书借阅,扩展为具有文化共享工程视频播放与电子阅览的数字信息服务功能,并被命名为"书香丰南动车组"。

2011年,"书香丰南动车组"继续对流动车及配置进行改进完善,车上采用适应集群管理的管理软件,应用3G网络与馆内服务器连接,配载小型自助借还设备,实现了户外流动服务的智能化。

2015年,中共中央办公厅、国务院办公厅印发了《关于加快构建现代公共文化服务体系的意见》,指出要大力开展流动服务和数字服务,打通公共文化服务"最后一千米"。目前,我国公共图书馆的流动服务已实现了数字化、智能化,服务形式也不再局限于汽车图书馆,还出现了公交车图书馆、地铁图书馆以及借助物流的流动图书服务模式,极大地补充了图书馆阵地服务,在实现公共文化均等化、便利化中发挥着重要作用。

**1. 汽车图书馆**

汽车图书馆即图书馆根据市民需求选出图书,利用流动图书车开展巡回服务。这种服务方式有利于解决偏远地区居民看书难的问题。流动车内有一定数量的图书、期刊,有阅览座位,供读者上网浏览的电脑,全车无线网络覆盖,并安装了空调、音响等设备。汽车图书馆是目前为止应用最广泛的流动服务,其服务内容包括现场阅读、借书、还书、办证、咨询等。一些汽车图书馆还可以提供数字文献资源、网络预约借书、网络参考咨询、馆际互借、电子文献传递等服务。类似于汽车图书馆服务,这种借助运输工具开展流动服务的方式还有流动图书船、摩托车和自行车图书馆,以及在偏远山区开展的马背图书馆、驴车图书馆和背篓图书馆等。

**2. 公交车流动图书馆**

2015年以来,我国各地城市出现了公交车流动图书馆,即在公交车或站台上摆放书架,放置图书、期刊供乘客阅读,有的还提供借阅服务。例如,2015年11月,合肥肥东县在22辆公交车上设置"流动图书馆",即在司机座位后方的挡板处及后门的位置,放置一个可摆放期刊书籍的小书架,乘客上车后便可按个人爱好自行取阅,不需要办理任何借阅手续,只需下车时放回原处。2016年4月,河南郑州在95路公交车上设立书架,乘客可在车上看书,也可借回家看,借阅时只需扫描二维码,将"书名+乘客姓名+联系电话"发送到微信后台备案,即可将书借走;还书时,市民在该微信后台留言后,可在任意一辆95路车上进行还书,借书时限最长为 15 天。2017 年 7 月,青岛公交集团城阳巴士有限公司联合青岛农业大学启动了"打造流动书屋,创建书香青岛"活动,在城阳区长城路公交站试点增设了"流动书屋",让广大乘客在候车之余能够翻阅书籍。如需借阅,市民只需通过手机微信扫描借阅图书封皮上的二维码标签,志愿者们每天都会对借阅书籍进行整理、登记,待借阅完毕后只需归还给任意一个通往长城路的公交车即可。

### 3. 地铁图书馆

随着城市地铁交通的不断发展和完善,越来越多的市民选择地铁出行。

近几年,我国一些城市出现了地铁图书馆,成为公共图书馆服务延伸和拓展的又一重要方式,代表性的有南京地铁图书馆、武汉地铁图书馆、上海地铁图书馆、北京地铁图书馆等。各地的地铁图书馆运营和服务模式各不相同,有的运营不到一年就难以为继。

2008 年 8 月底,上海地铁 9 号线在全国率先推出首个自助式流动图书馆,在沿线 12 个车站设置书刊取阅架,免费提供 20 多种图书杂志,乘客无须登记,自由取阅,只需出站时归还。但是运营两个月后,地铁图书馆"丢书"现象日益严重,到 2009 年 3 月,多个站点已无书可借。

2010 年 9 月 3 日,南京地铁图书馆在地铁 1 号线新街口站落成开放。乘客凭身份证、公交 IC 卡或者市民卡,就可以在地铁服务点内现场注册金陵图书馆借书证,现场借还书。地铁图书馆与金陵图书馆新馆、长江路馆以及遍布全市各地的各社区分馆、汽车图书馆服务点都能实现图书馆资源的通借通还。

2012 年 11 月,武汉地铁图书馆在地铁 2 号线安装完成,共设置 21 台自助图书机,每台图书机共拥有 8 000 多册图书,占地面积约 6 平方米,乘客可通过武汉一卡通自助借还图书,地铁站可通借通还,2017 年地铁图书馆启用武汉通读者证,与 24 小时自助图书馆实现通借通还。

2015 年 1 月 12 日,北京"M 地铁·图书馆"开始运行。与其他城市地铁图书馆不同的是,北京地铁图书馆只提供电子图书,乘客通过扫描车厢内二维码,并完成注册后,即可免费在线阅读电子书。

### 4. 图书物流模式

图书物流模式是指物流公司将图书送到流动图书分馆或者读者家中的服务模式。以广东为例,广州图书馆提供送书上门服务,读者可随时随地通过网络申请,以物流方式直接把图书送到读者手上或代读者归还图书。广东省立中山图书馆则是以物流概念构建图书馆共享协作网络,即省馆与书商、物流公司合作,根据实际需要,物流公司把新书直接从书商的供应地配送到流动图书馆分馆,每批新书每半年流动一次,按照预定的流动路线,物流公司把新书配送到本地区的一个分馆,同时把另一批新书补充到位。

图书物流服务模式使那些交通不便、出行不便或距离图书馆较远的读者能够及时看到新书。国内图书馆由此衍生了信用借还服务,即芝麻信用达到一定分数,即可免办证、免押金、线上借、送上门,通过支付宝借还图书,享受快递到家服务,这种服务节省了读者借书的交通成本和时间成本。如杭州、温州、上海、合肥等地的公共图书馆均已开展此项服务。

### (二)自助图书馆

自助服务有两种形式:一是图书馆自助服务机,可安装在广场、社区、商业中心等大型公共场所,典型的如深圳图书馆的"城市街区24小时自助图书馆";二是自助图书馆,一般独立位于图书馆的馆舍之外,典型的如张家港市图书馆在全国首创的24小时自助"图书馆驿站"。目前,我国的自助图书馆服务多集中在城市社区,偏远地区或农村地区很少有自助图书馆服务,因此出现了城市和农村、经济发达和不发达地区差异化发展的局面。

2006年7月,深圳图书馆新馆开馆,提出了"开放、平等、免费"的办馆理念,并于年底启动了自助图书馆的研制工作。2007年6月,该工作被列为原文化部科研项目和深圳市重点文化建设项目,正式定名为"城市街区24小时自助图书馆系统"。2008年4月,首台自助图书馆服务机问世,2008年底,首批10台服务机投入运行。自此,自助图书馆从深圳辐射至全国范围,截至2017年覆盖省(自治区、直辖市)达29个,基本实现全覆盖,覆盖城市达到70多个。自助服务机可提供以下服务:申办新证、自助借书、自助还书、预约服务、查询服务、续借服务、存入预付款与滞纳金自助扣缴、图书下载、无线上网、自助阅读等。

2013年,张家港市图书馆在全国首创24小时自助图书馆新模式——图书馆驿站,受到社会各界好评。各图书馆驿站占地35~200平方米,内置十大功能系统:自助借还系统、自助办证系统、自助门禁系统、自动上网系统、灯光自动控制系统、空调智能控制系统、远程监控系统、消防报警系统、数字汇总分析系统和故障自检及应急响应系统。市民仅凭市民卡即可刷卡入内阅读或借还图书,实现了全天候无人值守,工作人员通过手机驿站实现24小时不间断远程监控,发现问题及时处理。站内图书由张家港市图书馆统一调配、统一流转,与全市各级公共图书馆、图书馆驿站实行资源共享、数字阅读平台共享;实行志愿服务的运行机制,常年招募文化志愿者,协助参与日常管理。2014年,首个建在农村社区的24小时图书馆驿站开始运营,到2017年6月,张家港已在全市(包括镇、村)建成图书馆驿站32家,2016年共接待读者92万人次。

## 第三节 公共图书馆社区服务机制创新

### 一、合作机制创新

公共图书馆社区服务是公共文化服务的重要内容。社区是现代社会的基本单元,推动公共图书馆服务进社区,让广大群众能够就近方便地获得公共图书馆服务,是文化惠民的重要表现。在这一过程中,公共图书馆应坚持社会化发展,充分发挥社区居委会、业主委员会等社区管理机构或自治组织的作用,与其建立有效合作关系,整合双方优势资源,促进公共图书馆服务在社区落地生根。

## (一)社会化合作

公共图书馆服务属于公共服务之一,为确保公益性,坚持政府主导是开展一切公共服务工作的基本原则,公共图书馆服务进社区也应注重政府主导作用,响应政府的相关政策,争取政府主管部门的支持。在此基础上,为充分激发公共图书馆服务的活力,图书馆还应积极与社区组织密切联系,展开良性互动,建立双赢的合作机制。《国务院关于加强和改进社区服务工作的意见》(国发〔2006〕14号)提出在社区服务工作中应坚持"社会化"的基本原则,"发挥政府、社区居委会、民间组织、驻社区单位、企业及个人在社区服务中的作用,政府提供公共服务,鼓励、支持社区居民和社会力量参与社区服务"。《民政部关于进一步推进和谐社区建设工作的意见》(民发〔2009〕165号)提出,"依托社区服务中心和社区服务站,积极推进以就业、社会保险、社会救助、社会治安、医疗卫生、计划生育、文化、教育、体育为主要内容的政府公共服务覆盖到社区,促进实现城乡基本公共服务均等化"。

加强社会化合作以推进公共图书馆社区服务,这是基于我国当前公共图书馆事业的发展现状而必然要采取的对策。公共图书馆必须走出去,大力推广图书馆延伸服务,推动图书馆服务进机关、进学校、进企业、进军营、进社区、进农村。其中,社区的重要性尤为突出。社区集中生活着不同职业、不同年龄的各类人群,是构成社会有机体的细胞,是宏观社会的缩影。当前,社区正在成为城乡居民参加各种文化娱乐活动的重要场所,在经济发展水平越高的地区,社区越是居民生活中的重要存在。从图书馆服务角度来说,公共图书馆作为"第三空间"的功能在现代社会日益受到关注,公共图书馆也被认为是社区居民生活中的"第二起居室"。例如,美国华盛顿州塔科马港市的皮尔斯县图书馆体系对图书馆的定位就是"社区的起居室",馆员和社区居民均对此高度认可,在大家看来,图书馆服务不仅仅能给社区居民带来图书和信息,还能有效提升社区的文化生活品质,提高社区的宜居指数。由此可见,在当前社会发展环境下,公共图书馆的社区服务极为重要且充满挑战。而社区服务对象的多样化,社区中不同服务人群需求的个性化,又给公共图书馆的社区服务提出了更高要求。公共图书馆的社区服务显然已成为我国当前公共图书馆事业中的一项重要而迫切的发展任务。

如何使公共图书馆的社区服务尽快且更好地满足社区居民的需求?由于公共图书馆需要集合更多人、财、物等方面的资源,因此,与政府部门、社区组织等社会力量展开合作就很有必要了,从而实现双方或者多方优势资源的整合互补。通常来说,公共图书馆的社区服务有以下几种实现途径:①设立固定的服务点,如社区图书馆(室);②没有固定服务场所的地方,通过定期或不定期开展流动服务为社区提供图书馆服务,如送书进社区、面向社区居民举办讲座、展览以及其他各种读书阅读活动;③通过互联网和新媒体渠道提供在线服务。这几种途径都适于通过公共图书馆与其他机构组织建立合作来更快、更好地实现社区服务。公共图书馆的优势资源包括专业人才和丰富的馆藏资源,在合作中应注意扬长补短,如由社区提供场所和基础设施,安排日常管理人员,公共图书馆则负责配置图书文献和管理系统,并为管理人员进行专业、规范的服务培训,合力为社区居民提供优质、便利的图书馆服务。

### (二)"图书馆+社区组织"为核心的合作

这里的社区组织是指在社区范围内开展活动的各类组织,包括社区党组织、社区居委会、业主委员会、社区服务中心(站)、社区社会组织、驻社区单位等。其中,社区居委会和业主委员会是社区自治组织;社区服务中心(站)是政府在社区层面设立的公共服务平台;社区社会组织是依法注册或备案,参与社区管理和服务的非营利性组织,包括社区志愿服务类、社区慈善公益类、社区生活服务类、社区事务类、社区文体活动类等各类社会组织。

我国负责办理本社区(村)公共事务和公益事业的居(村)委会属于基层群众性自治组织,而非基层政权组织。《中华人民共和国城市居民委员会组织法》第二条规定,"居民委员会是居民自我管理、自我教育、自我服务的基层群众性自治组织"。《中华人民共和国村民委员会组织法》第二条规定,"村民委员会是村民自我管理、自我教育、自我服务的基层群众性自治组织"。

随着我国城镇化进程不断加快,社区建设也越来越受重视,城市社区发展迅速。居(村)委会、业主委员会等社区自治组织是公共图书馆开展社区服务的最佳合作伙伴。这些社区组织在社区服务中具有独特优势,具有管理社区公共事务的职能,在社区居民中具有较高的信任度和权威性,十分了解社区情况,能够切实掌握居民需求。此外,社区中的非营利性社会组织,如社区志愿服务类组织、慈善公益类组织、文体活动类组织以及驻社区单位等也是公共图书馆开展社区服务时的优选合作伙伴。公共图书馆宜建立以"图书馆+社区组织"为核心的合作伙伴关系来推进社区服务工作更好地开展。其中,图书馆应为主导一方,为图书馆社区服务做出规划,科学布局,规范标准,确定图书馆社区服务的发展方向;同时,充分体现社区组织在合作中的积极作用,发扬其地利、人和方面的优势,帮助图书馆更好地了解社区居民的需求,更快融入社区文化建设。还需要提醒的是,以"图书馆+社区组织"为核心建立合作伙伴关系,在合作中,除图书馆和社区组织之外,还可以有其他合作方,如政府部门、其他机构或者个人等社会力量。总之,公共图书馆在开展社区服务时应注重充分吸纳各方力量,建立多方联动、灵活共赢的合作机制,在人、财、物等方面进行优势互补,形成强大合力。

在这方面,美国公共图书馆提供了有益的借鉴和启示。美国公共图书馆的社区服务现已发展得十分成熟,已建立了较为成熟而全面的合作机制,主要的合作伙伴有政府、社区委员会、"图书馆之友"、志愿者队伍等,可帮助图书馆筹集资金,为其捐赠图书和其他资源,或者参与图书馆管理与服务评估,协助图书馆开展相关活动。例如,美国康涅狄格州的纽海文免费公共图书馆(New Haven Free Public Library,NHFPL)与耶鲁大学及一些非营利组织建立了合作伙伴关系,共同实施该市的一项工业区技术开发计划,还与国家司法部和该市的警察机关合作,将当地的 GIS 数据进行整理,并提供给广大社区居民使用。另外,美国几乎所有图书馆都有"图书馆之友"。这是一个非营利性的会员制社会团体,由热爱图书馆事业的非馆内人士组成,包括热心读者、离退休馆员和已卸任的图书馆委员会人员等,主要功能包括为图书馆募集资金,宣传图书馆以扩大图书馆影响力,招募志愿者为图书馆提供人力支持,以及开展政治游说以提高政府对图书馆的财政支持。"图书馆之友"在美国公共图书馆的社区服务中发挥了令人瞩目的作用,是图书馆与社区形成紧密联系的重要纽带。国外有研究人员将一个大城市图书馆、一个小城市图书馆和一个郊区图书馆进行系统对比,分析了不同服务人口规模对公共图书馆"图书馆之友"运作效果的影响,结果表明,"图书馆之友"对于一个越小的社区反而越可能带来更大、更集中、更持久的影响力。

我国一些地区的公共图书馆在合作开展社区服务方面也做出了成功的实践探索。例如,深圳市罗湖区图书馆创新"悠·图书馆"的理念与创想,与上级主管部门、辖区社区或小区、学校、工业园区等展开灵活多样的合作,在以社区为中心的现代社区图书馆服务方面取得显著成效。罗湖区图书馆社区服务的合作模式主要包括:通过上级主管部门协调,将原来由街道或社区自主独立建设运营的图书馆(室)纳入罗湖区图书馆总分馆体系中,进行统一投入、改建及运营;与有意愿提供空间建设"悠·图书馆"的社区或小区签署协议,由社区或小区承担空间及相关物业费用,罗湖区图书馆投入空间装修、设施及馆藏费用,并纳入罗湖区图书馆总分馆体系;与辖区学校、工业园区等签署协议合作,由学校、工业园区等提供免费合作空间并承担空间装修费用,罗湖区图书馆提供馆藏资源及服务设施,并承担日常开放运营费用。

## 二、管理机制创新

社区是公共图书馆延伸服务网络中的末梢。从我国的社区图书馆建设实践来看,往往存在管理不到位的问题,建而不管,或者管理不规范,由此导致社区图书馆门可罗雀,无法发挥应有的服务功能。要解决这些问题,就必须创新公共图书馆社区服务管理机制,建立适应社区新发展形势并可充分实现服务效益的公共文化服务管理模式。

### (一)管办分离的管理机制

目前,我国正在积极推进社区管理体制改革。改革开放后,随着计划经济向市场经济转变,我国此前的"单位制"社会逐渐解体,人们的"单位人"身份也日益减弱,转而变为"社会人",社区逐渐承接了"单位制"解体后剥离出的社会职能和公共职能,成为经济、行政和社会等体制改革的缓冲区或沉淀带,以及人们构建现代化生活方式的重要载体。社区管理体制改革就是顺应这一发展形势而开展的,目标是形成以社区党组织为核心,以社区自治组织为主体,以社区服务中心(站)为依托,以社区社会组织为补充,驻区单位密切配合,社区居民广泛参与的现代社区治理结构和议行分离的社区组织架构。在此期间,我国社区公共服务管理体制改革也取得了较大进展,主要表现为实行政社分开、管办分离,转变政府职能,将服务的生产者和直接提供者角色分开,由政府包办一切的"一元制"管理体制转向"政府—社会—居民"的"三元互动"社区管理体制。公共服务供给实现多中心供给模式,政府主要承担组织安排角色,充分发挥民间组织在社区公共服务方面的积极作用,采用"政府主导、各方协作、市民参与、非政府机构管理"的服务管理运营模式。

长期以来,除了政府包办外,我国公共图书馆事业的发展因行政区划而受限的问题也十分突出。我国现有管理体制框架为一级政府负责一个图书馆,国务院文化主管部门负责全国公共图书馆的管理工作,而省、市、县各级政府文化主管部门负责各自行政区域内公共图书馆的管理工作。这一管理体制固然有其存在的理由和价值,但却给公共图书馆事业发展造成了明显的行政藩篱。因分属不同管理机构,公共图书馆之间的资源共建共享难以顺畅实现,县级公共图书馆将服务向街道/乡镇、社区/村等基层延伸时,也往往要受到行政方面的限制。21世纪后,我国开展的公共图书馆服务体系建设在管理体制创新方面表现显著,北京、上海、深圳、东莞、杭州、苏州、嘉兴等地的探索实践甚至形成了各具特色的地方"模式",有力地突破了行政藩篱,在推动公共图书馆服务资源共建共享并向基层延伸方面提供了丰富的范例。

政府设立的各级公共图书馆是城乡公共文化服务的重要供给主体,各级政府对本地区的公共图书馆事业发展负有领导之责。我国现已确立通过县级图书馆总分馆制建设来实现公共图书馆资源向城乡基层延伸的发展方针,即各县应建立以县级公共图书馆为总馆,街道/乡镇综合文化站、社区/村图书馆(室)等为分馆或基层服务点的总分馆制,总馆负责加强对分馆和基层服务点的业务指导。就管理体制方面来说,总馆负责区域内各分馆和基层服务点的管理和规划,实行人财物统一管理,通过总馆的主导协调实现区域内公共图书馆资源的共建共享。也就是说,公共图书馆设立于社区的分馆和基层服务点在行政上可以隶属于不同管理机构,但在业务上应接受总馆的统一规划和协调,总馆无须包办分馆的全部事务,但总馆必须参与到分馆的建设和规划中,如为分馆制定建设标准、服务标准、运行制度、考核评价办法等。

## (二)多方参与的总分馆制建设

公共图书馆社区服务的社会化有利于满足广大群众的多元需求,提升服务效益,但其公益、开放、平等、普惠的特点又决定公共图书馆的社区服务不能完全市场化。在多元供给模式下,为保障服务的有序、可持续开展,相应管理机制的确立就十分关键。尤其在总分馆制建设中,管理机制更是关键,决定着总分馆建设的效率和效益。建立多方参与、权责明确、密切协作的管理机制,是全覆盖的公共图书馆服务体系建设顺利走向成功的基石,社区服务作为区域公共图书馆服务体系建设中的重要内容,亦不例外。

我国社区一级(含村)的图书馆(室)建设近些年才逐渐受到重视,各地发展水平参差不齐,建设形式也较为多样。从建设主体来看,主要有以下几种形式:第一种是由县市级政府根据普遍均等的服务原则,进行规划布局,统一建设并维持运行的公益性图书馆(室);第二种是由县市级政府以项目形式统一设置但由居(村)委会自主运行的图书馆(室);第三种是自 2004 年开始,通过新闻出版总署和中央文明办等八家单位联合实施的农家书屋工程而建立的农家书屋,在广大农村实际承担着图书馆的部分功能;第四种是由居(村)委会或社会力量与现有公共图书馆联合建设的图书馆(室),通常作为现有公共图书馆的分馆或服务点;第五种是由居(村)委会或社会力量自主设置和运行的图书馆(室)。随着基层图书馆总分馆制建设的推进,某一区域内这些不同形式的图书馆(室)必将纳入地区图书馆一体化服务体系。这有利于统筹整合此前分散的图书馆服务资源,实现区域内共建共享,避免资源重建和浪费,提高资源的有效利用率。通常表现为,同一地区的社区图书馆在政府主导规划下逐步统一发展步调,以县级图书馆或某一中心图书馆为总馆,接受总馆的业务辅导,实现文献、技术、人员等资源的全面共享或统一管理,按照相同的规则和标准,依托公共图书馆服务网络和统一的业务管理平台开展各项服务工作。各地区也可成立专门的社区图书馆行业协会或社区图书馆管理委员会,作为本地区社区图书馆建设工作的领导机构和协调机构,负责制定本地区社区图书馆的整体发展规划和相关业务工作规范标准,协调解决本地区社区图书馆建设和发展中出现的问题。

公共图书馆的社区服务要顺利进行自然离不开社区的支持。如前文所述,在我国,公共图书馆社区服务形式主要包括社区图书馆(室)等固定场所提供服务、流动服务、在线服务三种。不过,相对来说,后两者在管理上可以不需要社区的参与,更为简单易行,可由公共图书馆设专人、专部门全力负责,主导并组织开展相关服务和活动,因为牵涉面小,因此在与社区合作方面也更容易达成。如果是通过设立社区图书馆(室)来提供服务,一般社区将参与对社区图书馆(室)的管理,或者在公共图书馆的指导下直接负责管理日常工作,这就需要公共图书馆与社区达成长期稳固的合作,确立更为具体细致的制度和规范体系,双方可签订合作协议,明确合作中各利益相关方的管理范围、权限职责及相互关系。

在组织架构方面,作为总馆的公共图书馆应有专门人员或专门部门负责各分馆和基层服务点的业务辅导和协调协作。社区图书馆因规模大小不同,馆内岗位和工作人员数量不等,有的社区图书馆只需 1~2 人负责日常运作,而规模较大、人员较多的社区图书馆需要设置馆长一职,由馆长负责馆内管理工作以及和外界的协调联系。有条件的社区图书馆也可以参考理事会制度设立图书馆咨询委员会,吸纳社区不同人群的代表和热心人士参与图书馆管理。在资源管理方面,总馆应在馆藏发展政策中体现各分馆和基层服务点资源建设的内容,负责统一采编加工,并组织安排好图书等资源的配送、轮换工作,制定相应制度。社区图书馆应根据总馆制定的相关规范制度做好日常管理,确保正常运行,包括到馆图书等文献资源的上架和日常管理保护工作,文献借阅、信息咨询、读者活动等服务数据的统计工作,还有消防安全、读者人身安全、资产安全、计算机及信息安全的相关管理工作。

### 三、运行机制创新

管理机制的确立为图书馆的规范有序运行奠定了基础和方向,而在具体运行中,图书馆的服务也应遵循一定机制,建立一定的规范。从国内外已有的丰富实践经验来看,在推进公共图书馆社区服务方面,总分馆制是一种颇为有效、运行得较好的模式。虽然图书馆提供的知识服务、信息服务等公共文化服务是无形的,但图书馆服务却实实在在体现在每一项工作中,属于实干型工作。贯彻在实务中的基本服务理念则是确保图书馆服务工作取得良好效益的关键,是公共图书馆社区服务运行机制的核心要素。一般认为,公益、平等、人本是一切公共图书馆服务都必须坚持的重要基本理念。

## (一)公益

公益指的是公共图书馆应实行免费开放,坚持免费向社会公众提供基本服务。公共图书馆是保障公民文化权利、促进社会信息公平的一项制度安排。自出现以来,公共图书馆就有着独特的使命,联合国教科文组织的《公共图书馆宣言》对此有明确展现。公共图书馆服务的核心与信息、扫盲、教育和文化密切相关,对人类社会的发展进步和实现公民精神幸福至关重要。在现代社会,全球各国都把建立公共图书馆列为国家和地方政府的责任,主要由国家和地方财政拨款支持公共图书馆的建设和正常运行,为公共图书馆的免费服务提供条件。2018年1月1日开始实施的《中华人民共和国公共图书馆法》已明确要求县级以上政府应将公共图书馆建设纳入当地国民经济和社会发展规划,为政府设立的公共图书馆提供所需经费,并及时、足额拨付,同时对其他由社会力量设立的公共图书馆也应给予政策扶持。因而,在我国,公共图书馆向社会公众提供免费服务是有必要且有条件实现的。

根据《文化部 财政部关于推进全国美术馆、公共图书馆、文化馆(站)免费开放工作的意见》(文财务发〔2011〕5号),我国各地目前已基本实现公共图书馆免费开放。免费开放范围包括公共图书馆的公共空间设施场地免费开放,文献借阅、咨询检索、公益性讲座展览、基层辅导、流动服务等基本文化服务项目免费提供,为保障基本职能实现的一些辅助性服务如办证、验证及存包等全部免费。公共图书馆为社会公众提供服务应以公益性为基本原则,公共图书馆服务以充分实现社会效益为目标,而不是追求经济效益。当然,这不是说公共图书馆提供的所有服务都必须免费,公共图书馆可以在一些非基本文化服务项目上实行有偿服务,但依然要坚持非营利性原则,在整体上确保公共图书馆服务的公益性。

## (二)平等

平等指的是公共图书馆面向社会全体提供服务,每一个人都有平等享受公共图书馆服务的权利。公共图书馆服务的公益性决定了平等服务,公共图书馆不得因年龄、种族、性别、宗教信仰、国籍、语言等原因拒绝向用户提供服务,公共图书馆的大门是向社会全体公民敞开的。为保障信息公平,公共图书馆还应向因故无法正常享有图书馆服务的用户提供特殊服务,应对弱势群体等特殊人群开展特别服务,如未成年人、老年人、残疾人、农民工、医院病人、监狱囚犯等。

公共图书馆平等服务的核心在于消除妨碍人们利用图书馆、获取信息的门槛。公共图书馆服务可以将某一群体列为重点服务对象,但不可以任何理由设立门槛,拒绝向某人或某个群体提供图书馆服务,不能因用户的年龄、性别、财富、社会地位而歧视或无视用户。杭州图书馆允许流浪者进入馆内读书看报,就是这一平等理念的具体表现。此外,图书馆还应该致力于消除信息获取门槛,为推动人人平等享有图书馆服务而努力。对于残障人士,图书馆建立无障碍通道,提供专门的盲文文献和听书设备,在网站上提供大字体阅读服务或有声网页,也是平等理念的表现。公共图书馆社区服务践行平等理念,就是要实现公共图书馆的全覆盖,强调普遍均等的公共图书馆服务。具体措施还包括:合理规划布局社区图书馆(室)的位置,保障社区图书馆(室)开放时长,在无法设立固定设施的地方,以流动服务作为补充,还可利用互联网无处不达、无时不在的特点,大力推广数字图书馆服务。

## (三)人本

以人为本是现代公共图书馆服务理念的核心内容,要求公共图书馆一切工作都应围绕人展开,尤其是读者,因而,我国公共图书馆领域曾普遍提出了"服务至上,读者至上""读者就是上帝"的口号。随后,人本理念不断发展,"人"的范围也从高度强调读者转变为关注"利益相关者",即包括读者、馆员、政府、企业等与公共图书馆事业发展相关的各个群体。当然,从公共图书馆社区服务的角度来说,人本理念对运行机制确立的意义还在于公共图书馆应关注用户需求,以用户需求为导向提供相关服务。不仅仅是用户需要什么,图书馆就提供什么服务,还包括图书馆要挖掘并引导用户的需求发展,推广先进文化,促进文化消费。

社区是以家庭为基本单元的社群,一般情况下,中青年一半甚至大半的时间精力花费在职场,在单位的时间要多于在社区的时间,而老人、小孩则更多以家庭为生活中心,是社区活动中最常见的群体。社区人口特点分析是确立公共图书馆社区服务运行机制的一个重要因素。简单来说,根据我国社区人口特点,未成年人、老年人应成为公共图书馆的重点服务对象,公共图书馆应针对这些人群的阅读习惯和阅读兴趣配置馆藏资源,开展相应服务。孩童时期是一个人养成阅读习惯、确立图书馆素养的最佳时期,而且好习惯养成后还会对一个人今后一生的发展产生影响。全体未成年人都可以说是公共图书馆的潜在终身用户,对于图书馆事业的发展具有重要价值。公共图书馆可重点开展早期识字、亲子阅读等方面的服务,养成并强化儿童早期的阅读习惯。针对学龄少年儿童,公共图书馆可配合学校教育开展相关课外阅读辅导、家庭作业辅导等服务。公共图书馆还可以开展形式多样、内容丰富的活动,为未成年人群体提供接触各种文化展示的机会,设立少儿阅读体验中心或创客空间,激发少年儿童的想象力和创造力,等等。对于老年人群体,公共图书馆可提供免费讲座、培训、展览等服务,例如,开展扫盲活动提升老年人的读写识字水平,开展计算机基础培训帮助老年人学会使用电脑,开展健康养生讲座和各种兴趣班帮助老年人维护身心健康,丰富其晚年生活。

## 四、评价机制创新

根据国际标准化组织的定义,图书馆绩效评估是"对图书馆服务或设备的效能、效率和利用及适应程度的测评程序"。图书馆绩效评估作为图书馆管理的重要组成部分,有助于认清图书馆的目标和发展方向,从而改进图书馆工作,提高服务质量;有助于提高图书馆办馆效率,以最小的成本消耗获取最大的服务效果;有助于增强各级政府和相关部门对图书馆的重视,获得更多政策和资金支持,从而改善办馆条件;有助于为相关政府部门提供决策依据,促进图书馆事业健康发展。

### (一)评估现状

**1. 全国统一实施的评估**

1994 年,我国首次在除西藏以外的全国 30 个省、自治区、直辖市开展县级以上公共图书馆评估定级工作,此后每四年开展一次,截至 2018 年共计开展六次。整体来看,我国公共图书馆服务绩效评价用"以评促建"的思路推动着公共图书馆事业的进步,已由注重经济与效率、追求投入产出比的最大化向注重综合考虑效益、服务质量和公民导向方面发展,顺应了时代发展对公共文化服务的需求。

虽然历次的评估只针对县级以上公共图书馆,并没有对乡镇和社区图书馆进行评估,但在市县级图书馆的评估指标中,也有涉及对社区和乡镇图书馆的考察,因而对这一级图书馆的发展也起到了一定的促进作用。以 2017 年第六次全国县级以上公共图书馆评估定级为例,在市县级公共图书馆的业务建设部分,均有"总分馆服务效能"一级指标,下设"总分馆服务效能"和"公共图书馆服务网点"两个二级指标,主要考查分馆运行是否正常,分馆发挥的作用以及读者利用情况,同时考查在总分馆基础上进行的各种延伸服务和服务网点建设情况。从 21 世纪初开始,公共图书馆总分馆制逐步在我国各地施行,其中在市县级公共图书馆的总分馆体系中,乡镇和街道(社区)图书馆多为分馆,村、企业、学校等的图书室或文化馆(站)为基层服务点。例如,嘉兴市图书馆总分馆体系即是以市图书馆为中心馆、市(县)图书馆为总馆、乡镇和村(社区)图书馆为分馆、以延伸服务和流动服务为补充的"中心馆—总分馆"服务体系;杭州市桐庐县则实行以县图书馆为总馆、乡镇图书馆为分馆的县级图书馆总分馆制。这些分馆以及基层服务点是为社区提供图书馆服务的主要力量,在评估标准中对总分馆服务效能的考察也对社区图书馆的建设和服务提升起到了很大的促进作用。

2013 年 4 月,原文化部办公厅下发了《文化部办公厅关于开展第一次全国乡镇综合文化站评估定级工作的通知》,并同期发布了《全国乡镇综合文化站评估定级标准指导纲要》,启动了全国乡镇综合文化站评估定级工作。此次评估定级工作按照"统一要求、分省实施"的原则,由地(市)文化局具体组织实施申报和检查工作,评估定级结果报省级文化厅(局)

审核、批准并向社会公布。目前,各地乡镇综合文化站评估定级工作任务已全部完成。

**2. 各地自行组织实施的社区图书馆评估**

我国部分地区先行开展了乡镇(街道)图书馆的评估活动,如江苏省无锡、苏州、常州等市于 1994 年在辖区范围内组织开展了乡镇(街道)图书馆等级评定工作;上海市、大连市分别于 1996 年开展乡镇(街道)图书馆评估工作,截至目前上海市已先后组织开展了 6 次街道(镇)图书馆评估考核工作。此外,广西壮族自治区和广东省分别于 1997 年和 1998 年启动社区图书馆评估定级工作。

21 世纪初,我国东部一些发达地区如北京、上海、深圳等的公共图书馆开始尝试建设总分馆制,乡镇、街道(社区)图书馆被纳入总分馆体系,按照总分馆体系的标准实行统一管理和考评,有效地促进了乡镇、街道(社区)图书馆的建设和发展。2016 年 12 月,原文化部等五部委联合印发《关于推进县级文化馆图书馆总分馆制建设的指导意见》的通知,要求地方各级人民政府要把县级文化馆、图书馆总分馆制建设情况纳入公共文化服务考核指标。县级文化行政部门负责对本县总分馆制建设和运行情况进行日常评估和考核,并积极推动考核结果与相关单位预算安排、收入分配和负责人奖惩挂钩。有条件的地方可引入第三方对总分馆服务效能开展公众满意度测评。目前,公共图书馆总分馆制建设已在全国各地展开,越来越多的乡镇、街道(社区)图书馆被纳入总分馆服务保障体系,按照所属体系的标准进行建设和管理,并建立考核评估制度,接受政府、社会和群众的监督。

## (二)评估主体

我国的公共图书馆是由中央或地方政府管理、资助和支持的公共文化机构,在 2017 年以前,无论是国家层面还是各地自行开展的公共图书馆评估,实际上都是政府主导的内部评估,主要是上级部门对下级单位的考核,包括上级评估和自我评估。历次的全国县级以上公共图书馆评估定级的主体主要是各级政府和文化主管部门,而在地方层面,以上海市为例,已开展的 6 次街道(镇)图书馆评估考核工作,都是由当地文化主管部门、市图书馆行业协会组织专家评估图书馆,缺少社会公众和广大读者的参与。政府主导的公共图书馆评估定级,由于了解运行机制,因而可以简化评估程序、节约评估成本,同时由于政府的参与,使得信息更易获取,有利于推动评估顺利进行。但不可否认的是,这种评估事实上是将评估对象自身作为评估主体,评估主体单一化,缺乏独立性。上级对下级进行评估,极易造成各级政府部门唯上是从,对下则放松管理,这会使评估结果的有效性和可信度大大降低。不仅仅是在公共图书馆领域,在整个政府绩效评估中也存在同样的问题。为了克服这一弊端,国外从 20 世纪 90 年代开始,将第三方评估机制引入政府绩效评估,评估主体的多元化逐渐成为现代政府绩效评估的发展趋势。第三方评估以其特有的独立性、专业性、权威性,为评估结果的客观性和公正性提供了保证,有助于提高政府绩效评估的透明度,促使政府从管制型向服务型和责任型转变。

21 世纪初,英美等发达国家开始在公共图书馆领域引入第三方评估。公共图书馆第三方评估是指由独立于政府行政主管部门和公共图书馆及其利益相关方之外的,且与它们没有直接利益关系的社会组织、研究机构、学术团体、专业性评估机构、中介机构或个人组织,依据适用原则和标准,按照专门规范和程序,应用科学、可行的方法对公共图书馆整体或某一方面业务的效果进行专业化评判的过程。2017 年第六次全国县级以上公共图书馆评估定级首次采用多元化评估主体的方式,参与评估的主体主要包括政府、学会、各级公共图书馆、评估专家、第三方评价机构、社会公众等,并且每个参与评估的主体在评估中都有独特的作用,分别从不同角度对公共图书馆进行评价。其中,中国图书馆学会作为行业协会在原文化部领导下负责本次评估的开展和实施。原文化部公共文化司和中国图书馆学会的相关负责人、部分具有较高学术水平和工作经验的省(区、市)文化厅(局)主管厅(局)长、社文处长以及各级图书馆馆长、专家学者和部分社会力量代表组成评估专家组,负责对副省级以上的公共图书馆展开评估,并在每个省份视情况抽查 1 个地市级和 2 个县级公共图书馆的评估情况;各省(区、市)文化厅(局)、新疆生产建设兵团文化广播电视局负责本辖区内评估定级工作,组建评估工作小组,对地市级、县级公共图书馆进行评估。通过网络开展读者满意率调查,读者满意率达到 95% 以上可获得加分。采用第三方评价机制,评价良好或优秀的图书馆都将获得加分。虽然此次评估将图书馆是否采用第三方评价机制只作为加分项目,第三方评估主体并没有发挥主要作用,但这是我国公共图书馆评估主体向多元化发展的首次尝试,也为未来各级公共图书馆的评估指明了发展方向。

## (三)评估标准

评估标准是公共图书馆评估活动的基础和核心,是在一定时期政府和社会公众对图书馆价值认识的反映,表明了这一时期图书馆发展的重心,具有引导和促进图书馆建设和服务发展的重要作用,目标是使图书馆各个方面均能达到比较合理的水平,能够与现有图书馆标准相衔接,同时保证其发展方向与国家现行公共文化服务大政方针保持一致。评估标准的制定,既要考虑城镇社区建设和经济发展水平的不平衡,还要考虑中西部地区与发达地区经济发展的差异,同时还要随着图书馆所处的社会环境和信息环境的变化适时进行调整。我国至今尚未开展针对社区图书馆的全国性评估,在 2013 年开展的第一次全国乡镇综合文化站评估定级工作中,评估指标多为对文化站功能及服务的考察,虽然也涉及了图书馆,但指标不够全面,并不是完整意义上的社区图书馆评估。因此到目前为止,我国还没有一个成熟的社区图书馆评估标准,但历年县级以上公共图书馆评估定级和各地自行实施的社区(乡镇)图书馆评估,为进一步开展基层图书馆评估奠定了良好的基础。

### 1. 我国县级以上公共图书馆评估定级指标体系

从 1994 年起开展的我国县级以上公共图书馆评估定级活动,截至 2018 年已举办了六次,本着以评促建的思路,极大地推动了我国公共图书馆事业的发展。前五次评估指标体系主要依据图书馆要素与业务流程的构建,整个指标体系在继承中发展,一定程度上反映了不同时期公共图书馆的工作重点。

例如,依据当时文化共享工程建设的外部大环境,第四次评估在原有体系框架中单独增加了文化共享工程建设一级指标,以突出政策发展重点;在第五次评估中又增加了更多有关数字资源和社会教育的指标。总体来看,前五次评估标准注重图书馆的经济与效率、追求投入产出比,是以建设为导向的评估,图书馆服务的价值没有得到充分体现。有统计显示,在前五次评估标准中,服务所占比重最高为28%(第三次评估),到第五次评估时服务比重反而降低为22%。2017年开展的第六次评估标准的设计开始注重综合效益、服务质量和公民导向三个方面,由以建设性为中心的评估转向以效能为中心的评估,服务效能比重加大,目的是引导图书馆充分发挥设施设备和资源的效用。由建设性为主转向以效能为主的评估,表明我国公共图书馆在设施设备和资源等基本条件的建设方面已相对完善,服务效能的提高成为当前公共图书馆发展的主要任务。这同时说明,评估标准的设计应与时俱进,要能反映出图书馆的发展走向和趋势,适应新的社会环境和信息环境的变化,才能促进图书馆发展。

如上所述,在实践中我们不难发现,社区图书馆评估标准具有本地化和动态化两个特征,本地化即评估标准要与当地图书馆发展实际水平相符,既不能太高打击各馆积极性,也不能太低起不到促进图书馆发展的作用;动态化即评估标准要随着社会环境和信息环境的变化进行适时的修正,才能真正发挥评估活动对图书馆事业发展的促进作用。因此,社区图书馆评估究竟是以建设性为主还是以服务效能为主,不能一概而论,而要根据当地经济、社会发展,尤其是社区图书馆发展的实际情况决定。

**2. 部分地区实施的社区(乡镇)图书馆评估定级指标体系**

20世纪90年代,我国部分地区即在辖区范围内组织开展了乡镇(街道)图书馆等级评定工作,这些地区的乡镇(街道)图书馆建设起步较早,并已初具规模,评估定级的目的就是加强基础设施建设,提高管理和服务水平。以下是其中几个较为典型的案例。

无锡市于1996年和1998年分别对建设较早的乡镇图书馆进行了评估,2005年将评估定级范围扩大到了街道图书馆,并在评估标准的修订上把握三个原则:一是导向性,重点对办馆条件、业务档案、读者服务和内部管理等方面进行评估;二是灵活性,对原标准中难以达标的指标进行调整,对于超出标准的项目,采取加分的办法予以鼓励;三是实用性,标准力求简明扼要,便于操作。评估定级工作使全市基层图书馆各方面均得到了不同程度的发展与提高,并逐步走向平稳发展的轨道。

深圳市自1998年开始对区级以下新建的镇(街道)和村(社区)图书馆进行评估。评估标准主要包括办馆条件、基础业务建设、读者服务工作以及业务规范管理、读者活动等几个方面。2002年之前,评估主要是为了促进区、镇(街道)、村(社区)等基层行政主体建立本级公共图书馆(室);2003年后,配合深圳市开展"图书馆之城"建设,评估除了要促进图书馆数量增长外,还对办馆模式、馆舍规划、服务范围以及长效机制等方面提出了新的要求。评估标准在使用过程中依据实际情况及时进行了调整,经历了从《深圳市街道图书馆定级评估标准》与《深圳市社区(村)图书馆达标评估标准》到《深圳市基层图书馆(室)达标定级评估标准》两个主要阶段。前者是为适应当时深圳特区内外两种行政架构而形成的相应的基层图书馆建设机制,后者则是为适应国家《公共图书馆建设标准》以及深圳特区内外一体化建设与均衡发展的思路而编定。

上海市于1997年制定《上海市街道(乡镇)图书馆评估考核标准》,至今已开展了六次全市性街道(乡镇)图书馆评估考核工作,评估考核标准也随着公共图书馆事业的发展做了修订。以2015年版考核标准为例,表现出许多新的特点:一是为响应党和政府提出的鼓励社会力量参与公共文化服务体系建设的号召,增加了"社会主体培育与效果"指标,强调了社会力量参与社区图书馆建设的新理念;二是从原来的评定特级、一级、二级、三级馆转变为评定示范馆、优秀馆、达标馆,淡化等级概念,强调服务效能的提高,同时提高"年购书经费"和"工作人员"标准,强化政府的保障作用;三是不再片面强调流通量的增加,而是以所在地区人口数量作为衡量读者到馆人次、图书馆借还册次的依据,使指标更加合理,同时将所有与阅读相关的活动纳入"读者活动"指标,综合考察各馆开展讲座、展览、征文、阅读推广活动的情况,形成对图书馆多元化服务的立体考察。

### 3. 总分馆模式下的社区图书馆评估体系

在总分馆模式下,乡镇、街道(社区)图书馆往往作为分馆按照总分馆体系的标准由总馆实行统一管理和考评,很多地区在总分馆制建设之初,就要求乡镇、街道(社区)图书馆按照分馆标准进行硬件、资源等的建设。各地的分馆考核标准因总分馆制建设的成熟度不同而不同,建设较早、相对完善的总分馆体系其分馆考核指标体系也较为成熟。

2007年初,嘉兴市图书馆乡镇分馆试点工作开始运行,目前已形成嘉兴市图书馆—乡镇分馆—村级图书室或流动服务点的总分馆服务体系。2009年,为全面检验乡镇分馆建设和管理工作水平,制定了《嘉兴市图书馆乡镇分馆考核细则》(以下简称《考核细则》),对乡镇分馆从镇政府、乡镇分馆两个层面进行考核。镇政府考核部分占50分,其中设施保障15分、经费保障20分、人员保障15分。乡镇分馆考核部分占50分,其中馆容馆貌5分,主要考查分馆室内环境、消防和安全设施、规章制度、标志等;常规工作40分,考核内容包括开放时间、书刊排架率、图书完好程度和剔旧、年有效读者证数量、年外借册次、年流通人次、导读工作、读者活动、文化共享工程、分馆出现问题是否及时汇报和得到有效解决等;文明服务5分。《考核细则》既强调了政府在乡镇图书馆建设中的主导作用,同时充分考虑了乡镇图书馆发展的实际情况。依据该《考核细则》,嘉兴市每年对乡镇分馆实行三级分馆定级制度,按必备条件及考评分值给予考核定级,将定级考核结果作为拨付乡镇分馆年度补助经费的依据。

长沙市岳麓区总分馆体系建有1个中心馆,9个街道(镇)、社区(村)分馆和1个少儿分馆。为规范图书馆总分馆的建设和管理,岳麓区文化体育新闻出版局制定了《岳麓区图书馆总分馆考核管理办法》,考核内容包括四个部分:基本保障15分,主要考查分馆所在街道(镇)或社区(村)对分馆资金和人员的保障;基础工作30分,考查分馆读者投诉情况、统一标识设置、开放时间、图书期刊藏量及管理;业务开展45分,考查分馆新增读者数量、年流通册次、年到馆人次、对外宣传和特色服务开展情况等;创新特色 10 分,考查主题分馆和特色文献资源建设工作。考核结果分为优秀、合格、不合格三个等级,70 分以上为合格。考核结果纳入岳麓区文体新局对各街道、镇的绩效考核,并直接与分馆年度运行经费拨付挂钩。不合格分馆将呈报给长沙图书馆总馆并对其予以警告、撤销等处理。对工作突出、成效显著的优秀分馆给予表彰及奖励。

如上所述,在总分馆模式下的社区图书馆评估体系中,对镇政府以及街道和社区的考核,保障了政府主导下的分馆建设的资金投入,同时将分馆考核成绩同其运营经费、补助经费或奖励资金挂钩,一方面是对运营良好的分馆的鼓励和支持;另一方面也可达到优胜劣汰的效果,对于那些不合格或不适宜在总分馆体系内作为分馆运营的图书馆,可予以撤销或淘汰,有效地保证了政府投入能够真正地用到实处。

# 第五章　新时期公共图书馆阅读推广创新

## 第一节　我国公共图书馆阅读推广的历史与现状

20 世纪 90 年代中期,我国全民阅读活动开始兴起,而公共图书馆的阅读推广活动也伴随着这股风潮开始发展,图书馆界逐步确立起在全民阅读推广中的主导地位。

### 一、公共图书馆阅读推广活动的兴起

1994 年,由广西壮族自治区首先发起"知识工程"。1997 年这项社会文化系统工程拓展到了全国。1997 年 1 月,中央中宣部、原文化部等九部委联合发出《关于在全国组织实施"知识工程"的通知》,提出实施"以发展图书馆事业为手段,以倡导读书、传播知识、推动社会文明与进步为目的的""知识工程",其中九部委由中宣部和原文化部牵头,具体操作者则是原文化部图书馆司。这标志着全民阅读推广工作上升到了国家文化政策的层面。公共图书馆更是在这一工程中获得了扶持和鼓励。2000 年,作为全国"知识工程"的重大项目,全国知识工程领导小组把每年的 12 月定为"全民读书月",开展了丰富多彩的阅读活动。活动以文化企事业单位为主力军,也没有忽视以此为基础提升公共图书馆系统的服务能力和质量。至 2003 年 12 月开展第四届"全民读书月"活动时,该活动交由中国图书馆学会组织实施。2004 年起,为了响应"世界读书日"的号召,"全民读书月"改为每年 4 月。2004 年 4 月 23 日,全国知识工程领导小组和原文化部联合主办、中国图书馆学会和国家图书馆承办的以"倡导全民阅读、建设阅读社会"为主题的"世界读书日"宣传活动拉开序幕。由此,我国的"全民读书月"活动与"世界读书日"接轨,代表着中国的全民阅读推广与国际接轨。此后每年"世界读书日"前后,中国图书馆学会都会牵头组织大型的倡导读书的公益活动,并带动全国各地图书馆开展丰富多彩、声势浩大的阅读推广活动。2005 年初,中国图书馆学会首次召开"新年峰会","图书馆与社会阅读"是重大议题之一。至此,图书馆界完成了从全民阅读活动的参与者到引导者的角色转换,明确了图书馆界在全民阅读推广中担任组织、引导和实施的任务。

这十年,各图书馆尤其是公共图书馆积极参与、推动全民阅读。仅就公共图书馆而言,《中国图书馆年鉴》的数据显示,1995 年全国公共图书馆共举办读者活动 21 232 次,参加人次约为 932 万人次,在其后的十年里基本呈上升态势。

到 2005 年,举办读者活动的次数达到了 246 373 次,读者活动参加人次为 25 566 千

人次。

始于 1989 年的"图书馆服务宣传周"活动亦更加多样化,取得了较为可喜的成效。各地图书馆通过优惠办证、送书活动、好书导荐、公益讲座、文化展览、电影展播、读者调查、专题服务等多样化的读者活动把图书馆的服务和资源延伸至城乡各地,提供给社会各阶层读者。值得注意的是,此阶段公益讲座在公共图书馆逐渐兴起:2000 年以前,讲座仅在政治经济较为发达的地区如京津唐、长江三角洲、珠江三角洲等地的个别图书馆零星举办;2001 年以后,公益讲座渐次发展到越来越多省份的图书馆,并逐渐形成一定的规模和特色;2005 年,随着两场全国性的图书馆讲座会议的召开,讲座如雨后春笋般在全国图书馆如火如荼地开展起来,并逐渐成为图书馆阅读推广的常规项目。

1995—2005 年也是我国公共图书馆阅读推广理念的起始阶段。在此之前,我国图书馆界的阅读推广既非独立的业务,也没有相应的理论支撑,处于理论无意识阶段。21 世纪初,学界兴起了第二次"新图书馆运动",这场对图书馆权利、图书馆精神、图书馆核心价值的讨论洗涤了旧的理论系统和理论观念,倡导公共图书馆回归免费、开放、包容、平等的基本精神,为公共图书馆开展阅读推广找寻到了本源和意义所在,推动了我国公共图书馆阅读推广理念的起步。

## 二、公共图书馆阅读推广中存在的问题

1999—2005 年,我国国民图书阅读率呈现连续下降趋势,自 2006 年全民阅读活动广泛开展以来,国民阅读状况才得到有效改善。由中国新闻出版研究院组织实施的"第十次全国国民阅读调查"结果显示,2012 年,中国 18~70 周岁国民各媒介综合阅读率为 76.3%,比 2011 年下降 1.3 个百分点。数据显示,我国 18~70 周岁国民中仍有 23.7%的人没有进行任何形式的阅读。国民整体阅读现状令人担忧,与建设学习型社会的目标存在一定的距离。

网络与新技术给阅读领域所带来的冲击也是前所未有的。信息爆炸时代、广告读图时代产生了一系列问题,例如,海量的垃圾信息、无边的网络漫游、碎片式阅读、娱乐化阅读、功利性阅读等。于是,学界有了"深阅读"与"浅阅读"之争、"网络阅读"与"经典阅读"之辩。

看似繁华的图书市场,也暗藏着阅读的隐忧。图书的市场化、功利性阅读、娱乐化阅读等因素,导致大量缺乏正确价值观与导向且粗制滥造的劣书泛滥出版,如何从如过江之鲫的海量图书中筛选出好书来读,尤其是引导成长中的青少年读好书,是每一个阅读推广人的使命与任务。

如火如荼的全民阅读活动的开展,带来了阅读推广事业繁荣的景象,但一些轰轰烈烈运动式的阅读、热热闹闹节日般的狂欢,使活动的规模效应大于效益影响。如何能使活动具备长期发展规划,有效持续开展,树立品牌意识,完善评估机制,贴近百姓的现实生活,使之形成良好的阅读习惯,塑造学习型人生,进而提升全民族素质,是一个值得深入研究与思考的课题。

### 三、公共图书馆阅读推广的未来策略

#### (一)健全政策法规保障体系

健全的政策法规保障体系,将为阅读推广长期有效持续地开展保驾护航。阅读立法并非中国特色,美国、日本、俄罗斯等阅读推广大国已有效先行。2001 年美国出台的《不让一个孩子掉队法》,确定了让每个孩子都必须接受良好教育的目标。日本 2001 年制定《儿童读书活动推进法》,将每年的 4 月 23 日定为"儿童读书日",政府更是投入 650 亿日元,以改善下一代的读书环境。俄罗斯《民族阅读大纲》(2012 年)要求在出版、运输和传播儿童书籍方面提供国家保护措施,支持和激励作家为儿童青少年创作图书等。立法使全民阅读成为常态发展机制。

我国于 2011 年发布《新闻出版业"十二五"时期发展规划》、2012 年发布《国家"十二五"时期文化改革发展规划纲要》、2013 年发布《全国公共图书馆事业发展"十二五"规划》,制定全民阅读中长期发展规划。各省市也出台相关文件,如 2012 年湖北省印发《关于开展全民阅读活动建设学习型湖北的意见》、2013 年广东省印发《广东省深入开展全民阅读活动的实施意见》、2013 年江苏省印发《关于加快推进书香江苏建设的意见》等,从地区层面指导推进全民阅读。现阶段,全民阅读立法已列入国家立法工作计划,国家和地方层面的"全民阅读促进条例"已在拟议之中。《湖北省全民阅读促进办法》于 2014 年 11 月 24 日由湖北省人民政府常务会议审议通过并公布,并已于 2015 年 3 月 1 日起施行。2014 年 11 月 27 日,江苏省十二届人大常委会第十三次会议通过的《江苏省人民代表大会常务委员会关于促进全民阅读的决定》,已于 2015 年 1 月 1 日起施行。这是我国第一部关于促进全民阅读的法律性文件。

#### (二)建立有效运作工作机制

上下贯通、联动各方的有效运作工作机制,是阅读推广活动顺利开展、阅读推广活动做强做大的前提。以日本为例,其开展阅读推广活动,实行的是"举国体制",即国家引导发动,制定法律,编制计划,提供资金;以图书馆为主轴推动执行;社会团体积极参与等。如此,"读书周""儿童读书日""国民读书年""晨读运动"等,具有了法定性与规划性,能在全国范围内推行,全民投入,造成声势与影响。反观国内,目前缺乏的就是这种能联动各方、一呼百应的有效协调机制,现状是各行业各自为政。

深圳市读书月组织委员会的成立,提供了一个地方层面政府协调各方力量开展活动的范例,即在每年读书月期间,由深圳市政府主导,集结新闻出版、传媒、图书馆、学校、行业协会、民间团体等,共同开展活动。但这只是举一个城市之力,无法推广到全国。中国图书馆学会阅读推广委员会的成立,聚集了八方人才,由全国图书馆界、教育界、出版传媒界等各类跨界专家学者组成。但仍受限于行业内组织,在运作过程中,始终无法克服行业障碍,无

法全面而深入地开展工作。只有建立有效运作的工作机制,才能形成社会合力,共同推进全民阅读。

### (三)构建全民阅读建设评估指标体系

如前所述,我们迎来了阅读的好时代,全民阅读蔚然成风,阅读推广活动不断创新,层出不穷。而如何科学、客观地评判一场活动是否有价值,值得推广与发展,目前则无章可循,这样大大制约了全民阅读的健康发展,也造成学科研究和具体工作上的缺陷和空白。鉴于此,构建一部全民阅读建设评估指标体系就成了阅读推广委员会当前的重要任务。在此之前,各种适用于图书馆和相关公益服务的评估体系或建设指标已相继出台,如原文化部的"公共图书馆评估定级标准"、张家港市"书香城市"建设指标体系、深圳市的"图书馆之城"建设指标体系、杭州市"公共图书馆建设评估标准"等,有的已经取得很好的效果,可资借鉴。

如2012年11月张家港市出台的"书香城市"建设指标评价体系,是国内第一个以全民阅读为抓手、覆盖城乡的综合建设指标,它使"书香城市"建设的评价变得量化、可考,将进一步促进全民阅读由模糊型推动向制度化约束的转变,对江苏省乃至全国的全民阅读推广产生了示范作用。而中国图书馆学会阅读推广委员会自2006年成立以来,每年开展了大量的阅读推广理论研究与实践活动,取得了丰硕的研究成果和实际经验,为构建这样的建设评估体系奠定了稳固的基础。全民阅读建设评估指标体系的出台,将阅读推广活动的开展引入规范、科学、健康的发展之路。

### (四)加大阅读推广专业队伍的培养

优秀的阅读推广人,就如同一个播撒种子的园丁,幸福的种子在其精心而专业的呵护下茁壮成长,其影响力不容小觑。中国台湾高雄市的"故事妈妈"至今仍为业界所称道。他们以故事为桥梁,引领孩童感受故事的魔力,从而使孩童爱上阅读,让阅读在他们心里扎根。

阅读推广委员会各专业委员会为了培养阅读推广专业人才,制订了年度培训计划,分别以挂靠的公共图书馆为阵地,邀请专家,上阅读指导课,开展培训活动。首期全国性的培训于2013年7月在绍兴市图书馆举行。2014年全国公共图书馆阅读推广馆员培训已于10月在江苏省常熟市图书馆成功举办。2015年6月和9月,也分别于镇江市图书馆、电子科技大学图书馆开展了全国公共图书馆、高校图书馆阅读推广馆员培训。培训计划将长期开展,以建立专业的阅读推广队伍。

### (五)注重儿童的阅读推广

《联合国教科文组织公共图书馆宣言》(1994年)中关于"公共图书馆的使命"最重要的一点就是"养成并强化儿童早期的阅读习惯",因为儿童早期形成的良好的阅读习惯将影响其一生。正因如此,许多国家特别重视对儿童阅读习惯的培养。无论是英国的"阅读起跑线"计划、美国的"儿童读写运动",还是日本的"儿童读书周",都致力于培养儿童对阅读的终身爱好,并将儿童早期阅读能力培养制度化,通过立法推动,为孩子提供更优越、更自由的阅读空间。阅读推广委员会为此专门设立了青少年阅读推广委员会,推动儿童和青少年阅读,开展了"'中山杯'全国青少年故事大赛""少年儿童童谣绘画大赛""树精灵使者团培训活动"等一系列活动。推荐书目委员会推出了亲子阅读系列书目,给予孩童与家长以阅读指导。阅读推广委员会还组织出版了《亲子阅读》《绘本阅读》等"阅读推广丛书"系列。儿童是国家的未来,是阅读推广的重心所在。每一个从事阅读推广的人都应该成为儿童阅读的"点灯者",成为传播阅读的"引路人"。

### (六)提供全民阅读专项经费保障

全民阅读关乎民族未来,推动全民阅读是一项公益事业,要保障其长期有效开展,政府的专项资金投入则是十分迫切而又必要的。英国为"阅读起跑线"计划设立图书信托基金,为1998年和2008年两个"国家阅读年"投入总计1.52亿英镑。美国国家人文艺术基金会和美国中西部艺术基金会等机构,资助了1 000多个机构开展"大阅读计划"项目。日本政府即使在战时财政困难的情况下,仍然采取了读书会设置奖励的措施,用财政补贴的方式鼓励各地成立读书会。

目前我国尚无专为推广阅读而设立的专项基金会,各地开展活动主要从宣传文化发展专项经费、文化产业引导资金等经费中支出。阅读推广委员会开展全民阅读活动,也主要依靠各地图书馆的财政经费予以支持。经费充裕的地区开展活动就相对较多,且规模较大,能有效持续发展,而经济相对落后的地区则活动较少,造成了地区间的不平衡。2014年李克强总理所做的政府工作报告首倡全民阅读后,设立国家阅读节及国家阅读专项基金的呼声越来越高。

### (七)继续推进公共图书馆建设

21世纪,大规模的公共图书馆新馆建设令人振奋,但与发达国家相比仍存在较大差距。目前,我国平均公共图书馆拥有量为46万人/座,1 181人/平方米;人均藏书0.27册。而联合国早在20世纪70年代公布的公共图书馆拥有量标准为3万人/座。目前发达国家平均公共图书馆拥有量分别为瑞士3 000人/座、挪威4 000人/座、奥地利4 000人/座、芬兰5 000人/座、德国6 600人/座、英国1.14万人/座、法国2.2万人/座、意大利2.6万人/座、美国3.11万人/座。公共图书馆是开展阅读推广活动的主阵地,倡导全民阅读,推进公共图书馆的建设是必要条件。《联合国教科文组织公共图书馆宣言》,开宗明义地提出公共图书馆是传播教育、文化和信息的一支有生力量,是促使人们寻找和平和精神幸福的基本资源。我国政府承担着推进公共图书馆建设的责任,对公共图书馆建设的用地、资金和人才等方面提供了保障,尤其需要重视并解决东西部发展不平衡问题。据不完全统计,截至2012年,云南省有公共图书馆 148 个,省级馆 1 个,地市级馆 16 个,县级馆 131 个。公共图书馆自身也要加大阅读推广的力度,将其打造成为百姓的"大书房",使其成为充分实现广大公民文化权利的公共服务平台。

# 第二节　公共图书馆阅读推广理论实践

## 一、公共图书馆阅读推广的基本条件分析

### (一) 图书馆阅读推广的馆藏资源

丰富的馆藏资源是中国公共图书馆阅读推广的重要条件和独特优势。馆藏资源为公共图书馆阅读推广提供了重要的内容保障,同时,推动读者对馆藏资源的充分开发和利用也是公共图书馆阅读推广的最直接目标之一。进入 21 世纪以来,中国公共图书馆的馆藏资源结构进一步调整完善,为公共图书馆阅读推广的迅速发展提供了重要的基本条件。

**1. 收藏范围扩大,资源普及性增强**

馆藏建设一直都是中国公共图书馆工作的重中之重。20 世纪,受到当时公共图书馆定位和服务理念的影响,我国公共图书馆的馆藏建设主要围绕"经典"和"专业"两个主题展开。这里的"经典"并不只是指文学文化意义上那些具有重要影响力的、经久不衰的著作,更重要的是指那些符合当时主流价值取向和思想观点,甚至是政治风向的文献资源。公共图书馆试图通过建设这样的"经典"馆藏,来为读者提供"正确""健康"的阅读选择,这也就催生了以阅读辅导为主要内容的公共图书馆阅读推广活动。重视收藏专业文献、服务专业研究者是当时公共图书馆馆藏建设的一大特点,公共图书馆围绕这些"专业"馆藏的开发和利用而组织的阅读推广活动,主要服务对象是专业研究者和工作者,对普通读者的适用性较差。

21 世纪以来,随着公共图书馆读者服务定位和理念的转变,我国公共图书馆馆藏资源建设逐步从"经典"走向"广泛",从"专业"走向"普及"。一方面图书文献的收藏范围逐步扩大,内容不断丰富,对不同思想观点、不同形式类型的图书文献采取兼容并包的态度:既有孔庄老孟思想、西方经典著作,也有都市武侠小说,有的图书馆甚至开辟了日本漫画借阅专区,深受当地青少年读者的欢迎。因而自然地,公共图书馆阅读推广活动在内容上也呈现丰富化、多样化的发展,阅读推广活动的主要目的也逐渐从"辅导读者正确阅读"转变为"帮助读者爱上阅读""引导读者找到他们想要读的书"。另一方面,公共图书馆对专业文献的收藏比例逐渐减少,开始更多地重视普及性图书文献的收藏建设,公共图书馆在加强针对普及性图书文献阅读推广的同时,尝试转型原有的专业阅读推广服务,扩大专业阅读推广服务受众范围,使对该专业内容有兴趣或业余爱好的普通读者,也能享受和使用这些专

业阅读推广服务。

**2. 更新速度加快，资源类型丰富化**

21世纪公共图书馆馆藏建设的另一大特点是馆藏资源更新速度不断加快，资源类型不断丰富。一方面，随着我国出版事业的发展，每年出版的图书、文献、期刊种类不断增加；另一方面，随着国家对公共图书馆的重视，我国公共图书馆的馆藏资源建设经费逐步得到保障，我国公共图书馆图书文献更新不断加快，要求公共图书馆的阅读推广活动要将新书推介作为其重要内容之一，及时有效地将最新的馆藏资源推荐给需要的读者，同时也要求公共图书馆的阅读推广活动内容、形式紧跟资源步伐，不断推陈出新。21世纪，纸质资源独霸天下的图书馆资源结构逐渐被纸质资源、电子资源、网络资源、多媒体资源等多类型综合资源结构所取代。我国公共图书馆为了迎合我国读者不断上涨的电子阅读需求，不断加大电子图书资源建设，但令人尴尬的是公共图书馆在大部分读者心中仍然仅仅只是一排又一排的大部头纸质书的形象。因此，多类型资源为公共图书馆阅读推广提供了更加灵活的资源基础，为阅读推广、扩大读者群体数量和丰富读者阅读方式提供了条件，也向阅读推广如何改变图书馆在读者心中的固有形象，培养读者使用图书馆的新方式、新习惯，提出了挑战。

**3. 重视读者需求，馆藏建设特色化**

21世纪公共图书馆在建设馆藏资源时，更加重视本馆读者的阅读需求，而阅读推广则是公共图书馆获取本馆读者需求信息的重要渠道之一。有的公共图书馆开设专门的阅读推广活动，征求读者对图书馆图书采购、期刊订阅、数据库购买的需求和意见，而更多的公共图书馆则是采用对不同类型、不同内容的阅读推广活动中读者的参与情况或是现场读者访谈、问卷等形式，统计分析读者的阅读需求。不少公共图书馆在面对图书文献获取日益简便化、无差异化的现状下，选择建设特色化馆藏和专长馆藏，以此增强图书馆价值，加大图书馆对读者的吸引力。为了扩大特色馆藏的影响力、价值和意义，针对特色馆藏的多层次、多角度阅读推广也成为各公共图书馆阅读推广的重要特点和独特标志。特色馆藏使得各公共图书馆的阅读推广活动呈现内容和形式的差异化和个性化发展，能够更好地吸引不同类型群体的读者，但也因为可循经验较少，为阅读推广的策划和实施提出了更大的挑战。

### (二) 图书馆阅读推广的馆舍建设

中国公共图书馆的大部分阅读推广活动都在图书馆馆舍内举办，因此图书馆馆舍的建设和发展是中国公共图书馆阅读推广发展的基本条件之一。我国使用中的图书馆大都建成于20世纪80年代到90年代初期的图书馆建设高潮之中。这一时期的图书馆馆舍设计"重藏而轻用""重书而轻人"，书库面积占据图书馆总使用面积的一半甚至一半以上，读者可以使用的活动场所比较有限。以20世纪80年代建设的两个图书馆为例，北京图书馆馆舍总面积14万平方米，书库8万平方米，占总面积的57.1%，读者活动场所仅4.464万平方米，占总面积的31.9%；甘肃省图书馆馆舍总面积1.9万平方米，书库1.05万平方米，占总面积的 55%，读者活动场所面积仅 0.71 万平方米，占总面积 37.2%。同时，这一时期的图书馆，强调在有限的预算下，满足功能上的要求，大都采用"固定功能型"(书库、阅览室和办公用房位置固定，降低设计和建设费用，缺乏灵活性)为主，结合"模矩型"(将图书馆的部分区域分成等分的长方形，灯光、空气、地板等设计完全一致)的封闭式设计。这样的图书馆馆舍设计，虽然能够比较经济顺利地满足图书馆为读者提供基本的图书阅览和出借归还服务的需求，但无论是在空间规模还是灵活性、适应性上，都大大限制了图书馆阅读推广活动的发展。在这一时期的图书馆阅读推广活动中，较少见大规模的展览、讲座和演出就很可能与此有关。

进入 21 世纪以来，我国的图书馆新馆建设进入了新一轮的高潮。在这些新馆的建设中，"以人为本，服务第一"的理念成为图书馆设计的核心。首先在图书馆馆址选择上，新馆大都选址在人口集中、交通便利的城市中心地区，附近具有一定的文化氛围。例如，南京图书馆坐落在城市中心地标"总统府"对面；苏州图书馆选址在城市中心商业区，毗邻众多初高中学校以及文化市场、工人活动中心。这样的选址极大程度上方便了读者前往图书馆，提高了图书馆人气，为图书馆阅读推广活动的读者参与提供了基础。其次是图书馆建筑。21 世纪的新馆在建设过程中比 20 世纪的图书馆拥有更加充沛的资金。据统计，图书馆新馆的建设费用大致都是原有旧馆建设费用的两倍以上，这一方面是由于政策对图书馆事业的日益重视支持，政府投入仍然是图书馆建设资金的主要来源；另一方面是图书馆管理更加灵活积极，通过开展与本地地产集团以及企业的融资合作，保证建设资金、资源的及时到位。资金的保障使图书馆新馆可以在保证功能性的同时兼顾图书馆的建筑美观性与人文环境性。最后是图书馆功能性。一是图书馆总面积增加，读者可活动场所面积显著增加，图书馆日均接待读者能力提高。例如，2008 年国家图书馆新馆落成，总面积达 25 万平方米，日均接待读者能力增加 8 000 人次，成为世界第三大国家图书馆。二是图书馆内部多采用大开间、大层高设计，大部分馆舍设有专门的展览厅、学术报告厅、多功能厅以及读者活动室。读者可使用空间的面积增加以及多样性的增强，使得图书馆可以更便利地利用馆舍资源，开展不同类型、不同规模的馆内阅读推广活动。同时，越来越多设计独特美观的图书馆新馆正逐渐成为城市的新地标新景点。2006 年建成的沈阳市图书馆新馆外部采用生态建筑的设计理念，斜坡绿化屋顶，椭圆形采光天窗与延伸至西侧的绿化广场上的椭圆形灯光，衬托了象征着引导城市文明的知识灯塔的图书馆办公塔楼，构成了一幅美轮美奂的人文景观，成为沈阳市民假日休闲的好去处。沈阳图书馆的馆员称，很多进入图书馆的读者一开始都是抱着"游客"的心态来的，但是很多时候都被大厅的展览吸引，或者刚好发现了一个自己感兴趣的讲座正在进行，停下了脚步。有的读者说，因为眼前的阳光和草地，他不自然地就拿起一本书，静静地坐了一个下午。这些图书馆建筑，不仅提高了图书馆在市民中的知晓度，为图书馆的宣传阅读推广提供了便利，同时本身也成为吸引读者回归图书馆、重拾阅读的重要阅读推广方式。

21 世纪，我国图书馆馆舍发展和建设的另一个突出重点是分馆的建设。近年来，图书馆分馆的设立大致可以分为以下四类:第一类是少年儿童分馆。随着图书馆儿童阅读服务的发展,一些省、市级公共图书馆在新馆建成后,基本把旧馆改造为少儿分馆,如山东省图书馆、陕西省图书馆等。第二类是城市社区分馆。主要是大中型城市图书馆,为了适应城市面积不断扩大、城市读者人数不断增加的需求,在离图书馆本馆较远的新型发展区域或者人口集中区域设立分馆,例如上海图书馆浦东分馆。第三类是农村与偏远地区分馆。例如郑州市图书馆惠济区南阳寨村分馆,广东流动图书馆饶平分馆等。第四类是特殊人群、机构分馆。例如首都图书馆北京公安收容教育所分馆、杭州图书馆盲文分馆、温州市图书馆老年分馆等。一方面,这些分馆扩大了图书馆总馆阅读推广活动的受众总量,使得图书馆的阅读推广活动能够真正做到就在读者身边;另一方面,各个分馆根据自身优势以及读者特点,能够设计推出更加亲近本馆读者生活、满足本馆读者特殊需求的人性化、个性化阅读推广活动,例如盲文图书馆的志愿者图书朗读活动、老年图书馆的养生讲座活动,可以使阅读推广活动在读者中取得更好的效果和反馈。

### (三)图书馆阅读推广的馆员素养

中国公共图书馆馆员是图书馆阅读推广的规划者、设计者和执行者,中国公共图书馆馆员的素质与水平直接决定和影响图书馆阅读推广的能力。截至 2006 年 12 月,一份对我国 116 个图书馆的调查显示,我国图书馆工作者中,拥有大学本科及以上学历的约占 50.7%,其中:拥有博士学位的馆员约占总人数的 0.6%;在本科以上学历的人员中,有图书馆学科背景的约占 22.1%,而非图书馆专业毕业的占 77.9%。其中 2002—2006 年新增馆员中,有图书馆学科背景的仅占新增拥有本科学历人数的 15.8%。从以上数据可以看到,比较我国其他公共服务行业,图书馆员普遍拥有较高的学历水平,并且随着图书馆对新进馆员学历要求的不断提高,以及图书馆员在职教育的发展完善,当下图书馆阅读推广的主力馆员大都拥有本科及以上学历水平。同时,图书馆员知识背景的多样化,既为图书馆阅读推广工作模式提供了多样化的灵感和思考方式,又为图书馆针对特征读者人群进行阅读推广提供了支持和保障。我国公共图书馆馆员作为阅读推广者一个不可忽视的优势是他们丰富的图书馆工作经验以及与读者交互的经验。我国的很多公共图书馆工作者将图书馆员作为他们的终身职业,他们在几十年的工作中,熟悉图书馆的众多环节以及他们所面对的读者,他们能够更好地利用图书馆的特长优势,设计出适应本馆读者的阅读推广活动,通过长期服务在读者群体中建立的友谊与声望也能使他们的阅读推广服务更具影响力和说服力。

## 二、公共图书馆与其他机构的阅读推广

公共图书馆的合作阅读推广是指包括公共图书馆在内的两个或者两个以上的阅读推广主体,互相协作、共同组织完成的阅读推广活动。在合作阅读推广中,不同阅读推广主体发挥各自的优势和特长,交流阅读推广经验,共享阅读推广资源,携手共建"1+1≥2"的阅读

推广模式。

我国公共图书馆的合作阅读推广大致可以分为以下两类。

(一)不同公共图书馆之间的合作阅读推广

这类的合作阅读推广其实在前文已经多次提到过,总的来说,常常呈现为以下两种主要形式:其一,上级公共图书馆与其属域内的下级公共图书馆进行合作阅读推广,例如国家图书馆与省市图书馆合作,或是市级图书馆与街道图书馆合作等。通常来说,在这样的模式中,上级图书馆提供阅读推广活动总体方向、内容、形式、框架和目标,而下级图书馆则配合上级图书馆共同进行阅读推广活动的具体组织工作。这种合作一方面能够扩大上级图书馆阅读推广活动的影响力和普及度,使其阅读推广服务能够惠及图书馆所在地以外的更大范围读者,更好地实现图书馆阅读推广的平等性;另一方面对下级图书馆来说,也是降低图书馆阅读推广组织难度,迅速提升阅读推广能力和经验,为其将来的阅读推广独立发展和持续发展提供了重要的保障。其二,同级公共图书馆之间的合作阅读推广,例如江苏省图书馆与浙江省图书馆合作,苏州金阊区图书馆与平江区图书馆合作。在这种合作模式中,通常各个公共图书馆处于平等的地位,共同策划、组织和实施阅读推广活动;合作组织的阅读推广活动一般在各个公共图书馆同时或者轮流都有举办;有时,也会出现以某一公共图书馆的成功阅读推广案例模式为核心,其他同级图书馆学习模仿或是开设活动分站点的合作模式。例如前文提到的苏州反响热烈,苏州平江区图书馆、金阊区图书馆等多个同是苏州市区级的姐妹图书馆纷纷主动要求与其合作,开设"晒书会"分会场。在我国,同一级别的公共图书馆通常拥有相对类似的规模、组织结构、资源和读者群体,同一级别公共图书馆之间的合作阅读推广能够使这些图书馆最直接地交流、共享、共建阅读推广资源,有效地降低阅读推广成本,最快地全面铺展和普及阅读推广活动。

(二)公共图书馆与其他阅读推广主体的合作阅读推广

我国公共图书馆与之前提到的五大阅读推广主体都有着频繁而密切的阅读推广交流合作。

第一,就图书馆而言,我国除了公共图书馆以外的机构图书馆、学校图书馆、私人图书馆和民营图书馆等其他类型的图书馆大都规模较小,资源有限,全民阅读推广发展较慢。公共图书馆在与这些图书馆的合作中,主要以资源共享和引导、指导为主。在合作中,公共图书馆利用这些图书馆独特的地理位置优势和读者受众优势,或者由这些图书馆配合将读者组织引导到公共图书馆参与阅读推广活动,或者直接由公共图书馆共享自己的阅读推广项目,引导指导这些图书馆将公共图书馆的阅读推广项目搬入自己馆中。例如学校图书馆由于通常在学校内部,图书馆本身与老师和学生间又有着长期密切的互动,因此更加容易接近和发动学生读者,公共图书馆在组织青少年比赛活动,就常常与本地的学校图书馆合作:由学校图书馆负责宣传、材料分发、作品收集等工作,动员组织本校学生参加,有的大型比赛,还会在学校图书馆安排分赛点或是预赛点,方便更多的学生参与。在我国,这类的合作阅读推广主要由公共图书馆主动推动和联络,而机构、学校、民营图书馆等大都处于被动接受的地位,在笔者的采访中甚至有时会听到由于这些图书馆的消极被动而使合作难以进行。而在美国等西方发达国家,处于阅读推广较弱地位的这些非公共图书馆都非常重视和珍惜与拥有丰富资源的公共图书馆合作的机会,积极主动向公共图书馆提交策划和提案,争取共同举办阅读推广活动。因此,总体来说,我国公共图书馆这一类的合作阅读推广发展相对缓慢,合作形式保守有限,合作频率较低,要积极推动此类合作阅读推广发展,不仅公共图书馆要更多开发合适的阅读推广活动项目,积极抛出"橄榄枝",其他图书馆也要加强对阅读推广的重视和调整图书馆政策和组织结构,首先做好迎接合作的准备,再逐步从被动接受向主动争取发展。

第二,近年来,随着我国建设学习型社会目标的确立,我国政府对阅读推广的重视与日俱增。作为我国公共图书馆的义务投资主体,我国政府的大部分阅读推广活动都与其辖区内相应级别的公共图书馆合作举办,例如原文化部与国家图书馆合作,广东省教育厅与中山图书馆合作。我国公共图书馆与政府的合作阅读推广大都规模较大,影响力也较大。政府在合作阅读推广中一般担任方向指导和资源组织的角色,而公共图书馆则负责阅读推广活动的具体实施。活动一般会在开始或是结束时,邀请政府相关官员到场,虽然一方面容易造成此类阅读推广活动重于形式、铺张浪费的现象,但是另一方面也在活动中显示了政府对图书馆以及阅读推广活动的重视。这类的合作阅读推广有时能为公共图书馆带来财政拨款、政策支持或是资源分配上的有利条件,还能扩大图书馆的影响力,帮助图书馆在之后的阅读推广活动中更容易地汇集资源、争取赞助和合作。因此公共图书馆通常对此类合作阅读推广非常积极,常常主动制作提案策划,争取与当地政府相关部门的合作,相关政府部门近年来在中央政策的推动下,也常常策划阅读推广活动,邀请公共图书馆参与合作举办。但是,这类合作阅读推广通常具有集中性和不稳定性的特点。在每年4月23日世界读书日附近,或是中央有关支持阅读和图书馆的政策和指导意见发布后,公共图书馆与政府的合作阅读推广通常会集中出现。但是一波风潮过去后,公共图书馆往往要等上一整年,才会有一次与政府合作的机会。同时,在笔者的访谈中也有发现,在部分这类合作中,政府的参与度较低,有的甚至虽然挂了主办之名,但除了到场参加开幕式,其他全部交由公共图书馆承办,空有合作之名,却无协作之实。因此,要推动此类合作阅读推广发展,需要各地政府真正认识到阅读推广的重要性,不仅要将阅读推广作为一项教育社会、造福群众的基本政策长期坚持,还要更加积极地参与到合作阅读推广中来,在合作中发掘和体现自己的职能和价值。

第三,在阅读推广中,出版发行机构拥有三大独到的优势:最新最快的图书资源、遍布全国的网点和渠道、掌握当下流行畅销书和读者阅读喜好的第一手信息。因此,公共图书馆与出版发行机构的合作阅读推广也主要围绕着三个方面来进行。由出版发行机构向图书馆提供图书资源是二者合作阅读推广的最常见形式。出版发行机构向图书馆提供他们本年度最受欢迎的畅销书或是即将出版的新书，支持图书馆组织各类图书展览活动，出版发行机构向图书馆捐赠图书作为图书馆阅读推广活动礼品或者赠书，有时在图书馆的大型阅读推广活动中，出版发行机构会派遣人员带着本社的图书和宣传材料，布置展位展台，直接向读者介绍图书、推广阅读。由于我国公共图书馆数量有限，不能够最广泛地接触到所有读者大众，而各类书店，特别是新华书店，不仅遍布各大城市的各个主要商业街道区域，更深入郊区、农村等城市偏远地区。因此，把书店这样与图书密切相关的场所作为公共图书馆阅读推广活动的馆外延伸、分站点和宣传场所，也是公共图书馆和出版发行机构合作阅读推广的形式之一。最后，出版发行机构实时掌握着丰富的第一手的图书销售情况和读者购买、阅读情况。在当下中国，由于购买图书仍然是读者获取图书资源的最主要方式，因此，在合作阅读推广中，出版发行机构的这些信息对于公共图书馆了解掌握我国大众读者阅读最新现状，更好地制定相应的阅读推广策略，有着巨大的作用和意义。我国公共图书馆与出版发行机构的合作阅读推广仍主要限于第一种形式，即图书资源的合作，而对于后两种更加深入和全面的阅读推广合作形式，笔者在访谈调查中仅偶见雏形。造成这一现象的主要原因很可能归结于我国图书馆与出版发行机构间奇怪而尴尬的关系。一方面，这两者同在图书阅读领域，以为读者提供良好的阅读环境和阅读内容而努力，两者互相合作、互相依赖的关系由来已久，图书馆依赖出版发行机构提供图书资源，而对于出版发行机构而言，图书馆也是他们非常重要的持续稳定的大客户。而另一方面，误解和间隙却也始终存在于他们之间。有的出版发行机构认为，图书馆在一定程度上是"抢了他们的顾客"，"读者都去图书馆借书了，就没人买他们的书了"，因此，"帮助图书馆更好地宣传推广，等于是帮助自己的竞争对手砸自己的饭碗"。而不少图书馆员也抱怨连连，"现在出版社出的书字体越来越大，行距越来越宽，就是为了卖得更贵"，"知道这种工具书的主要顾客是图书馆，定价高得离谱"，"电子书更过分，卖图书馆是卖普通顾客价钱的好几倍"。因此，想要更好、更深入地发展公共图书馆与出版发行机构之间的合作阅读推广，首先要缓解公共图书馆与出版发行机构之间的误解和关系：让出版发行机构认识到，正是图书馆对读者阅读习惯和社会阅读风气的培养，才能为他们带来更多的读者和更好的图书销售；让图书馆也理解，出版发行机构在作为一个文化单位的同时，更是一个以营利为目的的企业。工具书定价贵，可能是因为销售量少；电子书的定价是纸质书的数倍，是因为电子书允许图书馆同时向读者提供多个电子副本借阅。

第四，大众媒体与公共图书馆的合作阅读推广主要有两种：宣传推广合作和合作栏目制作。随着公共图书馆读者服务理念的转变和阅读推广的发展完善，越来越多的公共图书馆认识到，原来的"酒香不怕巷子深"的大众阅读服务和推广方式，已经无法适应新世纪的读者需求，公共图书馆不仅需要扎实地做好阅读推广内容，更需要提升阅读推广宣传，让更多的读者有机会接触和了解公共图书馆与公共图书馆阅读推广。图书馆阅读推广的宣传不仅要在图书馆内做，更要在图书馆外做，宣传也不能只是信息的告知或者发布，更要注重宣传形式内容对读者的吸引力。在树立了阅读推广的积极宣传态度后，我国公共图书馆的阅读推广宣传还面临着两个现实的问题:技术和资金。在媒体技术丰富发达的现代,宣传推广早已成为一个专门的领域和行业,需要专业化的技术和人才,一套成熟完善优质的宣传推广策划方案及其实施已经远远超出了普通图书馆员的能力范围。而现在众所周知的,无论是纸质媒体,还是电视媒体、网络媒体,其宣传广告费用都动辄以万元、十万元计,通常也不是公共图书馆阅读推广活动能够负担的。因此,国内开始有公共图书馆将目光转向我国的大众媒体。由公共图书馆主要负责阅读推广活动的策划组织,由大众媒体负责阅读推广活动的宣传推广,共同作为主体发起承担阅读推广活动的合作方式,正逐渐成为我国公共图书馆合作阅读推广的一种新形式。大众媒体具有专业的宣传推广团队、丰富的宣传推广经验,经过他们策划包装的公共图书馆阅读推广活动主题鲜明、形式新颖、内容动人,吸引了大量的读者关注和参与;并且,由于大众媒体拥有自己的宣传平台和渠道,大大节省了阅读推广宣传的费用。而作为大众媒体,借由公共图书馆的阅读推广活动,既扩大了自身的影响力,又提升了媒体的文化形象和公益形象,也是一举数得。大众媒体与公共图书馆的另一种更为长期、深入和全面的合作阅读推广形式是合作栏目制作。大众媒体和公共图书馆共同策划制作一个阅读推广栏目,以文字图片专栏或是影音节目等形式,在大众媒体平台上放出,向读者进行阅读推广。例如在前文中提到的北京歌华有线电视网络公司与国家图书馆合作推出的国家图书馆专题频道。这类阅读推广栏目使得读者可以足不出户,方便地通过电视、网络接受阅读推广服务,也可以在上下班通勤途中、排队等候等碎片时间随时随地地通过移动设备参与阅读推广活动,很好地适应和迎合了当下快节奏的便捷生活方式。同时,以大众媒体为平台,不受地理位置限制的阅读推广活动也最好地体现了阅读推广的平等性和普及性特点。不过这一类的合作阅读推广通常项目规模较大,战线较长,项目资金投入也较大,在国内暂时局限于北京、上海等少数大型一线城市的大众媒体和图书馆,如何在全国性的大众媒体中合作推出阅读推广栏目,如何能够使阅读推广栏目成为大众媒体一项长期栏目,还有待我国的大众媒体和公共图书馆共同努力。

第五,在中国公共图书馆的合作阅读推广中,与阅读推广相关协会和民间组织共同合作举办阅读推广活动是起步最早、最常见,也是发展最完善的合作类型。2003 年,原文化部社图司发布通知,将每年 12 月份举办的"全民读书月"活动交由中国图书馆学会组织实施。从此正式拉开了我国公共图书馆与中国图书馆学会的全面合作阅读推广进程。在 2003 年的"全民读书月"活动中,中国图书馆学会成立了以学会理事、公共图书馆高层管理人员以及原文化部社图司领导为核心的"全民读书月"活动组织委员会,向全国公共、高校、专业等八个系统的图书馆印发《中国图书馆学会关于开展 2003 年"全民读书月"活动的通知》,号召各地图书馆要根据不同人群的需求和不同地域文化的特色,举办丰富多彩的读书活动,为公众阅读创造条件、提供指导。邀请全国图书馆、中国阅读学研究会、出版界及各界著名专家学者组成"阅读指导委员会",在全国范围内开展评选好书、推荐好书和指导阅读的工作,以引导全民会读书,读好书,多读书。同时为全国图书馆等文献信息资源收藏机构的采选入藏提供专业咨询和参考依据。就具体合作阅读推广活动而言,在这一届"全民读书月"

活动中,中国图书馆学会与我国公共图书馆的合作主要集中于三个方面:第一个方面是与国家图书馆合作举办全民阅读推广活动。包括与国家图书馆合作成功举行了第四届"全民读书月"启动仪式,邀请了 200 余位各图书馆代表、各界人士、媒体朋友参加仪式,与国家图书馆合作组织"中国文化风"系列讲座,包括特邀爱读书的写书人、读书人、出书人、教书人等从不同的角度谈"读书"的"书缘"系列和特邀藏族和蒙古族的四位专家学者在举办的"格萨尔史诗"文化周上做专题讲座等。第二方面是支持西部和贫困地区公共图书馆阅读推广,包括联合清华同方光盘股份有限公司,向内蒙古图书馆、甘肃省康县图书馆、敦煌市图书馆等西部贫困地区图书馆和济南钢铁集团图书馆赠送 18 万册期刊,6 000 套综合性、学术性期刊光盘和中小学教学辅导课件等,以增强西部图书馆文献资源的储备,提高提供服务的能力。实施"给西部一个支点——西部图书馆信息化示范"项目,为敦煌市图书馆建立电子阅览室,资助搭建卫星接收系统,并提供图书馆专业技术培训等,改善当地读书场所的条件等。第三方面是促进阅读推广文化交流,包括中国图书馆学会、中国国家图书馆合作和德国歌德学院北京分院联合在中国国家图书馆紫竹厅举办"1989 之后的柏林建筑"幻灯片展览,展出超过 450 幅异彩纷呈的欧洲建筑图片。参与北京师范大学和美国伊利诺伊大学共同举办的"分享阅读"和中美阅读活动比较研讨会,与北京市石景山少儿图书馆一同接受了美国阅读学会赠送的幼儿读物,并把"分享阅读"的精美图书送给资源缺乏的西部图书馆。

2004 年,中国图书馆学会在与我国图书馆各界协商讨论后,为了进一步激发全民阅读的热情,推动学习型社会、学习型组织、学习型家庭的建设,让全国公众都了解"世界读书日",决定将原来每年 12 月举办的"全民读书月"大型系列阅读推广提前至每年的 4 月 23 日"世界读书日"前后。协会同时公开征集和评选,并与我国各公共图书馆共同推出了中国阅读推广的专属标志"全民阅读"徽标,今后中国图书馆学会和公共图书馆阅读推广的宣传活动中,统一采用这一具有特定含义的标志,使"全民阅读"更加深入人心,更具社会感召力,并向深度和广度发展。就具体阅读推广活动而言,在过去合作讲座、展览的基础上,中国图书馆学会还与国家图书馆合作,在国家图书馆前的文津广场举办了大型活动"经典美文百人接力朗读会",是我国大型广场式阅读推广活动的重要尝试,中国图书馆学会还与各界图书馆、相关单位合作,开展了"我最喜爱的一本书"青少年和儿童读物评选活动,在广大青少年和儿童中掀起好读书、读好书、读书好的热潮。

2006 年,中国图书馆学会改组扩大原有的"阅读指导委员会",成立"科普与阅读指导委员会",后又正式改名为"阅读推广委员会",并形成由"阅读推广委员会"牵头,协会其他部门、委员会全力配合的协会阅读推广模式。"阅读推广委员会"诚邀全国图书馆界、文化界、出版界、图书界和媒体界的有识之士成为委员会会员,共同为有组织、有计划、有步骤、可持续地发展全民阅读推广活动而努力,为公众阅读提供有益的指导、深入开展阅读方法的研究,为弱势群体提供有效的阅读帮助。

中国图书馆学会阅读推广委员会与我国公共图书馆的合作阅读推广广度深度不断加

强,除了又相继推出图书捐赠、图书馆开放日、读书评选、歌唱比赛、诗歌朗诵等多种形式的合作阅读推广活动外,也开始尝试推出针对少年儿童、残疾人等特殊群体的合作阅读推广。同时,中国图书馆学会阅读推广委员会与我国公共图书馆合作阅读推广的社会辐射层级和面积不断扩大,学会每年合作的公共图书馆数量不断增加,合作推出的阅读推广活动数量也逐年增长。学会从一开始的主要和国家图书馆及大型省市图书馆合作,发展成为与东、中、西部各地区,国家、省市、区县、街道各级公共图书馆的全面合作。中国图书馆学会与我国公共图书馆的合作阅读推广正逐渐成为我国公共图书馆阅读推广发展的重要影响因素和指导力量。中国图书馆学会通过把各地公共图书馆的活动汇聚起来,形成行业实力,进一步显示公共图书馆在推动社会阅读中的整体性作用;学会通过组织公共图书馆开展馆际交流,总结经验,共享资源,使得全国公共图书馆能够更加迅速、健康和平衡地发展;学会通过与公共图书馆广泛的阅读推广合作,致力于营造良好的社会阅读生态环境,让环境有利于公众的阅读,有利于图书馆履行推动阅读的行业职责。

## 第三节　公共图书馆阅读推广工作创新

### 一、新时期阅读推广的内涵与特点

“全媒体”(Omnimedia)起源于美国一家名为“玛莎·斯图尔特生活全媒体”的家政公司。该家政公司成立于 1999 年,拥有和管理包括书籍、杂志、报纸、电视、广播节目以及网站在内的多种媒体,希望通过这些所谓的全媒体使公众了解自己的家政服务和家政产品。限于当时的科技以及信息技术水平,该公司阐释的全媒体并不全面,现在看来,其形式和内涵更接近于“多媒体”。但该公司提出的“全媒体”概念无疑具有创新意义,甚至在无意中道出了未来传媒业发展的玄机。

当前,全媒体的概念在业界并没有被正式提出来,它来自传媒界的应用层面。随着媒体形式的不断变化,媒体内容、渠道以及功能层面的融合,人们在提及媒体的概念时需要意义涵盖更广的词语,这也导致全媒体逐渐被更多的人使用,并逐渐应用于新闻传播、远程教育等领域中。虽然学术界对“全媒体”的概念仍未达成共识,但这一概念却在传播领域的实践中不断发展着其内涵。业界普遍认为,全媒体是指媒体机构及运营商采用文字、图形、图像、动画、网页、声音和视频等多种媒体表现手段,通过广播、电视、音像、电影、图书、报纸、杂志、网站等不同媒介形态,通过融合的广电网络、电信网络以及互联网络进行传播,最终实现电视、电脑、手机等多种终端均可完成信息的融合接收,使任何人可以在任何时间和任何地点以任何方式接收任何媒体内容。

近几年,随着科学技术的不断发展,我国进入了全媒体时代。我们可以从广义和狭义两方面来理解“全媒体”。从广义上看,全媒体是指对媒介形态、媒介生产和传播的整合性应用;从狭义上看,全媒体是指立足于现代技术的发展和媒介融合的传播观念,综合传统媒体与新兴媒体,在媒介内容生产、媒介形态、传播渠道和传播方式、媒介运营模式、媒介营销观念等方面的整合性应用,以此为特征的时代即为全媒体时代。

全媒体直接影响了读者的阅读,全媒体时代读者的阅读具有以下特点。

### (一)功利化、休闲化阅读增多

在全媒体时代,读者主要阅读的是电子读物等,由于这些读物自身拥有保存久、生产快、易更新、方便携带等优势,因此受到了广大读者的好评。同时,部分读者为了增加自己就业的砝码,也会阅读一些关于升学、考证等方面的读物。与传统的阅读内容相比,全媒体时代背景下的阅读明显呈现出功利化、休闲化的特点,对经典作品等传统读物的阅读量大为减少,大多数读物比较通俗易懂,生活类、时尚类读物不断涌现。

### (二)微阅读方式开始盛行

在传统的阅读方式下,人们主要是通过阅读去了解更多读物的内在蕴意,需要消耗一定的时间和精力去把握阅读内容,是一种较为慢节奏的阅读形式。在全媒体时代,微阅读盛行。所谓微阅读,主要指一种以短消息和短文体为主的阅读方式,这些文章的主要形式为搜索式、标题式等,主要特点表现为通过对这些主题的把握,在最短的时间内阅读大量的内容,追求"效益最大化",这在一定程度上也符合快节奏的时代特征。现实生活中,人们经常在手机、电脑上通过 QQ、微信、微博等阅读这些小文章,它们有些是针对社会现象的,还有一些是搞笑类的,都是较为通俗化的内容。在全媒体时代,智能手机、笔记本电脑、iPad等电子产品更新换代频繁,各种阅读软件层出不穷,人们通过手机、电脑等进行的这种微阅读往往是快节奏的,可渗透进生活中的碎片时间,有别于传统的阅读方式。

### (三)阅读形式丰富多样

不可否认,在生活节奏加快的今天,强大的网络搜索引擎和丰富的信息资源,给读者阅读带来了更加多样化、个性化的选择。中国新闻出版研究院发布的第 13 次全国国民阅读调查报告显示,2015 年我国国民图书阅读率为 58.4%,数字化阅读方式的接触率为 64.0%,同比上升了 5.9 个百分点。数字阅读更是首次明显超过纸质阅读,成年国民网络在线阅读率、手机阅读率、电子阅读器阅读率都呈增长态势。数字阅读、移动阅读、社交阅读成为未来的发展趋势。

### (四)手机、平板电脑等成为阅读的主要载体

在全媒体时代,手机等信息化通信工具成为主要阅读载体,在大街上、学校里、商场里,几乎人手一部手机或者平板电脑,阅读大多通过这些信息化通信工具进行,主要形式就是电子书,阅读纸质书已经较少见了。随着科技的不断发展,人们的阅读方式已经有了很大的不同,从深阅读到浅阅读,从书本阅读到数字阅读,从熟读到遍览,读书的习惯和方式都

发生了很大的变化。在这种情况下,各阅读推广主体尤其是图书馆必须结合时代发展的趋势,适应学生的需要,深入体验数字化的生产方式,不断完善服务本领,在社会生活中不断发挥自己独特的作用。

## 二、全媒体带来的机遇与挑战

全媒体时代的到来,使社会上纸质阅读与电子阅读、物理阅读与网络阅读、定点阅读与移动阅读、碎片阅读与集中阅读、文字阅读与视听阅读、个体阅读与群体阅读、线性阅读与互动阅读、大众阅读与经典阅读、本土阅读与国际阅读等多种方式融合共存、交叉汇聚。这对出版业、图书馆界、数据公司、作者和读者都产生了重大影响,对图书馆的影响尤甚。图书馆正面临严峻的考验,其功能逐步被削弱,阅读服务受到影响,如何实现可持续发展成了一个非常重要的问题。

### (一)削弱了图书馆的阅读服务

在当前全媒体的环境下,大众媒体信息资源丰富,读者获取信息方便、快捷。广播、电视、网络,特别是移动图书馆的产生,使手机阅读成为一种阅读时尚,读者不用来图书馆就可以满足自己的需要,而且现代媒体更能吸引读者,生动、有趣、信息表达的多样性,可以给读者带来很好的听觉、视觉体验,改变了读者的阅读习惯,激发了读者的阅读热情。传统图书馆与此相比,显得有点单一和枯燥。目前,人们在学习和生活中遇到问题时,图书馆不再是首选,因而图书馆的阅读服务显得难以把握。如果读者不选择图书馆,那么图书馆的阅读服务很难开展。

### (二)加深了阅读服务的难度

全媒体时代信息资源的传播具有多样性,这集中在一个"全"字上。所有的有线广播、数字电视、互联网融合在一起,实现了对受众的全面覆盖,产生了最佳的传播效果,读者可以随心所欲地使用互联网或者移动图书馆,网络上的相关知识只需要在手机上下载客户端就可以参与学习,也可以在终端上通过有线或者无线访问学习。这些对图书馆服务的提供方式产生了重大的影响和冲击。在现有条件下,大多数图书馆在传统服务的基础上稍有进步,目前覆盖有线或无线网的移动图书馆还不太成熟;阅读服务方式还比较肤浅,特别是在与读者互动方面,有部分图书馆在主页上采取了在线服务模式,这些还远远不能满足读者的互动需求。

### (三)阅读服务难以开展

在全媒体时代,读者阅读目的的变化使图书馆难以开展阅读服务。传统图书馆的读者到馆阅读的目的性比较明确,即提高文学修养或者是学习各方面的专业知识,而现在网络技术的发展,使网络阅读的性质朝着享乐化和实用化的方向发展,许多图书馆开始配设电子阅览室。来电子阅览室的人大部分在聊天、看电影,只有少部分读者利用电子图书资源进行学习,这导致图书馆阅读服务很难开展。对于这种情况,只能引导而且必须适度,否则上座率就会降低,这是目前电子阅览室遇到的一个难题。

### 三、全媒体时代阅读推广探索

在全媒体时代,阅读资源丰富、阅读开放便捷、阅读互动性高等优势不可忽视,图书馆置身于全媒体的环境下,要充分利用其优势,立足当前,瞻顾长远,把握全媒体阅读的特点,科学地开展阅读推广工作。

#### (一)汇聚力量,成立机构

对全民阅读活动进行推广离不开政府部门的有效保障,同时还需要社会组织与民间力量的大力帮助,作为纸质书籍供应者的出版社、书店、传媒企业、图书馆也需要充分地调动自身的资源来有效推动全民阅读活动的开展。这就使得图书馆作为阅读活动的中坚力量,必须发挥阅读推广活动的主体优势,承担起基本职责和义务,联合地方文化部门与社会力量来推动全民阅读的开展,进而为自身的发展创造良好的环境。

为了更好地开展全民阅读活动,积极发挥其应有的优势作用,图书馆需要建立多方参与的阅读推广组织机构。阅读推广活动本身就要求图书馆最大限度地面向读者挖掘自身的馆藏资源。在这一过程中,它需要发挥主导作用。然而,要把阅读推广活动上升到一个更高的层级,做好顶层设计,有必要成立专门的阅读推广组织机构,统一协调各方的力量,以整体提升全媒体时代的阅读推广工作。这样一来涉及的面就会很广,包括推广活动前期的策划,推广过程中人、财、物方面的调配,以及推广活动后期的维护等。通过阅读推广组织机构的统一组织和指导,整合资源,优势互补,各司其职,发挥所长,就会形成阅读推广的合力,使阅读推广活动取得更大的效果。

#### (二)打造平台,满足需求

在数字阅读高速发展的今天,阅读活动的开展呈现出前所未有的趋势,人们越来越依赖更为便捷的网络阅读,这样的阅读活动也对人们的生活方式产生了巨大影响。因此,在新技术与新媒介不断发展的今天,图书馆也需要根据自身的实际情况来优化服务活动,把这样的发展需求作为活动开展的推动力,进而完成对多元化阅读平台的构建,使读者的阅读需求得到更好满足。

"酒香也怕巷子深",新时代是新媒体时代,也是"互联网+"的时代,图书馆不能固守传统的收藏借阅模式,自身的服务内容和服务方式也应该适应新时代的发展趋势而有所转变,否则自身的馆藏资源将得不到有效开发和利用。图书馆要积极利用网络信息平台与读者密切联系,加强沟通与交流,从而达到阅读推广的目的。

**1. 使用微博、微信、博客等网络社交平台,推送阅读信息**

随着信息技术的不断发展,人们的日常阅读活动也与移动客户端产生了紧密的联系。因此,高校图书馆需要根据这样的需求,借助微博、微信等形式,开展新书推介、好书导读、专题资源推送等活动,来实现对阅读内容的快速传递。图书馆也可以建立自己的博客平台,针对阅读活动的开展设置专门的阅读内容推荐,并对所推荐书籍的内容进行补充与完善,从而推动读书活动的全面开展。

**2. 开通、使用手机图书馆,建立与发展移动数字图书馆**

一般情况下,移动数字图书馆指的是借助无线移动网与互联网技术,让读者能够使用不同的移动客户端来获取阅读信息的网上图书馆。这些信息是由图书馆本身的资源整合而来的,读者在这样的平台上可以第一时间掌握所需信息。同时,手机图书馆建立与完善后,读者可以随时随地地享用移动数字图书馆带来的便捷体验。手机图书馆可为读者提供馆藏书目的查询、预约、续借,数据库的文献检索、下载,订阅和个人书签等服务,激发读者的使用兴趣,帮助读者培养良好的阅读习惯。

**3. 完善图书馆网站建设**

图书馆网站要定期更新,可上传新书榜单、读者书评等信息。同时,版面设计要体现图书馆的馆藏特色,要方便读者查找需求。图书馆网站要秉持在网络信息资源的配置上注重以读者需求为上的服务理念。

**4. 开展电子书阅读**

电子书具有海量存储、阅读方便的特点,有利于图书馆数字阅读服务的推广,拓展了图书馆数字阅读服务的途径。图书馆可以引进电子书借阅机,读者在手机上安装电子书客户端后,只要在电子书借阅机上扫描所选图书的二维码,就可以在几秒钟内将书下载到手机上,而且书下载后可以离线阅读,占用的空间也特别小。

**(三)加强宣传,广为知晓**

全媒体时代的阅读推广,要注意加强宣传工作,拓宽宣传渠道,提高阅读推广的知晓度。阅读推广不但要注重实体宣传,还要注重网络宣传。在实体宣传方面,可利用广播电台、校报、宣传栏、微视频等有形媒介,如图书馆自身的宣传方式有图书推介、书展、图书漂流、主题展览、图书捐赠等活动,也有一些组织机构通过承办与图书馆主题有关的活动而进行宣传。此外,还可利用图书馆的网站、网页、校园网、微信、微博等平台加强网络宣传,使推广规模化、效应化,实现融合推广。

**(四)阅读习惯,着力培养**

过去,图书馆主要通过单向推广的方式开展阅读推广活动,由于图书馆的能力、范围均有限,并且读者大多被动地接受图书馆的各种推广信息,因此读者的参与度不高,活动宣传效果不佳。随着全媒体技术的应用,图书馆的阅读推广活动不再单调。读者的参与度较过去有了明显提高,图书馆方面也能够更准确地掌握读者的相关信息,包括阅读习惯、阅读兴趣等。图书馆通过运用全媒体的思维方式,丰富阅读推广的相关内容;同时,结合全媒体的多种新颖创意及策划,吸引广大读者积极参与。图书馆应充分利用全媒体平台,研究并掌握读者的阅读习惯和兴趣,加大对读者阅读习惯的培养力度。综合不同读者的个人爱好,提供具有针对性的服务。图书馆应利用全媒体的思维,评价其阅读推广活动的有效性,吸取经验教训,力争做到服务越来越完善。

# 第四节 公共图书馆阅读推广经典案例

## 一、美国 YALSA"青少年阅读周"

美国青少年图书馆服务协会(Young Adult Library Services Association, YALSA)是美国图书馆协会(ALA)下属的发展最迅速、最活跃的一个分支机构。YALSA 是专门针对青少年(12~18 岁)的专业图书馆服务机构,以扩大和增强图书馆青少年服务为使命。"青少年阅读周"是 YALSA 为推动图书馆青少年服务,促进青少年阅读发起的全国性项目,自发起之日就在全美产生了一定影响,现已成为美国图书馆青少年阅读活动的一个品牌。

### (一)"青少年阅读周"的基本情况

"青少年阅读周"(Teen Read Week, TRW)是 YALSA 于 1998 年发起的全国性的阅读活动,主要面向的群体是青少年、他们的父母、图书馆员、教育者、书商还有其他相关的群体。其目的就是促进青少年的阅读,让他们在阅读中体会到快乐。图书馆作为主要的阵地,为他们提供各种形式的免费阅读资料。TRW 于每年 10 月的第 3 个星期举行,为期一周,在图书馆中集中开展各种阅读活动,为青少年提供一个阅读的盛会。

### (二)"青少年阅读周"发起背景

TRW 发起的原因主要是现代的青少年有越来越多的选择方式来度过他们的休闲时光,图书馆作为服务青少年的一大阵地,如何争取青少年的课余时光,让他们将时间更多地花在阅读上,成为图书馆的一个重要任务。因为各项研究表明,喜欢阅读并以阅读为乐趣的青少年能够获取更好的成绩,在日后的工作中也更有可能取得成功。相对于其他的休闲方式,阅读是自由的、有趣的、低成本的、随处都可以进行的一项活动。TRW 就是在这样的背景下发起的,集中一周的时间由图书馆发起各种阅读活动,吸引青少年到图书馆,让阅读成为他们休闲放松的一种主要形式。TRW 既给图书馆提供了一次吸引青少年到馆的机会,同时也为图书馆敲响了警钟,让它们意识到青少年服务的重要性。

## (三)"青少年阅读周"的活动主题

TRW 的总主题是"为快乐阅读",每年还会根据阅读的内容确定一个分主题,体现阅读活动内容的特点和侧重。2005 年的分主题是"在你的图书馆里变得真实";2006 年为"在你的图书馆里动起来";2007 年为"在你的图书馆里大声笑";2008 年为"图书馆中咬人的书";2009 年为"超现实的阅读";2010 年为"有节拍的书";2011 年为"为图书插图";2012 年为"它来自图书馆";……

TRW 的分主题是由青少年自己决定,每年 YALSA 会给出几个主题供青少年们选择。2013 年在青少年文学日和国家图书馆周即将到来之际,YALSA 公布几个候选主题供青少年在线评选,最终"在图书馆发现你不知道的"以最高票数获胜。

## (四)"青少年阅读周"的"青少年十佳"活动

"青少年十佳"(Teens'Top Ten,TTT)是 TRW 期间最受青少年关注的一件大事。所谓十佳,即青少年选择的书单,它是由青少年通过在线评选产生的前一年度最受这一群体欢迎的十本图书的清单,在 TRW 期间进行公布。先由青少年读者选出的 30 家青少年图书出版社提供近期出版的图书样刊,再由青少年图书讨论组从出版社提交的图书样刊中确定提名图书的名单,最后通过青少年选举产生 TTT 的图书名单。

每年的青少年文学日之际(4 月中旬),YALSA 将在网站上公布获得提名的图书名单,由 12~18 岁的青少年利用暑假的时间(4~8 月)阅读,然后选出自己最喜爱的图书,票数前十的图书构成了 TTT 的图书名单,在 TRW 期间揭示。

## (五)YALSA"青少年科技周"中的多元合作

TRW 活动由 YALSA 倡议,ALA 的发展办公室(ALA's Development Office)联合发起,赞助商协办,在全国上千家公共图书馆和学校图书馆中举行,活动的开展融合了多方的合作和支持。

### 1. 机构之间的合作

图书馆是 TRW 举办的主要阵地,其他与青少年相关的阅读、教育和服务机构也积极加入。图书馆之间、图书馆与阅读机构之间、图书馆与新闻媒体之间、图书馆与企业、非营利机构之间展开了广泛的合作。

(1)公共图书馆和学校图书馆之间的合作

公共图书馆和学校图书馆是服务于青少年的两类重要的机构,它们不仅是 TRW 活动举办的场所,也是活动的积极推动者和参与者。两者肩负着同样的使命,那就是让青少年作为一个独立的学习者获取各种丰富的信息,自由地表达信息,增强自身的信息素养。同样的使命感让这两类机构走在了一起,紧密配合。通常围绕着 TRW 的活动主题,公共图书馆和学校图书馆配合开展活动。

除此之外，TRW 还促进了地区间公共图书馆系统之间的合作，弗吉尼亚州的里士满就和它邻近的 Chesterfield 图书馆系统、Henrico 公共图书馆系统密切合作，联合举办了一系列活动。第一个活动是与本地的 FOX35 电视台一起，从三个区内选出了 7 名青少年，让他们相互讨论图书和阅读的话题，对他们的谈话进行录音，在电台和电视上播放；第二个活动是竞猜 Widespread Panic's Generous 乐队最喜爱的图书，前 5 名答对者将获得 Widespread Panic's Generous 乐队的演唱会门票；第三个活动是在当地的青少年广播电台 Q94 上举行 TRW 的脱口秀节目。上述活动取得了非常好的效果，为三个地区今后的合作开创了良好局面。

（2）图书馆与阅读机构、出版机构之间的合作

TRW 是以青少年阅读为主要内容的活动，因此少不了阅读和出版机构的参与。Readergirlz 就是其中的一个，这个成立于 2007 年 3 月的非营利志愿者机构，主要任务就是提升青少年的读写和认知能力，并提供相应服务。Readergirlz 最初是由青少年作家 Dia Calhoun、Janet Lee Carey、Justina Chen 和 Lorie Ann Grover 发起建立的，目前已经是拥有了 10,000 名会员的在线图书社区。他们每年在 YALSA 的 TRW 和青少年文学日期间举办两个专门的素养培训项目，并由知名青少年作家主持。国际阅读协会（International Reading Association，IRA）也是 TRW 的合作伙伴，IRA 成立于 1955 年，是鼓励和促进个人与机构阅读，进行阅读指导、发布有关阅读的信息和研究成果、鼓励终身阅读习惯培养的非营利性的全球组织。IRA 与 TRW 一起共同促进阅读的发展，是 TRW 的非营利的支持者。

TRW 是关于阅读的盛会，阅读就离不了图书，因此图书馆也经常寻求出版社的支持与合作。TRW 期间的一个重要活动就是"青少年十佳"（TTT）的评选，所评选出的图书均由儿童和青少年出版社免费提供和赞助，2013 年共有 30 多家出版社加入进来。TTT 的评选是开放的，YALSA 鼓励出版社参加，凡是对此感兴趣的出版社都可以报名参加。

很多出版社都积极参与 TRW 中，2007 年 Mirrostone 出版社成为 TRW 的支持者。Mirrostone 出版社以出版科幻小说著称，它的目标就是让那些不喜欢读书的孩子成为终身读者，这点与 TRW 的使命不谋而合，为激励孩子的愉快阅读而努力。Mirrostone 出版社加入到 TRW，为其提供了多项支持，包括图书馆员的培训、YALSA 会员的发展、活动的组织。通过 TRW 网站申请成为 YALSA 的会员，前 50 名将获得由 Mirrostone 出版社提供的科幻小说读本。出版社的加入使得 TRW 活动内容更加丰富、更加精彩。

（3）图书馆与新闻媒体之间的合作

TRW 要达到预期的效果，吸引更多的青少年来参与，就需要加大宣传力度，因此在举办期间，各个图书馆都紧密与当地的新闻媒体进行合作，利用报纸、电台、广播台等手段扩大影响范围，对活动内容进行预告，通过发放宣传单的形式到学校宣传推广。此外，还鼓励各个图书馆对自己的活动进行报道，以简报或通信的方式及时公布。为了增加馆员、读者及关心青少年阅读的单位和个体的交流与分享，TRW 还开设了 TRWwiki、博客、Facebook、Twitter，很多活动创意都来自这些社交网络和工具。

（4）图书馆与商业机构、非营利机构的合作

TRW 是青少年的盛会，商业机构当然不会错过这个商机。活动期间需要有茶点和餐饮提供，因此餐饮行业如赛百味（Subway）就积极加入了进来，免费为青少年提供汉堡、火腿等食品。活动期间也有各种奖品的设置，百思买、亚马逊等企业抓住了机会，为青少年提供各种面值不等的礼品券，扩大宣传自己的产品，树立良好公众形象；苹果公司也积极为活动提供相应的技术产品和设施设备等。

支持 TRW 的非营利性组织更多，有美国学校行政人员协会（American Association of School Administrators，AASA）、美国书商协会（American Booksellers Association，ABA）、教室电缆（Cable in the Classroom，CIC）、儿童网站（Kids Net）、儿童护理（Kids Care）、中学校长国家协会（National Association of Secondary School Principals，NASSP）、全国英语教师委员会（National Council of Teachers of English，NCTE）、聪明女孩网站（SmartGirl.org）、全国教育协会（Na-tional Education Association，NEA）、美国公共广播公司（PBS）、新闻自由团体（Speak Up Press）、国际阅读协会（International Reading Association，IRA）等。

**2. 人员之间的合作**

机构之间的合作具体而言就是人与人之间的合作。在青少年阅读活动中，馆员、家长、教师、儿童和青少年作家都扮演着重要的角色，需要充分发挥这些个体之间的合作，尤其是重视青少年在整个活动开展中的重要作用。

（1）馆员和馆员的合作

公共图书馆和学校图书馆是开展 TRW 的两大阵地，因此两个机构的人员之间也应该密切配合。在美国，学校图书馆员又被称为学校图书馆媒体专家（School Library Media Specialist，SLMS），辅助教师开展信息素养教育，他们的目的是促进和提升孩子们的读写能力，而公共图书馆馆员的主要任务是培养青少年的阅读兴趣，他们的侧重有所不同，但目标一致，都希望孩子们能够多阅读，提升自己的综合素质，丰富自己的业余生活。

（2）馆员和教师的合作

TRW 要办得好，尤其是学校图书馆 TRW 的举办，教师是必不可少的重要角色，积极与教师合作，不仅能够使 TRW 活动效果更好，而且可以事半功倍。TRW 要办得好最简单的方法就是充分与教师合作，最好在新学期之初就告诉教师 TRW 的开始时间和活动内容，让教师将 TRW 安排在自己的时间表上。平时建立与教师的联系，询问他们 TRW 如何才能更好地适应课程和他们的计划，加强交流和沟通。实践证明，将 TRW 活动与课程联系起来是馆员和教师合作的最佳途径。

（3）馆员和青少年的合作

TRW 活动主题的评选、"青少年十佳"图书书单的产生都是青少年在线投票评选出来的，充分代表了青少年的意愿，反映了他们自己的兴趣和爱好，青少年的积极参与很好地提升了活动的效果。很多馆员都表示要积极吸纳青少年加入活动的组织和策划中，北卡罗来纳州夏洛特村的中学教师 Megan Fink 说他们开展的 TRW 活动的创意就是来自八年级的一

个学生。活动的内容是电影台词竞猜,给出一段经典的电影台词,让青少年们猜来自哪部电影,孩子们非常喜爱这个活动。

青少年的阅读行为极易受到同龄人的影响,Wendelin 和 Zinck 1983 年的调查表明,69%的五年级学生反映他们更愿意接受同伴的阅读建议而不是老师。基于此,TRW 应该重视同龄人阅读的影响力和感染力。俄亥俄州一所高中 TRW 活动的内容就是让孩子们提交一份自己最喜欢的图书名字并用 50 个字来描述一下他推荐的图书,让孩子知道自己的同龄人都在阅读什么图书,这种方式证明比其他的阅读推荐更有效果。重视青少年并加大青少年的参与力度,这是 TRW 取得成功的一个关键因素。

(4)馆员和作家的合作

阅读活动的开展离不开高质量的图书,而受青少年欢迎的高质量图书又离不开作家的创作,因此,图书馆员在 TRW 活动开展过程中不可避免地要与青少年作家发生联系。积极吸纳青少年作家的加入,密切与作家之间的合作就成为馆员需要提前做好的准备。Pinellas County 的公共图书馆和学校图书馆与青少年作家合作已经有 7 年的时间了,每年的 TRW 都会请一名青少年作家来参与。2010 年邀请的是青少年作家 Sherri L. Smith,她的作品《飞行女神》(Flygirl)(2009 年出版)获得了多个奖项,其中包括 ALA 青少年最佳图书奖,该书还成为 2009 年 4 月《书目》杂志的封面,在青少年中具有广泛影响。2010 年 10 月举办的 TRW 期间,Smith 与青少年一起讨论了她的这部小说。

## 二、丹麦公共图书馆"在图书馆的家庭乐趣"少儿服务项目

丹麦公共图书馆开展了未来发展的系列规划设计,特别关注了一类特殊用户群体——少儿对公共图书馆的利用,即未来少年儿童图书馆服务设计。在丹麦,公共图书馆是最大的文化机构,三个丹麦人中便有两个是公共图书馆的读者。

在丹麦,有 80%的孩子利用少年儿童图书馆资源。孩子们经常在家长陪同下到图书馆,很多成人来图书馆的目的也是代替孩子借还书刊。少年儿童图书馆产生自公共图书馆,从布局到功能都带有传统成人图书馆的特点,如借阅资料和阅读图书的功能,顺应少儿天性的趣味功能被置于附属地位。在数字资源增长快速的背景下,如何借助数字技术的发展,增强少年儿童图书馆的吸引力,成为需要重点突破的课题。开发出安置在图书馆实体空间的、能带给少儿及成人健康有趣的游戏体验的、体现新的网络服务理念的技术设施和活动项目,增加孩子们对参加公共图书馆娱乐和学习活动的好奇心,成为未来少年儿童图书馆服务设计的初步设想。

(一)情况介绍

带孩子(尤其是 12 岁以下)到图书馆来的家长已将图书馆定义为"阅读"与"玩乐"并重的地方。"带孩子到这里来玩"是很多家长来图书馆的目的。这一方面说明现代公共图书馆休闲娱乐功能已受到市民认可,在玩的同时,也能读书;另一方面,儿童正在使安静、庄

重的传统图书馆形象变得生动、活跃。很多公共图书馆为少儿建立独立的服务区域,这是一种开放的趋势,预示着少年儿童图书馆顺应儿童天性的工作方式被社会认同。

鉴于现代游戏文化理念的变化、游戏与媒体及空间的密切联系,丹麦公共图书馆开展了针对家庭在公共图书馆范围内活动的调查和研究,寻找吸引家长和孩子在公共图书馆共享乐趣的方法。

"互联网地板(iFloor)"研究项目历时一年,其理想是在未来的图书馆创造出具有审美价值和具有吸引力的实体环境和空间。与基于纯网络服务的图书馆 2.0 服务方式比较,"互联网地板"是利用图书馆社交功能和实体环境的技术项目,是一种交互式的问答地板,任何用户都可以走上地板开展活动而不用任何设备和提前培训。为达到便于交互的目的,在地板表面采用视频跟踪技术,问题和答案通过短信和电子邮件发送,并且显示在地板上。多个合作进行活动的人利用扩展信息的数字光标移动,在地板上轻松定位。

"故事冲浪者"(Story Surfer)是为孩子们设计制造的、多用户交互的大型图书浏览设备。它由一块存有丰富图书关键词的地板和可以展示被选择图书多种书目数据记录的桌子组成。其目标是图书馆提供空间,将鼓励孩子们身体活动与利用图书馆基本的数字和信息服务,如借还图书、查询信息和获取媒体资源的活动相结合。可以起到顺应少儿活泼好动的天性,增强实体图书馆吸引力的作用。

"开放式听筒"(LibPhone)能注解带有数字录音的图书资料。通过把"开放式听筒"放在书上的 RFID 标签上,孩子们可以增添口头的图书评论;还可以听到被录下的其他人的图书评论。

Ramas jang 是一个由丹麦广播公司提供的全天候播出的儿童电视频道和网站,实现了传统媒体与传统图书馆的崭新结合。2010 年,Ramas jang 频道在丹麦的奥尔堡少年儿童图书馆录制了半小时的实况节目;从 2011 年开始,一辆 Ramas jang 大巴车参观全丹麦的公共图书馆,用以实况展播全国少年儿童图书馆的信息。Rama sjang 实况转播每天吸引大量观众,他们既聚集到实体图书馆参加节目,又在电视上观看节目。传统媒体在数字化的媒介融合时代成为联系传统图书馆与其观众之间的重要纽带。

"杂物间"(The Lumber Room)是特意为家庭在公共图书馆获得乐趣而设计的一个项目。"杂物间"是一间 30 米×2 米的储物间或阁楼,里面摆放着 20 世纪七八十年代的老式庭院用椅、衣服、杂物、水彩画、图书、各种棋类、幻灯片和一台老式计算机。孩子和成人可以触摸并使用各种物品,可以围绕不同物品展开有趣的谈话,从中他们理解到两代人都有着值得纪念和辨识的事物。它不是展览室,而是活动室,能激起孩子和成人游戏并对话的乐趣。"互动寻宝"(The Interactive Treasure Hunt)是一个建立在当地历史和音乐基础上的结构化游戏,通过交互媒体和物理道具表达。这个游戏既可以在实体图书馆内开展,也可以在实体图书馆外举办。探宝游戏建立在身体运动、竞争和对冒险、探险的渴望的基础上。

"飞碟世界"(The UFO Scope)是一个装在轮子上的形状类似飞碟的轮胎电视,是为唤醒好奇心和参与热情而设计的互动装置。用户可以推着它在实体图书馆浏览。它的底部装有包括视频、音频、文本等数字资源的数据库,通过"飞碟世界"上的屏幕显示内容指导查询图书,旨在激发家庭在陌生地方一起探索的兴趣。

"音乐时间机器"(The Music Time Machine)是一台系统化的小型智力机器,能播放当代、古代和经典的音乐。孩子和成人可以同时收听并回答问题,一起完成音乐方面的测试。

"海盗世界"(The Pirate World)不仅将图书馆的少儿阅览室装饰成海盗世界的背景,而且收藏多个时代的海盗资源,包括各种互动用具、戏剧、电影和图书资源。孩子和家长可以借阅扮演海盗的材料以便于在家中也可以开展这种游戏。

### (二)丹麦少年儿童图书馆服务设计的启迪

丹麦公共图书馆所做的尝试和项目展现出了作为信息传播者和内容提供者的图书馆员职业角色因更多的技术使用而指向新的方向,尤其在少儿服务领域。

**1. 图书馆空间的变化**

当图书馆收藏被更多地数字化,很多基于网络的服务正越来越多地成为图书馆的工作内容和方式。网络虽然为人们的交流与分享提供了方便,但人们仍然需要一个可以面对面聚会与合作的地方。现代的少年儿童图书馆应该为孩子们提供一个实体和虚拟同时存在的空间,提供和支持数字的和实体的玩具和资料。少年儿童图书馆应该提供一个吸引人的、有趣味的环境,应切合儿童的天性,将游戏设计和玩具使用与图书馆的意义、服务和传统相结合,激发孩子们探索求知。例如,"故事冲浪者"的功能是指导用户探索图书馆藏书,该装置的吸引力在于它能引发社会交互的行为,增进和唤醒用户在搜索图书时的互动;"飞碟世界"设计的目的是引发对图书馆实体空间和不同类型资源的好奇,它的吸引力在于不同年龄的人们可以通过互动的形式合作探索未知;"开放式听筒"和"互联网地板"的原理都是用户创作的信息来自图书馆内的信息流,包括某专业的资源、实体图书、书目信息、读者提问,通过"开放式听筒"和"互联网地板"展示给用户,用户以公开的、方便的方式获取并可以进行注解、提问和评论,这些注解、提问和评论又会同时显示在"开放式听筒"和"互联网地板"上。

孩子们的身体运动需要一定的场所,包括空间和设施。从社会学的角度讲,空间可能是物理的或者是数字的,当它被赋予和融入意义、记忆和情感时才成为场所。当设计为儿童服务的未来图书馆时,应该尊重地方的特性。公共图书馆植根于社会,代表着共享的社会文化含义和实践。这些含义和实践以及存在着的实体结构都是未来公共图书馆设计的资源。同时在公共图书馆内,拥有不同背景、不同目的的用户可以相互交流,他们的自然行为构成了有益的图书馆实践活动。实现公共图书馆作为一个实体聚会场所的功能可以促进跨文化的联系和交流,来自不同地区的人们无差别地相处、互动,媒体也介入宣传,如丹麦的国家少儿电视频道 Ramasjang 在图书馆实时报道,尝试了一种新的有趣的报道方式。建立在合作互动基础上的案例,如"互动寻宝""互联网地板""故事冲浪者""飞碟世界"都是为了引发社会交互,展示图书馆在这个领域所做的创新性的尝试。

**2. 图书馆系统设计原则**

首先,在坚持和开发图书馆的基础功能之上,将给读者带去好玩的图书馆体验与图书馆传统功能相结合而设计的科技产品。如,查找图书是图书馆的基本功能,其工具从过去的台式电脑界面发展成一个空间装置,实现了新的合作方式,就像"故事冲浪者"展示的功能;如"音乐时间机器",不仅可存储和播放怀旧音乐作品,而且其本身还成为图书馆音乐资源的一部分;在"海盗世界"中用户参与海盗戏剧表演的实践丰富了图书馆内有关海盗的资源;"飞碟世界"可以使少儿推着表面是彩色火星状显示屏的飞碟状轮胎,在实体图书馆内浏览,了解音频、视频、图片、文本等不同的媒体资源。

其次,用户通过游戏、比赛、探索、创建和参与等形式,使用科技装置所达到的效果要与图书馆的社会功能相联系。种种参与探寻方式不单纯是为了获取信息,还在于将用户对公共图书馆信息的探索设计转化为信息对话的设计,以鼓励用户投入并进一步提高社会交互。如在"海盗世界"中激起其他用户参与的行为和热情;在"故事冲浪者"中与其他用户合作寻找图书;在"音乐时间机器"中合作完成对音乐的追忆;或通过"开放式听筒",边谈论图书,边根据提示在图书馆走动寻找图书来激发其他用户的好奇心等。这些科技设备都暗含着用户参与和贡献的理念。

再次,利用社会学、心理学原理设计家庭共同参与的游戏项目。怀旧是人类正常的一种反应和一种社会学现象,既带有浓烈的个人特征,又具有社会的普遍意义。怀旧能有力地提高吸引力,使家长主动带领孩子参加他们儿时做过的或知道怎么做的活动中。如,在"音乐时间机器"中,怀旧使得成年人,包括老人,带着儿孙一起来听属于他们那个时代的音乐,并讲述过去的记忆;在"飞碟世界"中,怀旧成为选择材料的因素,当一首现代音乐响起或一张老式汽车图片出现,家长就会微笑着给孩子们解释介绍过去的事情;在"海盗世界"中,怀旧与道具相联系,在以海盗为主题的世界中,不同年龄的人相互交流、一起扮演海盗游戏,乐在其中。

现代奥运之父顾拜旦说:"生命中最重要的,不是取得胜利,而是奋斗的过程;而最关键的,不是征服,而是奋力拼搏。"近来一些研究更认为,生命中重要的不仅是"奋力拼搏",而且还有"乐在其中"。公共图书馆是社会的一个独特机构,没有以获利为目的的商业行为,也没有以教学为目的的强制行为,图书馆的活动和资源对任何人都是免费的、开放的,以科技为依托,将游戏文化与图书馆的人文精神相结合的环境布局会带给用户轻松、愉快的体验,使大家乐在其中。如,在"飞碟世界"中,比赛虽然不是互动的一部分,但当几个孩子或家庭暗中较量谁能更快发现所有信息时,比赛就自然而然地开始了,乐在其中并伴随着强烈的好胜心。

# 第六章　新时期公共图书馆智慧服务创新

## 第一节　智慧图书馆概述

### 一、智慧图书馆概念、功能与特征

#### (一)智慧图书馆的概念

作为图书馆发展的新形态,智慧图书馆不同于其他形态的图书馆,具备崭新的服务理念,并兼具创新发展、可持续发展等特点。它是在移动通信技术、物联网、云计算、数据挖掘等技术广泛应用的环境下,数字图书馆的新形态、复合图书馆的升级;是仅仅局限于物理基础设施的建设,而且以全媒体资源为核心,以提供智慧化用户服务为目标,利用新一代网络技术、信息技术,兼顾智慧馆员队伍建设,最终实现海量资源共知共享的一种图书馆形态。

#### (二)智慧图书馆的功能特点

智慧图书馆实现的主要功能有:全方位的资源管理,智能定位及安全防护,智慧化的个性服务。核心特点可以总结为四点:全面立体的感知、广泛的互联互通、高效能的协同管理、人性化的服务。图书馆未来建设只有具备这些特点,才能更好地顺应时代的发展,满足未来的需求。

##### 1. 全面立体的感知

通过对互联网的数字编码感知,主动感知对象,并对其进行知识描述,把某一领域信息的单种文献与读者、馆员等信息个体互联,拒绝信息的碎片化,智能互联前台的读者与后台的馆员。智慧图书馆还能把实际工作虚拟化,如通过情景感知,推送用户感兴趣的资料;通过传感设备,三维立体显示地图指引、自助借还等,以期实现全社会的感知。

##### 2. 广泛的互联互通

在智慧图书馆环境下,因为多种网络渠道、通信工具的使用,信息是泛在的、立体互联的,可以是图书馆与人的互联,如座位信息管理系统;也可以是人与人的互联、书与书的互联。智慧图书馆的对象利用物联网,在感知层中自动组网,汇聚和转换各种数据,识别不同领域。跨部门和跨行业,甚至跨区域、跨国界,最终实现泛在的深度互联。泛在图书馆环境下,面对泛在的网络环境,以移动性支持为核心,时时处处存在的泛在服务和互联互通便应运而生。

**3. 高效能的协同管理**

图书馆的管理对象主要是馆内文献资源和用户,因此,智慧化的管理可表现为:一是借阅和打印、扫描馆藏资源,以及图书逾期款的支付、座位预约等,还包括对图书馆建筑中的灯光、温度、湿度、电梯、门和安保摄像头等的日常维护和管理;二是对用户的管理,包括用户个人借阅信息的智能化分析、用户行为的跟踪等,目的是为其提供深层次的个性化服务。智慧图书馆广泛、立体的感知和互联,不仅使馆内实现物物相连、物人相连,更主要的是,为图书馆提供深层次的智慧管理和服务提供了帮助。而且,高效的智慧管理是智慧图书馆的主要特征之一。例如,日本某图书馆通过馆内安装的温控传感器,可以实现馆内温度的智能化控制,不仅为用户提供了舒适的阅读环境,更可节约将近 28.9% 的电量。

**4. 人性化的服务**

相对于数字图书馆,智慧图书馆融入了更多技术,但仍要坚持"以人为本"的理念,其功能特点的实现仍以提供人性化的服务为目标。不同于以往的图书馆,智慧图书馆能够主动感知用户需求,为其提供个性化的智慧服务;同时,智能化的馆舍,从温度、亮度、湿度等方面,通过严格而精准的调控,为读者创造一个舒适的环境。更有一些馆内自助设备、通借通还以及 3D 导航等服务模式,将图书馆人性化的服务理念体现得淋漓尽致。人性化服务,不仅是智慧图书馆的一大特点,更是图书馆未来发展建设的终极目标。

**(三)智慧图书馆的特征研究**

**1. 智慧图书馆的外在特征**

(1)数字化是智慧图书馆的技术前提

未来公共图书馆纸质资源会越来越少,数字资源将逐渐成为主要的知识资源载体,以数字资源为基础的虚拟图书馆将逐渐从专家的预测和局部的现象发展成为整体的图书馆服务与管理的主要表现形态。21 世纪的第 1 个 10 年,全球电子书的销量开始逐渐超过纸质图书,这是图书馆数字化发展的重要信息。1997 年,中国开始了数字图书馆试验工作;2001 年,国务院批准国家数字图书馆工程立项,先后投入了巨额资金,用于建设世界上最大的中文数字信息保存基地,构建支持数字资源采集、加工、保存、服务的技术支撑平台,通过国家骨干通信网向全球提供高质量的以中文数字信息为主的服务,建设世界上最大的中文数字信息服务基地,构建以国家图书馆为服务中心、以中国各大图书馆为服务节点的数字资源传递和服务体系。2019 年,我国各省市级图书馆数字资源建设总量超过 1.55 万 TB。目前,数字图书馆推广工程虚拟网的建设快速发展,覆盖全国的数字图书馆网络已全面联通。以国家图书馆为核心,以省级数字图书馆为主要节点,覆盖全国公共图书馆的数字图书馆虚拟网已经基本建成。数字图书馆的发展将不断夯实书书相连的智慧图书馆的发展基础。

（2）网络化是智慧图书馆的信息基础

网络已成为未来公共图书馆服务的重要载体和空间，被称为第四代媒体的互联网媒体正在与物理空间和社会空间一起成为公共图书馆服务的三大空间。网络化的发展趋势使公共图书馆的远程服务量不断增加。公共图书馆通过互联网、手机等信息手段和载体，可以开展不受时空限制的网上书目检索、参考咨询、文献提供和各类信息的获取及视听欣赏。

2019 年 6 月 12 日凌晨，有"互联网女皇"之称的玛丽·米克尔发布 2019 年的互联网趋势报告，这也是她第 24 年公布互联网报告。报告显示，全球互联网用户达到了 38 亿人，渗透率超过了 50%。2020 年，全球手机用户增至 57 亿人，占世界人口的 3/4。在信息化的技术环境下，网络化与数字化的融合以及电信网、广电网和互联网的三网融合，使公共图书馆的服务发生了泛在化的变化，即任何读者在任何时间、任何地点通过任意信息传播载体都可以获取其所需要的信息。由于公共图书馆的计算机数量不断增加，更多的读者通过网络查阅数字文献及通过手机接收图书馆的各类移动服务，图书馆的宽带速度不断加快，图书馆的网上信息日益丰富，图书馆网络化进程的发展前景不可估量，网上服务量将成倍增长，网络空间的地位将更加重要。这些正是智慧图书馆发展的前提。

（3）集群化是智慧图书馆的管理特征

图书馆的集群化综合服务平台可以实现知识与信息的共建性整合、集约式显示、便捷性获取、无障碍转换、跨时空传递等，从而使公共图书馆向智慧型图书馆转型。图书馆的集群化发展趋势将表现为以下三大特征。

①整合。

通过整合，可以集地区图书馆文献信息，汇全国各类图书馆知识库群，聚全球自然人文智慧。公共图书馆及各类图书馆系统都有着数量众多的特色文献和数字资源，但相当数量的信息处于沉睡状态，既不互通互联，也不共建共享，获取很不便捷。这就需要打破行业条块"老死不相往来"的格局，将各自馆藏和馆建的信息资源加以联通，打通行业条块和馆际的信息壁垒，畅通地区与国家间的信息信道。通过整合使知识资源的视角从点拓展到条线、块面和区域，也使服务和管理从孤立的点转移聚焦于条线的交流、块面的联系和区域的互动，这些正是新形势下促进图书馆服务创新所必须具备的信息服务环境。

②集群。

集群的概念是由美国哈佛大学的迈克尔·波特教授于 20 世纪 90 年代初首次提出的，图书馆的服务与管理集群是图书馆服务和管理转型发展的有效工具。通过服务与管理集群，图书馆的规模效应凸显，协同联盟共享拓展，知识内容更为丰富，传递成本大大降低，服务品质显著提升，从而使广大的读者受益。强大的集群将推进创新并优化服务。

③协同。

协同服务将为公共图书馆的未来发展注入活力。协同服务体系在国内外图书馆界已成为一种共识，并成为图书馆日益明显的发展趋势。这种协同服务体系有行业协同、地区协同、国家协同、全球协同等各种形态。例如,中国"国家科技文献信息资源与服务平台"在全国科技信息文献系统、国家图书馆系统、中国科学院文献情报系统、高等院校图书与信息系统、国家专利文献系统等之间进行了协同信息服务,成为国家科技基础条件五大平台之一。这种将分散趋向集约、将异构趋向统一、将自治趋向分布的信息协同服务机制,需要在顶层设计层面予以整体规划和推进,从而克服布局分散和重复建设的弊端。这正是智慧图书馆的管理使命所在。

**2. 智慧图书馆的内在特点**

智慧图书馆是实现图书馆科学发展的全面方案,互联、高效和便利正是实现这一方案的三大路径和目标定位。

互联:是指通过全面感知、立体互联和深度协同,将智能技术渗透融入图书馆服务与管理的各个领域、各项业务、各个流程和各个细节,实现图书馆科学发展的创新转型。

高效:是指通过节能低碳、灵敏便捷和整合集群,将智慧管理融入图书馆的一线服务与二线保障,将资源节约、环境友好的可持续发展理念导入图书馆的前台与后台、硬件与软件,在书书相连、书人相连和人人相连的基础上为读者节约时间,更加方便快捷地处理各类事务,提升整合集群后的规模效应和效能,实现图书馆发展中各项资源的效益最大化、效率最高化、效能最优化。

便利:是指在全面立体感知基础上形成的无线泛在环境下,任何读者可在任何地点通过任意方式获取所需要的知识信息并进行相应的信息互联,使图书馆服务成为随身、随处、随时、随意的服务;而互联集成的技术使原本单独、复杂、异地的服务整合成就近一体化的服务,并形成虚实、内外和个性的互动。这正是智慧图书馆人本理念的体现。

智慧图书馆的互联、高效、便利三大特点之间是互相联系的。互联是智慧图书馆的基础,是高效和便利特点所依托的技术支撑,也是智慧图书馆区别于数字图书馆和复合型图书馆的主要方面。高效是智慧图书馆的核心,是互联基础上服务与管理的进一步应用,也是智慧图书馆绿色发展和数字惠民本质追求的重要体现。便利是智慧图书馆的宗旨,是互联、高效特点的落脚点,也是智慧图书馆科学发展人本理念的精髓所在。需要提出的是,智慧图书馆的三大特点及所折射出的许多理念,有的以往已经出现过,但在新的发展环境下,通过智慧图书馆这些理念进行了整合与提升,在智能技术的支持下被赋予了新的内容和生命。如果说智慧城市可以带来更高的生活质量、更具竞争力的商务环境和更大的投资吸引力,则智慧图书馆可以带来更高的服务质量、更具吸引力的学习休闲环境和更高品质的管理,并通过智慧图书馆培养更多的智慧公众。

## 二、智慧图书馆的技术支持及核心要素

智慧图书馆是智慧化的综合体,由智能技术、智慧馆员和图书馆业务与管理系统这三个主体要素相互融合发展而成,是智能技术和智慧馆员作用于图书馆业务与管理体系所形

成的智慧系统。其中,智能技术是实现智慧服务的途径和手段,包括物联网和智能代理等关键技术;馆员及其智慧是图书馆开展智慧服务和智慧管埋的核心;优化的业务与管理是智慧图书馆发挥作用的基础条件。

## (一)智慧图书馆的技术支持

智能技术应用到图书馆业务与管理的各个环节和流程时,构成了包含智能楼宇管理、智能定位系统、智能采访、智能图书推荐、智能信息检索、智能信息咨询和智能情报分析等在内的智慧图书馆,而当智慧馆员与智能系统相结合将服务提供给用户时,智慧服务便应运而生。智慧图书馆建设的关键在于技术装备和技术手段,这些技术是实现智慧图书馆管理和服务的前提。智慧图书馆研究的几个关键技术包括:Saas 系统、物联网、RFID 技术、ZigBee 技术、可穿戴技术、数据挖掘技术、"3D"虚拟技术、Beacon 技术、人工智能技术。

### 1. Saas 系统

图书馆一切硬件设施的铺设与建造都是为了让软件服务能够更好地开展,因此软件服务才是智慧图书馆的本质核心。Saas 系统是"soft as a service"的简称,它是进入 21 世纪以来针对快速多变的软件开发需求而衍生出的一种软件应用模式。Saas 系统的工作原理就是用户依据自身的需求向厂商订购软件服务,厂商将研发成功的软件、数据库统一部署在自己的服务器上,用户只需要通过互联网连接服务器便可直接使用该软件,且软件和服务器的维护与管理全部都由厂商负责,用户不用费心参与,从而节省了自身培养操作与维护人员,以及购买数据库和软件的成本。有人认为 Saas 系统实际上提供的是一种多租户的软件租赁服务。以往的图书馆软件开发模式是馆内自筹技术人员开发或者是直接从生产商处购买,生产商会对后续维护与升级服务额外收费,这会加大图书馆的经济负担。而图书馆采用 Saas 软件开发系统,以联盟共生的方式推动智慧图书馆的建设,智慧联盟各成员馆可以组成一个多租户群,对于图书馆建设和发展中需要用到的共同的软件服务实行多租户的 Saas 系统,共同与软件开发商洽谈协商,"只租不买",减少了费用的消耗,并根据实际情况选择合适的数据存储模式,互利共生,共同发展。

### 2. 物联网

物联网的概念最早是在 1999 年美国召开的移动计算和国际网络会议上被提出的,经过几年的发展和完善,于 2005 年由国际电信联盟(ITU)在《ITU 互联网报告 2005:物联网》中被正式提出。物联网概念的核心思想是借助于 RFID 等各种传感设备,将物理世界中的各种实体与信息世界互联互通,并通过对传感设备功能的升级和拓展,实现信息世界中的指令能够直接对物理世界各种联网设施进行管理和控制,形成一个更大范围的统一系统。

关于物联网的学术定义是:具有自我标识、感知和智能的物理实体基于标准的通信协议进行连接,构成物理世界和信息空间之间融合的信息系统。目前,国内外都掀起了研究物联网的热潮。"智慧地球"的概念一经提出,便受到了全世界的关注。总体而言,目前主流的研究者基本将物联网和 CPS 视为对等的研究对象。物联网技术发展的前提是对相关技术进行标准化。我国自 2005 年开始,在物联网方面已经制定了 24 项国家标准和 l4 项行业标准,在国际标准化组织(ISO)的指导下对传感器和智能传感器技术进行了标准的制定,无线组网技术的标准主要参考的是 IEEE802.15 规范。虽然物联网领域还有很多标准有待制定,但从目前的发展势头来看,物联网标准化工作正朝着积极、统一的方向发展。当前,我国还处在物联网技术的应用初期,研究的方向主要有射频识别(RFID)与传感节点技术、组网与协同处理技术、应用软件与系统集成、体制体系及标准符合性测试等。

### 3. RFID 技术

RFID 是一种非接触式的自动识别技术,主要通过射频信号自动识别目标对象并获取相关数据。作为物联网的核心感知技术,RFID 技术并不是孤立的,它可以通过与互联网、通信等技术的结合,实现全球范围内的信息共享。RFID 技术更多地得到了广大图书馆的青睐。台北某图书馆于 2010 年采用 RFID 技术,通过电子闸门和自助借还机的协助,迈出了无人值守的智慧图书馆建设的重要一步。RFID 技术在图书馆的应用多以 RFID 标签的形式,RFID 标签主要分为低频段、高频段、超高频段和微波频段。在图书馆领域常用的是优点较为具有突出的高频段和超高频段两种,可以帮助图书馆很好地实现部分智慧化功能,如 24 小时全天候自助还书、图书的自动分拣、排架和顺架,以及快速盘点馆藏资源、更高安全系数的智能门禁等。在国内有关智慧图书馆技术的研究中,RFID 被众多学者提及,多位学者都对 RFID 技术在智慧图书馆中的应用进行论述,并根据分析存在的问题提出了相应的建议。由此我们可以推断,RFID 技术是智慧图书馆的核心技术,但它并不等同于智慧图书馆。

### 4. ZigBee 技术

ZigBee 是一种自组网的双向无线通信技术,具有低成本、低功耗、低速率、低复杂度等特点。ZigBee 在远距离身份识别、环境监控及无线网络定位等方面较为突出的优势,但是与 RFID 系统相比,其在近距离通信及精准身份识别系统等方面则存在劣势。ZigBee 与 RFID 之间存在明显的优势互补,将两者结合起来,可应用于图书馆的感知网应用系统设计,有利于确保所获取数据的准确性及完整性。

### 5. 可穿戴技术

可穿戴技术是一种嵌入式的新兴技术,将物联网、多媒体、RFID、可穿戴设备、传感器等泛在网络技术嵌入到人们日常的衣着和随身物品中,从而实现人机智能交互。可穿戴设备依托云计算和大数据,打造人、环境和网络的无缝连接,使捕捉到的用户信息更加准确、真实。作为智慧图书馆建设的助推器,可穿戴技术在图书馆中的应用包括对读者进行多功能导航,提高弱势群体对图书馆的利用率,实现用户个性化知识服务,充分体现了智慧图书馆以人为中心的理念。

### 6. 数据挖掘技术

数据挖掘是在大数据背景下产生的一种新兴技术。运用数据挖掘算法,如 KNN 算法、支持向量机、决策树、朴素贝叶斯算法等,可在大量数据中搜索出具有利用价值的数据,并将其转换为有用的信息和知识应用于各领域。智慧图书馆运用数据挖掘技术可以将图书馆中海量的知识资源动态串联起来,满足用户的个性化需求,在智慧图书馆用户行为、知识发展趋势、用户群变化、图书馆发展等预测领域,都具有绝对优势和良好的发展前景。

### 7. "3D" 虚拟技术

"虚拟"一词最早出现在计算机领域,被用来扩大内存、帮助 CPU 运算,这也就解释了起初的虚拟技术为何大多是以 "2D" 形式呈现的。伴随着社会的发展,"3D" 虚拟技术被提上了研究日程。但是,"3D" 虚拟技术提高的仅仅是画面的立体感和逼真度,只有嵌入了人工智能的 "3D" 才能造就互动的 "虚拟物"。智慧图书馆 "3D" 虚拟的实质是用户与具有人工智能的智慧中枢间的交流,虚拟物其实是人工智能的 "代言"。此外,要为读者营造逼真的 "3D" 环境,使书中的场景和知识可视化。因目前虚拟技术成本较高,故智慧图书馆在前期建设中只需要在馆中开辟一个专门用作 "3D" 虚拟演示的空间即可,后期可逐步扩展。来访者可以通过手机 App、智慧图书馆网站或到馆预约体验。来访者应当被事先告知,为了维护设备安全和馆内秩序,体验过程在法律允许的范围内会被监控和记录。

"3D" 技术得以运用的前提是大量馆员事先对海量图书知识资源进行扫码和编码,将其转换成动画、视频、音频等信息存储在数据库中。这是一项长期工程,需要各智慧图书馆间相互协作才能完成。

### 8. Beacon 技术

2013 年 6 月,苹果公司发布了 iBeacon 协议,这是一种基于低耗能蓝牙技术(Bluetooth Low Energy,BLE)的信标。Beacon 技术是利用 BLE 的特性使 Beacon 信息基站和能感应 Beacon 信号的智能设备实现数据感知,其最大的特点是能够创建基于位置的情景式服务体验,在图书馆应用的效果是服务方式随读者情境变化,即时提供适用的服务体验。可以说,Beacon 技术为智慧图书馆服务带来了新的应用方案。

### 9. 人工智能技术

人工智能技术是时下最热门的先进技术之一。它模拟人类大脑来进行运作,其中包含多个领域的技术,如智能机器人、语音识别、机器学习平台、生物特征识别技术等,与智慧图书馆的建设理念较为契合。2018 年全国 "两会",总理政府工作报告再次提及 "人工智能",将 "实施大数据发展行动,加强新一代人工智能研发应用" 作为政府工作的建议。近两年,国家及政府有关部门也从战略层面确立了人工智能发展战略目标,促进开展人工智能前沿技术研究,并相继推出了《机器人产业发展规划(2016—2020 年)》《促进新一代人工智能产业发展三年行动计划(2018—2020 年)》《新一代人工智能发展规划》等一系列政策规划。未来人工智能技术将成为推动产业服务转型升级、提高人民生活水平的主要动力,深刻改变人类社会生活,改变世界。图书馆作为公共服务的重要机构,其发展都伴随着科学技术的创新与突破,互联网的问世、物联网的发展、人工智能的兴起,都是图书馆从传统图书馆向智慧图书馆跨越的推动力。目前,国内还没有学者发表人工智能技术在智慧图书馆应用方面的研究成果,但这并不代表智慧图书馆的未来建设中不会运用到人工智能。随着近两年国内人工智能技术的快速发展,各科创公司对人工智能的研发力度不断加大,我们推断,人工智能技术将会成为智慧图书馆技术体系的重要一员,甚至成为核心技术,而人工智能技术与图书馆的融合也可能会成为未来学者研究的热点。

### (二)智慧图书馆的核心要素

#### 1.广泛互联的图书馆

智慧城市通过以移动技术为代表的物联网、云计算等新一代信息技术应用实现全面感知、泛在互联、普适计算与融合应用,图书馆这一文化载体为这些新技术的创新应用提供了文化实践的平台。物联网的本质是信息技术支持下跨时空的物物相连,云计算的本质则是大数据环境下泛在便捷的网络访问和个性化服务,这就为智慧图书馆创造了广阔的互联空间。智慧图书馆可以将图书馆、网络、数据库、物体及广大读者统一在智能的网格中,联为一体。智慧图书馆的"互联性"就是"万物互联"在图书馆的体现,也是万物互联环境下智慧图书馆构建的基础。

(1)馆际互联的图书馆

王世伟指出,在书书相连、书人相连基础上建立起馆馆相连的图书馆是智慧图书馆的追求。智慧图书馆"互联"是智慧图书馆最本质的特征,也是构建智慧图书馆的关键。馆际的互联性更多地体现在馆际合作上,包括图书馆间的通信、图书资料的互借共享、图书馆在线联盟服务等。通过地区间的共享联盟,馆际互联的图书馆突破了时间和空间的限制,激活了单个馆的馆藏文献,延伸了单个馆馆员的服务效能,增加了广大读者的服务选项。

(2)数据库与数据库之间互联的图书馆

在知识互联和跨学科的环境下,只有实现本馆内的库库相连和各图书馆间的库库相连乃至与社会各机构和全球各机构的库库相连,才是实现图书馆智慧发展的重要管理和服务理念。当今数字化环境渐渐成熟,读者逐步享受在线数据库所提供的快速查询与获取信息等服务,但面临一个问题:尽管目前有许多在线数据库可供使用,但使用者往往不知自己所要找寻的信息在哪一个数据库中。如何集成目前各个数据库的检索功能,提供一个简单灵活的检索接口已成为当前智慧化图书馆的研究重点之一。数据与数据之间的互联性主要体现在数据库之间的互联互通,各种类型的数据库能够兼容、集成整合,最常见的就是跨库检索。国家科技图书文献中心和国家科技数字图书馆共同组建"开放获取资源跨库检索系统",目前,其运行效果也受到各界的好评。

(3)人物相连的图书馆

人与物之间的互联性主要体现于人与机器、各类设施的互联。一方面,用户能够更方便、更有效地使用图书馆设备,满足自身的信息需求,如武汉大学图书馆采用电子阅览器为读者提供馆内资源导航服务;另一方面,图书馆能够利用各种机器设备为用户提供服务,包括座位预订、信息推送等。一些图书馆还开展了"讲座通道"服务,即读者能够根据自己的阅读需要来预约读书讲座。有了数字化、网络化和智能化的基础建设,图书馆如同一台便捷式电脑,随时可以打开使用,读者可以在任何方便的时间与知识和信息进行对话;智慧图书馆给读者带来更多时间上的选择,读者可以感受到图书馆的随时存在性和即时可利用性。在上海世博会举办期间,上海图书馆和多个图书馆合作,在上海世博园区内设置了图书自助漂流亭。在自助漂流亭上,读者能够根据自己的需要在网络上查询各类信息,实现文献资料的传递和共享。

(4)人人互联的图书馆

智慧图书馆中,人与人之间的互联性包括馆员之间的互联性、用户之间的互联性,以及馆员与用户之间的互联性。馆员间应经常相互交流,用户之间可以通过图书馆官网上的读者在线论坛进行交流,参与和分享图书馆活动。馆员与用户之间的互联体现在馆员可以通过各种渠道为用户提供各种服务,如在线咨询服务、学科服务等;用户可以对服务进行反馈,提出自己的意见或建议,实现双向交流。微博、微信、微视频等新媒体工具创新了阅读资源的传播方式,阅读资源的传播不再是单向传播,而是增加了互动性。读者还可以通过互动平台分享阅读心得和感悟,以达到在短时间传播阅读资源的目的,阅读内容在读者之间可以直接分享和交流。以主流阅读 App 掌阅、Kindle 为例,用户可以在海量的阅读资源中选择自己感兴趣的内容进行略读、选读或细读,并通过好友分享、读书笔记、好书共读等方式与其他读者进行互动,提高阅读效率和影响力。很多图书馆开通微信公众号作为读者服务的平台。图书馆微博的类型一般为"图书推荐""新书推荐""原创微博""转发并评论"和"通知公告"5 种。新媒体平台的出现,进一步拉近了图书馆与广大读者之间的距离,使图书馆与读者间的信息桥梁变得更加通畅并形成了互动的形态。在智慧图书馆的发展阶段,由于移动互联网的产生和发展,信息创建、处理、传输和搜索变得十分便捷,信息制造与发布的主体已不仅仅局限于图书馆馆员,广大读者也加入了信息数据创造者行列,各个图书馆与读者间的信息流动更快、更直接。

**2. 融合共享的图书馆**

融合共享是智慧图书馆的重要特征之一,它通过智能技术实现。融合与共享将为图书馆事业的发展注入新的活力。

(1)传统与数字融合的图书馆

传统图书馆和数字图书馆并存的形式称作复合图书馆,也称混合图书馆,是从传统图书馆到数字图书馆的一个过渡阶段。在复合图书馆中,信息资源、信息载体、技术方法、服务规范、服务对象、服务手段、服务设施、服务产品等都是复合的。信息化时代,图书馆只有将数字信息载体与纸质信息载体有机结合融为一体形成一个全新的复合型图书馆,才能为读者提供各种信息服务,从而加快图书馆现代化、智能化、智慧化建设。

(2)多样融合的图书馆

随着信息技术、新媒体技术和网络技术的快速发展和普及应用,新时代图书馆是充分融合和包容的多样化图书馆。图书馆中存在多样化的阅读方式,包括纸本阅读、电子阅读、新媒体阅读、真人阅读、有声阅读、互动阅读、艺术阅读等方式;同样存在多样化的文化空间,如阅读空间、研修空间、创客空间、多媒体视听空间、艺术修养空间(音乐戏剧欣赏)、休闲交际空间、娱乐空间、网络空间、社交新媒体空间、学习共享空间等。

美国图书馆协会(ALA)的未来图书馆中心于2015年发布的题为《趋势》(Trend)的研究报告中详细阐述了美国社会、政治、经济、技术、教育、人口和环境的发展趋势及其将对图书馆产生的影响。未来的图书馆将成为一个为每个公民免费开放的社区共同空间,该空间可以增强读者之间以及读者与技术、资源的互动,是一个多样融合的空间。

(3)三网融合的图书馆

电信网、广播电视网、互联网在向宽带通信网、数字电视网、下一代互联网演进过程中,正形成技术、内容和服务的融合。2012亚太新媒体高峰论坛在济南举行,论坛的主题为"融媒体,新技术,新资本,微世界",体现出以前瞻的视角聚焦新媒体融合的现实与未来。2012中国互联网大会的主题是"开放·诚信·融合——迎接移动互联新时代"。以上信息充分说明了"融合"正成为当代信息技术发展的一个最重要的趋势。

2018年,对我国国民倾向的阅读形式的研究发现,有40.2%的国民倾向于"手机阅读",比2017年的35.1%上升了5.1个百分点;有12.8%的国民更倾向于"网络在线阅读"。比达咨询发布的《2014年度中国手机App用户调查报告》显示:2014年,中国手机App用户中有44.8%的用户每天使用手机时长达5小时以上,每天使用手机时长3至5小时的用户也有21.7%。此外,57%的用户在手机上安装App的数量在11到30个之间,也有8.3%的用户安装App的数量在50个以上。由于智能手机的便捷性,再加上4G网络的普及,用户使用App的时长以及安装的App数量越来越多。移动数据的需求爆炸式增长,使现有移动通信系统难以满足未来需求,促使了5G系统的诞生。2019年6月6日,工信部正式向中国电信、中国移动、中国联通、中国广电发放5G商用牌照,中国正式进入5G商用元年。2019年10月31日,三大运营商公布5G商用套餐,并于同年11月1日正式上线5G商用套餐。5G的逐渐普及将促进短阅读的普及,通过虚拟现实、语音控制技术更容易访问图书馆的数字资源。

越来越多的图书馆开发专门的移动资源指南,将移动技术整合到自身的服务中,以促进专业移动图书馆App的应用。2008年,国家图书馆推出了名为"掌上国图"的手机应用软件,该平台创新性地把手机WAP与短信服务结合。2011年底,清华大学图书馆推出基于Android系统的图书馆客户端,开始利用App提供馆藏书目查询、个人借阅信息查询等读者服务和多库电子资源、数据库检索等电子资源检索服务。EDUCAUSE分析与研究中心(ECAR)发布的2014大学生信息技术研究报告显示,86%的大学生拥有智能手机,近一半的大学生拥有平板电脑,很多学生出于学术目的来使用移动设备。

(4)校地融合的图书馆

图书馆生存在一个相互依赖的时代。各类型图书馆联盟逐步兴起和不断发展,推动了区域共建共享图书馆的步伐。2000 年,英国图书馆和信息委员会发表了《发展学习型社区》的报告,报告指出,社区或一定地域内的大学图书馆和公共图书馆应该通力合作,为用户提供更好的服务。校地融合型图书馆是指由地方政府和高校共同出资兴建,共同使用,可同时满足高校读者和社会读者需求的一种新型办馆模式。国外校地融合型图书馆的实践起步于 20 世纪 70 年代,国内则起步于 20 世纪 90 年代,这种新兴信息实体是地方政府和高校共同打造的学习中心、文献信息中心和文化休闲中心。其定位主要是高校与地方政府或高校图书馆与地方公共图书馆双方紧密合作,共建共享共用共管。它兼有高校图书馆和公共图书馆两重功能,既要服务校内师生,为教学科研提供资源和服务,又要向社会全面开放,服务市民,为市民提供继续教育、信息服务和文化休闲的场所。从资源、技术、服务三大要素来看,资源建设与整合是共建共享的基础,技术是共建共享和可持续发展的保障,而服务既是共建共享的目的,也是检验资源建设水平和技术能力的最终途径。创新高校和区域图书馆用户服务,实现校地融合型图书馆服务效能 1+1>2 的目标,直接影响着其是否能够持续发展。美国科利奇希尔图书馆是由科罗拉多州的威斯敏斯特公共图书馆和前程社区学院图书馆联合共建共享的图书馆。英国伍斯特市的伍斯特大学图书馆、伍斯特郡公共图书馆、伍斯特郡档案馆和当地商业协会共建了图书馆。1997 年 10 月,我国第一家校地共建型图书馆——严济慈图书馆正式对外开放。2001 年,聊城市政府和聊城大学共同投资兴建了聊城大学图书馆。2014 年 2 月,由宁波市北仑区政府和宁波职业技术学院共建的"北仑图书馆",在"统分结合、资源共享、合作共赢"的合作原则下,正式对外开放。

校地融合图书馆更加注重资源共建共享,服务对象和范围更加广泛,打破了条块分割的管理模式,使得图书馆管理方式能够更好地融合,为文献信息资源的共建与共享扫清了行政管理障碍,提升了图书馆利用率。

(5)跨界融合的图书馆

跨界融合是当前环境中图书馆创新服务、拓展业务的有效发展路径之一。跨界即跨行业、机构界限开展活动或提供服务,相互渗透、彼此合作。姜进将"不同领域、不同行业、不同意识形态之间跨越交融,进而产生新模式、新业态和新风格"这一过程视为跨界融合。跨界融合是智慧图书馆集群协同的重要特点。在信息技术的支持下,跨界融合正成为全球图书馆事业发展的一个特点。跨界融合已经并将继续体现在图书馆阅读和文献提供等各项业务之中。美国图书馆在开展跨界融合进程中有诸多较为成功的典范。康奈尔大学图书馆与出版社跨界融合,开展"学术出版与传播、数字工具开发"等新型业务。西肯塔基大学图书馆与书店跨界融合,不仅为用户提供舒适的阅读环境,而且以自身的实际行动成为阅读推广的主要倡导者。巴诺书店的存在,较大程度上影响了美国人的阅读习惯,并且成为积极寻求与各类致力于高等教育、文化、艺术等领域发展的营利性及非营利性组织合作的典范。智能化技术促使图书馆产生了全新的服务和管理模式,在当前各类跨界合作形式的基础上,今后图书馆的跨界合作还应该伴随着物联网的深度合作以及其他人工智能技术的应用,以打造出信息传播更便利、信息检索更高效、阅读推广方式更全面的现代化智能跨界合作图书馆。

Gartner 发布的《2017 年十大战略技术趋势》《2017 年新兴科技技术成熟度曲线》中都认为,人机物深度融合是未来信息技术的最主要发展方向,与之相匹配的人机物三元智能计算技术是技术应用与发展的主导性技术,图书馆也不例外。它的主要技术特征是万物智能互联互通,将人工智能、数字孪生、虚拟和增强现实等技术从传统信息空间或物理世界的一元计算模式延伸到人类社会、虚拟信息空间、现实物理世界的三元世界,从而形成人机物三元智能计算。人机物深度融合的智能技术能扩大图书馆的技术应用与发展动能,加快服务创新步伐。过去 20 年,信息技术是图书馆管理与服务创新的重要驱动力,创造了数字图书馆、移动和微信图书馆、社交媒体等技术革新形式、资源建设模式,以及与之对应的服务创新模式,让用户可以共建共享共用人机物深度融合环境所提供的软硬件设施资源、信息资源和网络服务资源。未来 2 ~ 10 年,与信息技术飞速发展相匹配的智能软硬件设备、芯片、系统、环境和模式也将进入全新发展阶段,使得图书馆未来的技术应用与发展能延续和增强信息技术发展动能,并在软硬件核心技术、数字技术平台等方面弥补其发展短板,进而加快其服务创新发展步伐。

# 第二节　公共图书馆的智慧服务

## 一、公共图书馆智慧服务内涵

20 世纪初,社会生产力的发展只有 5% 依靠科学技术进步,到 20 世纪末,发达国家的这一比例已达到 70%~80%。进入 21 世纪,科学技术作为第一生产力已经越来越得到充分的体现,经济的发展比以往任何时候都更加依赖于知识的生产、扩散和应用。知识在现代社会价值创造中的功效已远远高于人、财、物这些传统的生产要素,成为所有创造价值要素中最基本的要素。知识与经济的紧密结合标志着知识经济时代的来临。

在知识经济时代,图书馆服务的模式应该是基于信息资源的知识挖掘以及具有用户需求分析功能的专家式的系统服务,即知识服务。图书馆服务的发展是在不断提升的,其有三个台阶:一是文献服务,二是信息服务,三是知识服务。这一路径反映了服务从依赖资源、技术、工具转变为越来越依赖人的智慧。而基于图书馆馆员智慧的知识服务可以称为智慧服务。

### (一)智慧服务的概念

智慧是对事物能迅速、灵活、正确地理解和解决的能力。智慧在经济领域又称为创意,创意是创意产业发展的支撑点。创意产业指运用创造性智慧进行研究开发、生产交易的各种行业和环节的总和。例如,杭州智慧园作为智慧产业综合门户网站,致力于建设环球智库,发掘过剩智慧和稀缺智慧的价值,即汇聚全球各个领域、各个层次的专业人才,利用他们的过剩智慧或稀缺智慧为广大中小企业和各级政府提供省钱、省时、省心的难题攻关和一般智慧任务一揽子解决方案,确保智慧需求方和智慧供应方都能从过剩智慧或稀缺智慧中受益。从这个例子中我们可以得到这样的启示:知识经济时代,社会发展、产业发展不仅需要信息、知识,更需要智慧。智慧是推动知识转化为生产力、实现知识价值化的重要力量,是国家创新产业发展的源泉。

智慧既是在知识的基础上运用知识而创造新知识的过程,也是运用知识解决新问题的过程。在这个过程中,知识的有效获取是前提。图书馆是人类社会的知识中心,是知识汇聚和传播的重要场所,能帮助知识用户在知识应用过程中创造新知识、解决新问题。这种智慧服务不是提供图书馆的信息服务就能实现的,必须依靠图书馆创造性的知识服务,或者说是依靠图书馆智慧的知识服务。智慧服务就是指建立在知识服务基础上的运用创造性智慧对知识进行搜寻、组织、分析、重组,形成实用性的知识增值产品,有效支持用户的知识应用和知识创新,并将知识转化为生产力的服务。图书馆智慧服务与经济领域的创意服务具有相似性,但其关注的是通过知识产品的服务给知识用户带来现实的经济效益或社会效益,实现知识产品的增值,并推动社会进步和生产力的发展。

## (二)知识服务与智慧服务的关系

智慧来源于知识。知识是对信息的使用、归纳与演绎、分析与综合等逻辑思维方法进行处理的产物,是人们认识和经验的总结,是抽象和逻辑的东西,必须经由人的大脑才能产生、识别和加以利用,而智慧则是为达到目标而运用知识的能力。智慧在于创新,可以从无到有地创造或发明新的东西;智慧在于发现,可以发现虽然本来就存在但还没有被认知的东西。

知识服务是智慧服务的基础,智慧服务是知识服务的升华。知识服务以信息的搜寻、分析、重组的知识能力为前提,从各种显性和隐性信息资源中对有关信息内容进行筛选、分析、组织、重组,产生或形成有针对性的新的知识产品的服务;而智慧服务则是建立在知识服务基础上的专业化的创造性服务模式。知识服务侧重于知识组织、知识共享、知识传递,而智慧服务的重点是为知识生产、知识开发、知识创造服务。知识服务注重知识的整合与知识导航,而智慧服务注重知识的价值实现、知识转化为生产力,通过智力和专业能力为用户创造价值,通过显著提高用户知识应用和知识创新效率来实现价值。知识服务是智慧服务的前提和基础,智慧服务的根本特征是实现知识增值。从创造价值的角度来说,智慧服务提升了知识服务的内涵,是知识服务的升华。

## (三)智慧服务的特征

印度著名图书馆学家阮冈纳赞在其著名的《图书馆学五定律》中提出"书是为了用的""每位读者有其书""每本书有其读者""节省读者的时间""图书馆是一个生长着的有机体",明确了图书馆的核心定位就是开发人的智慧、陶冶人的情操、启迪人的心灵,最大限度地满足人们日益增长的精神文化需求,使人们能够充分利用自己的智慧更好地服务于社会,创造更多的物质财富和精神财富,使人类社会更加文明、和谐、昌盛。智慧服务是图书馆实现其核心定位最根本、最有效的途径。

与以文献载体为主的图书馆文献服务、以信息传播为主的图书馆信息服务、以知识传播为主的图书馆知识服务相比,图书馆智慧服务是以用户的智慧生成过程为中心,致力于培育用户驾驭知识、运用知识和创新知识的能力,进而实现智慧创造。图书馆知识服务是智慧服务的前提和基础,而图书馆智慧服务是图书馆知识服务的深化和升华。

图书馆智慧服务有以下几个基本特征。

**1. 公共性**

公共性是指其服务对象是面向广大群众的。图书馆本身就是一个公共服务机构,是政府为了方便大众更容易地获取知识而建造的,它的终极目标就是尽一切可能满足社会公共需要,确保所有大众都能享受到图书馆为他们提供的人性化、无偿的智慧服务。

**2. 智慧性**

首先,智慧性就是通过智能技术建设智慧图书馆,拓宽图书馆本身的资源,让用户在图书馆的任何角落都能享受到方便、快捷的智慧服务;其次,智慧性也指最大限度地对图书馆内的所有文献资料重新进行知识挖掘并将重新获得的新知识传递给用户,做智慧的引领者、普及者、推动者与启迪者。图书馆所提供的服务是在文献服务、信息服务、知识服务基础之上的智慧服务,图书馆充分发挥其客观知识的拥有者、整合者、启发者的核心作用,帮助用户在知识应用的过程中创新知识、提升智慧。

**3. 服务性**

图书馆的最大职能就是服务,智慧服务摒弃了以前传统图书馆的被动服务方式,取而代之的是主动服务。图书馆员应该主动、积极、热情地与读者沟通,为读者推荐适合其阅读的资源,悉心听取读者的意见。最后真正实现阮冈纳赞五定律,将读者、图书馆馆员、资料融为一体,形成真正意义上的智慧服务。

**4. 资源丰富性**

图书馆必须通过物联网、云计算等先进的信息技术,掌握丰富的信息资源,包括纸质资源、数字资源、网络资源等。

**5. 管理集群化**

图书馆通过集群化综合服务平台实现知识的共建性整合、集约式显示、便捷性获取、无障碍转换、跨时空传递等。

**6. 服务协同性**

服务协同性包括行业协同、地区协同、国家协同、全球协同等,在系统的顶层设计上整体推进,使资源由分散趋向集约、由异构趋向统一,克服资源在布局上各自为政、分散管理和重复建设的弊端,实现智慧图书馆的管理使命。

智慧服务的目的在于通过知识运用和知识创造实现知识产品的增值效应而在智慧服务过程中,团队智慧显得尤为重要。通过智慧团队的智慧服务必然能够提高用户智慧团队的创造性,进而促进生产力的发展,为知识用户带来巨大收益。智慧服务的特征是以知识运用能力为核心、知识创造为本质、知识团队为服务对象的。

### (四)智慧服务的核心

知识有五种演进层次,即从"噪声"中分拣出数据,转化为信息,升级为知识,升华为智慧。数据是最原始的信息表达方式,信息是有价值的数据,知识是用于解决问题的结构化信息,而智慧则是为达到目标而运用知识的能力。也就是说,信息来源于数据,知识来源于信息,而知识则是智慧的基础。在知识传播过程中,信息、知识、智能三者之间是一个相互转化的过程,即"信息是基本资源;知识是对信息进行加工所得到的抽象化产物;智能是利用信息资源加工生成知识,进而激化知识生成解决问题的策略信息,并在策略信息引导下具体解决问题的能力。信息、知识和智能在整个信息过程中的地位以及它们之间的相互关系正好符合人类认识自身世界和优化世界活动过程中由信息生成知识、由知识激活智能的过程"。智慧服务的显著特征就是知识的运用,核心是运用知识解决问题的能力。

### (五)智慧服务的本质

在图书馆学的认知中,关于图书馆智慧服务的本质大概分为以下三个方面,即技术智能性、知识性和人文性。

#### 1. 技术智能性

技术智能性的智慧服务强调图书馆的智能技术,在这个智能技术发展如此之快的今天,没有技术的支持是万万不能的。在图书馆由传统图书馆发展到数字图书馆的过程中,图书馆服务方式的不断变化,处处离不开技术的支撑。尽管技术上的升级更新在图书馆的发展中扮演着重要的角色,但应该避免刻意夸大技术的重要性,因为它再怎么重要,提高的只是图书馆设备的智能性,服务方面的智能性还要靠图书馆馆员的共同努力才能完成。图书馆是用来服务大众的,技术只是一种服务的手段或方式,是最基本的图书馆服务形态。

#### 2. 知识性

知识性的智慧服务就是更高级的知识服务,且具有知识的创新性,并将这种智慧服务作为未来图书馆服务的核心。这种想法看似美好,实则不切实际。因为就我国目前的国情来看,实现这种智慧服务所花费的人力、物力巨大,国家不可能将有限的资源全部投入进去。图书馆作为信息与知识的主要储存地,所提供的最多的服务应该就是借还书和最基本的参考咨询服务。图书馆不可能把其服务的重心放在仅靠图书馆学者和图书馆馆员对知识进行重组和创新上,即便在这方面取得了些许成就,那也是相当有限的。

### 3. 人文性

人文性的智慧服务意指通过提高图书馆馆员的人文智慧来提升图书馆自身的人文智慧从而吸引更多的读者,并挖掘出潜在的读者。通过提高图书馆馆员的人文智慧并且加强他们的知识储备才能更好地为读者提供智慧服务,才能使图书馆更智慧地运转。图书馆的存在就是为了服务于全人类。在智慧图书馆中,应该摒弃以前传统的被动服务模式,为用户提供更智慧的服务,通过智慧服务,真正体会到"人守其学,学守其书,为人找书,为书找人"的乐趣和意义。

综上所述,智慧图书馆的知识服务应该在强调技术智能性和知识性的基础上,将重心放在人文性和人性化上。馆员应该提高自己的心智,提升自己的知识素养,运用自己的智慧与用户进行交互和沟通,让用户在图书馆既能找到自己所需的物质资源,也能寻找到一份宝贵的精神资源。馆员与用户之间的交流、合作学习也能提升彼此的智慧。

### (六)智慧服务的主客体

将知识转化为生产力的过程必然是集体的过程,而不仅仅是个人的努力,因而智慧服务强调团队观念,提倡团队意识,开展团队服务。它包括以下两个方面。

### 1. 知识组织者的智慧团队

知识组织者的智慧团队是指图书馆知识工作者(也可以是其他信息机构)组成的具有较高的信息技术能力和知识开发能力的团体,即智慧服务的主体。其特点一是依靠团队力量来组织知识生产和提供智慧服务;二是加入用户团队,作为用户团队处理信息、应用知识、解决问题的内在成员来进行智慧服务。由于图书馆工作者本身的知识结构缺陷,要完成智慧服务有其局限性。知识组织者可以渗透到用户团队中,作为用户智慧团队的成员提供知识服务,将知识智慧贡献给知识用户团队,从而实现智慧服务,这是一个不错的选择。例如,国家科学图书馆按照"统筹规划、分工负责、协同保障"的思路,建设了体系化、层次化、协同化的全馆战略情报研究团队,覆盖科技创新的主要学科领域。团队主要分为4个层次:宏观领域情报团队(战略决策情报中心、科技政策情报团队);科学领域情报团队(基础科学、资源环境科学、生命科学、战略高技术);科技创新基地领域团队(1+10科技创新基地团队);学科情报研究组(科技评价组、情报技术平台组等相关团队)。

### 2. 知识用户组成的智慧团队

知识用户的智慧团队是指图书馆知识工作的服务对象,即智慧服务客体,包括政府或企业决策机构、科学研究课题组、企业产品研发团队、专业社会团体等。知识用户团队本身也是知识工作者,其知识工作的本质就是知识创造。在知识经济时代,技术进步的速度大大加快,知识团队在知识创造中的作用日趋明显。一方面,由于社会分工的精细化和专业化,个体知识用户的知识积累在加深的同时广度却在缩小,而知识创造活动需要多种知识的融合,使得个体之间协作开展知识创造成为需要;另一方面,现代社会中知识创造活动复杂、创造成本高、创造风险大,单个知识用户很难独立完成知识创造活动。形成知识团队在知识创造、技术创新中具有重要的意义。

由此不难看出,智慧服务的主客体都是知识工作者,也就是运用知识进行知识发现、知识创新的人组成的团队。两者的结合形成知识创造能力的互补,必然产生更大的创造力,进而实现在原有知识基础上的知识增值。

### (七)智慧服务的内容

建立在知识服务基础上的智慧服务,关注的是知识转化与应用,因为知识本身并没有价值,它的价值体现在知识运用的过程之中。在信息社会中,图书馆服务的目的就是要实现"用知识和智慧创造价值"。创造价值的过程就是知识转化和运用的过程。目前,图书馆智慧服务的应用尚处于初级阶段,其智慧服务的内容主要是决策支持、科学研究、产品研发三个方面。

**1. 决策支持**

为知识用户团队提供决策支持服务是信息服务机构的基本内容。从我国来看,社会信息咨询机构发展缓慢,政府政研机构实力有限,大多数中小企业缺乏研究团队,而图书馆具有专业的情报服务能力,能够为知识用户提供决策支持服务。为知识用户提供决策支持的主要形式是专题服务,即通过对特定内容的信息、知识的加工、分析、挖掘,形成专业的知识产品,为政府、企业、社会团体的决策提供智力支持,包括专题社会信息服务、专题产业分析报告、专题行业资讯等形式。下面以专题社会信息服务为例来说明。

专题社会信息服务是指图书馆根据社会需求开展的针对各个时期工作的重点、热点、难点问题,收集、分析、筛选有关信息,以简报、内参、专题报道等形式提供给相关信息用户决策层,为决策者充当参谋和助手的角色。例如,广东省中山图书馆自 1991 年起创办《决策内参》,为各级党政机关服务;广州大学图书馆从 2002 年 3 月开始,在中共广州市委对外宣传工作领导小组办公室委托和指导下,为有关部、委、办、局提供新闻信息综合与专题服务。根据委托单位的要求,组织专业人员就境内外媒体对广州市的新闻报道进行收集、加工、整理及舆论情况分析,以电子版传送和出版专题资料汇编等形式,由市委外宣办分发给市委、市政府及有关部、委、办、局,方便相关部门了解舆情,提供科学决策参考。

提供决策支持不能仅仅是提供信息层面的服务,还应该是元数据挖掘与分析基础上的创造性服务。数据挖掘也称知识发现,是从数据库中获取人们感兴趣的知识,这些知识是隐含的、潜在的。数据挖掘技术通过从数字图书馆、数据仓库和浩瀚的网络信息空间中发现并提取隐藏在其中的信息,帮助信息用户(决策者)寻找数据间潜在的关联,发现被忽略的要素,而这些信息对预测趋势和决策行为是十分有用的。只有立在数据挖掘基础上提供知识产品,才能将图书馆智慧转化为决策智慧,为知识用户提供决策支持服务。

**2. 科学研究**

科学研究是知识发现、知识创造的过程,即知识生产过程。知识生产是人们在物质生产过程中发明、发现、创造各种物质运动转化的条件及能量来源的思想观点、方法、技术等的过程。为科学研究提供智慧服务,是图书馆知识服务的核心。

研究型知识用户是知识需求的主体,其需求是反映国内外有关课题的历史状况、当前水平和未来发展趋势等的综合性知识。他们所需要的不是一个个信息片段,而是精炼、浓缩的系统化知识。在不同的研究阶段,他们需要不断地获取与课题有关的大量系统知识及实验数据。为此,图书馆智慧服务团队可深入某一学科、某一研究项目中,配合研究型知识用户,从课题立项到成果鉴定,进行全程跟踪服务。同时,对该研究项目学科的相关知识、成果评价的知识、权威信息源或载体的知识等进行描述、评价和提示,对专业数据库进行智能类聚和链接,对口提供专业细化、面向课题的个性化专题知识服务。此外,图书馆智慧服务团队还要为研究型知识用户提供各个学科领域的最新研究动态、各个学科当前以至将来的研究热点,预测学科的发展方向,提供学科研究的核心信息源。为科学研究提供智慧服务的关键在于知识挖掘和专业分析。不同专业领域都有其特定的专业数据库,如化学专业的化合物数据库,将这些专业数据库与文献数据库通过标注描述建立映射关系,可以实现知识的发现。

### 3. 产品研发

产品研发是指各种研究机构、企业为获得科学技术(不包括人文、社会科学)新知识,创造性运用科学技术新知识,或实质性改进技术、产品和服务而持续进行的具有明确目标的系统活动。产品研发一般指产品、科技的研究和开发。研发活动是一种创新活动,需要创造性的工作。其中,技术研发是指为了实质性改进技术、产品和服务,将科研成果转化为质量可靠、成本可行、具有创新性的产品、材料、装置、工艺和服务的系统性活动。产品研发水平是衡量一个国家创新能力的重要指标。产品研发的前提条件包括研发团队、研发经费、研发信息等。研发团队成员一般具有高学历,而且具备将知识转化为生产力的运作能力;研发经费是产品研发的必要条件;研发信息则是产品研发的基础,三者缺一不可。

图书馆为产品研发提供的信息包含基础知识信息和专业知识信息。基础知识信息属于知识服务的范畴,专业知识信息属于智慧服务的范畴。

基础知识信息是研发"所需的有关技术经济信息、经济决策信息、管理信息、市场供求信息、政策措施、实践经验、热点问题、同行企业的发展态势、经营管理、科技发展、新产品开发和市场占有率等信息,为企业生产和决策服务"。专业知识信息则是系统化、创造性的信息。从知识管理角度来看,新产品研发过程就是知识共享、知识转化、知识创造的过程。对于国内外大型企业而言,实现新产品研发领域知识的管理,特别是研发知识资源共享和共用,是新产品研发知识管理系统的首要任务。然而,当前还没有形成统一标准的知识管理系统模型框架。目前已有几种比较典型的知识管理系统模型,如基于多代理人的系统模型、基于舱结构的系统模型、基于统一建模语言的集成化系统模型和基于"社会-技术"双视角的系统模型等。但对于大多数中小企业而言,仍存在建立知识管理系统条件不足的问题。

图书馆智慧团队应该充分利用自身的知识智慧，主动嵌入企业产品研发团队，提供知识产品服务。采取构建产品研发信息交流协作空间、个人知识库、机构知识库、专题知识库、学科知识门户等形式，通过知识服务，推动产品研发团队的知识共享、知识转化、知识创造，促进企业的创新能力提升，提高知识转化成现实生产力的能力和效率。以上海图书馆为例，其提供的企业服务主要有：①企业技术战略和规划研究；②知识产权保护系列咨询服务及其战略研究，侵权调研与分析；③行业调研、市场调查、产品定位、商业机会分析；④科研成果、立项、专利、新产品等查新与评价；⑤企业综合性、个性化的情报服务等。

智慧服务要求知识服务精品化。对于产品研发团队来说，他们已经不再满足于为其提供一般性知识服务，而需要提供解决问题方案的核心知识内容。这就要求将分散在该产品领域及相关领域的专业知识加以集成，从中提炼出对研究、开发与创新有用的"知识精品"供其使用，帮助其寻找新知识的生长点，激发知识创新的灵感，促进主观知识（隐知识）向客观知识（显知识）的转化运动，缩短技术创新周期，提高技术创新水平，增加人类知识总量。为此，图书馆智慧服务团队应贯穿于用户解决问题过程的始终，提供从知识捕获、析取、重组、创新、集成到应用的全过程一体化服务。

## 二、公共图书馆智慧服务途径及其构建

### （一）多时间、多空间的图书馆服务途径与构建

多时间、多空间的图书馆服务是现代图书馆的基本服务形式，也是智慧图书馆的基本内涵要求之一。智慧图书馆除为用户提供基于传统的物理图书馆建筑进行的基本书籍借阅等服务外，还能提供延伸空间与时间的服务。"三网融合"也为这种延伸提供了便捷支持条件。利用网络、电视、新媒体享受基本的图书馆服务不再是难题，网络图书馆、手机图书馆、24小时自助智能图书馆保证了全天候、多时间的服务。智慧图书馆在多时间、多空间的服务途径构建中，一方面需以实体的物理图书馆为阵地，增加以阅读活动、信息服务等为主要内容/主题的活动；另一方面需增加手机图书馆、网络数字图书馆、24小时自助图书馆等服务平台，延伸和丰富图书馆的服务载体，使用户在任何时间（包括白天、晚上、节假日）、任何地点（如办公室、家里、地铁）都可以通过图书馆实现信息的获取与利用。可喜的是，目前，我国越来越多的图书馆建设了网络图书馆、数字图书馆和手机图书馆。随着第五次全国公共图书馆评估在2013年开展及将24小时自助图书馆列为评估内容之一，24小时自助图书馆在越来越多的图书馆得到了应用。随着社会生活节奏的加快及信息价值的进一步显现，企业也敏锐地觉察到了民众信息需求的迫切性，开展了诸多的图书借阅服务，如中信出版社所推出的"云端图书馆"。这些方式新颖、服务贴合实际、创建主体多元的服务方式也都进一步阐释了智慧图书馆的多时间、多空间服务内涵特征。

## (二)以人为本的图书馆服务途径与构建

以人为本是智慧图书馆的另一大主要内涵,特别是随着近年来信息技术的发展及应用,越来越多的图书馆注重技术在服务与建设中的实践,提高了图书馆的服务水平和效率,但在具体的发展中,很容易走入重视现代生活元素而忽视传统人文特色的歧途,如在馆舍建设、资源构建方面走铺张浪费道路,重馆舍面积及馆藏数量而轻服务等,导致图书馆社会文化传播、研究、储存的本职功能未能真正发挥该有的作用。智慧图书馆在以人为本的服务途径构建中,应重视原有的传统服务优势,充分发挥馆员及馆藏优势,开展如特色馆藏服务、学科服务、信息咨询服务、数据挖掘等通过人和信息相互结合而发挥作用的嵌入式、专业化服务,使图书馆真正成为社会知识组织、研究与服务的中心。2000 年始于丹麦哥本哈根、2008 年进入我国的"真人图书馆",就是现代图书馆以人为本服务的一大创新典范,值得各个图书馆在实践中借鉴。

## (三)高度智能的图书馆服务途径与构建

智慧图书馆强调图书馆的高度智能与智慧管理。在高度智能方面,信息技术及系统的发展促使管理系统广泛应用于图书馆的资源、人力、财务管理等各个领域,Web2.0、RFID 等技术的应用也为图书馆智能化的资源定位、智能化的资源推送、智能化的资源定制、智能化的资源管理、智能化的办公等提供了条件和实现的可能。在智慧管理方面,图书馆管理者既需重视文献资源的收藏、研究与利用及客户知识的挖掘、组织与服务,也需重视图书馆在社会文化建设中的社会责任;既需重视读者用户的服务环境、服务效率与服务水平建设,也需重视将读者吸引、融入图书馆建设中作为图书馆可持续发展动力与要素的作用。智慧图书馆在智能化服务的实现途径构建中,可主要以实现智能化的图书存放与调度系统、智能化的图书馆安防系统、智能化的服务环境调节系统(如灯光调节、温度调节等)、智能化的信息管理系统(如个性化知识的智能化抓取、组织与推送等)为突破口,运用智慧管理,推动智慧图书馆对现代图书馆进行一场发展理念、服务技术、管理形态的全新革命。

## (四)基于"第三空间"理念的图书馆服务途径与构建

随着全媒体时代的到来,人们更加强调图书馆的文化休闲作用,图书馆将从传统的以书为中心转变到未来的以人为中心,以实现阅读、休闲功能的"第三空间"为共识。"第三空间"这一词也准确表达了近年来人们对图书馆特别是公共图书馆的建设愿望。"第三空间"所反映的图书馆休闲理念也是智慧图书馆的主要理念之一,因为智慧图书馆也强调图书馆的休闲功能。智慧图书馆在基于"第三空间"理念的图书馆服务实现途径构建中,可以将增加图书馆的咖啡屋、音乐室、文化活动室等作为主要方式来实现,再通过营造舒适的人文、绿色、休闲环境来凸显图书馆的休闲氛围,使读者在休息中阅读、在阅读中休息。

## (五)基于资源共享、集群发展要求的图书馆服务途径与构建

信息社会海量的信息以及用户信息需求的复杂多样对现代图书馆资源建设提出了挑战,而网络信息技术的发展为资源的共享提供了条件。走资源共享道路、构建地方公共图书馆服务体系也因此成为近年来我国公共图书馆的发展趋势之一,总分馆、集群式、联合发展等资源共享模式已在我国东部沿海城市的公共图书馆中得到实践。智慧图书馆的服务模式是一种新型的以知识和信息共享整合、便捷利用、多维度服务为主的服务模式,资源共享与集群式发展是智慧图书馆的一大主要特征。智慧图书馆在基于资源共享、集群发展内涵要求的服务实现途径构建中,需在借鉴已发展成熟、国内迅猛发展的总分馆等建设模式基础上,总结、分析自身的特殊性与差异性,因地制宜,找到一条适合自己发展的资源共享、集群管理发展模式。

## 三、公共图书馆智慧服务系统的基本构成

图书馆智慧服务系统由信息资源采集、处理、加工整合、最终的服务系统构成,即由智慧信息采集系统、智慧资源加工系统、智慧信息整合系统、智慧服务系统构成。

### (一)智慧信息采集系统

信息的采集是图书馆开展服务工作的前提和基础,图书馆的智慧信息采集系统首先对感知对象进行主动知识描述,通过信息的全面感知,将信息、读者、图书馆连成一个循环的整体,实现三者之间的两两互联,并最终将这种感知触及全社会。智慧信息采集包括对读者身份信息的采集和对读者需求信息的采集。

**1.读者身份信息采集**

读者的身份信息包括读者的基本信息(如年龄、性别、职业等)和阅览信息(如借阅信息、到馆次数等)。图书馆把这些信息收集起来形成读者信息库,并随着到馆情况的变动,对信息进行及时更新。

**2.读者需求信息采集**

读者需求信息采集是建立在对读者身份信息分析的基础上,针对不同的群体需求特色采购不同的信息资源,基本分为纸质资源和电子资源。纸质资源除了采购普通的书籍之外,还应当购入少儿图书和盲人书籍;电子资源除了数据库,还应当有各种光盘、音频等音像资料,以照顾到不同群体的需求。

### (二)智慧资源加工系统

采集读者的信息之后,需要对读者的需求信息进行加工处理,以形成与之相适应的信息类型,这就涉及图书馆的智慧信息加工系统。市场上的信息加工系统有清华同方的 TPI、

北京金新桥的 TBS、浙江天宇的 CGDMS、北大方正的 Apabi、北京拓尔思的 TRS 等。具体来说,这些系统的主要工作流程如下:首先对文献信息资源予以数字化转化,并进行标识;其次,对形成的数字化内容进行校对;再次,对校对后的内容进行数据加工和编目;最后,把完成的内容存储到智慧系统中。

针对电子信息资源的加工,如录像带、光盘、磁盘等,需要专门的非书籍资源管理系统。市场上的这类系统有杭州麦达的"非书籍资料管理系统"、江苏汇文开发的"非书籍资料管理系统"和南京昂科公司开发的"非书籍资料管理系统"等。需要注意的是,针对不同的用户群,需要不同的信息加工形式。

## (三)智慧资源整合系统

加工后的信息通常具有多样性、杂乱性、无序性等特点,因此需要经过整合形成直接供读者使用的"良构"信息。智慧资源整合系统通过互操作和结构化这两种技术可以将散乱的信息转化为有序的信息资源。其中,互操作技术解决异构资源互联的问题,包括智能 Agent 技术、搜索引擎技术、数据挖掘技术、知识管理技术等;结构化技术解决数据的"优构"问题,包括元数据技术、Ontology、中间件技术等。

智慧信息整合系统通过对信息资源的分类、评价、标引、建库等步骤形成一个结构化数据库,读者通过检索平台可以浏览或查找到需求的相关信息,这也是当前公共图书馆资源建设的重要方式之一。市场上目前也有一些资源整合系统,但大多都存在准确率差、覆盖率低等缺点。智慧信息整合系统利用 Agent 的自主性、智能性等特点,针对上述问题,提供了改进方案。

智慧资源整合系统的工作由以下几部分组成。

### 1. 网络信息采集 Agent

网络信息采集 Agent 采集读者的信息和网络信息,形成读者信息库,并根据网络信息和读者信息的变动,保持读者信息库的及时更新。

### 2. 信息评价 Agent、信息标引 Agent、信息分类 Agent

信息评价 Agent 对采集到的信息进行评价,并将符合检索要求的信息归入到已评价信息库;信息标引 Agent 对已评价信息进行标引,并存储到已标引数据库;信息分类 Agent 对已标引的信息进行分类,并存储到已分类数据库中。

### 3. 控制调度 Agent

控制调度 Agent 对所有的 Agent 统一调控,并对已分类信息的敏感关键词进行过滤。

### 4. 信息发布 Agent

信息发布 Agent 把控制调度 Agent 过滤的信息发布到图书馆的信息检索平台。

## (四)智慧服务系统

将信息整合为有序的"优构"信息后,就可以存储到智慧服务系统中。图书馆智慧服务系统主要分为离线部分和在线部分。离线部分主要用于挖掘和处理数据,因为需处理的数据源海量复杂,会影响推送的实时性,因此将其设为离线部分。离线部分由目标用户和相似用户的信息行为数据组成。目标用户的组成要素包括用户属性、行为日志和资讯信息。用户属性(职业、年龄、兴趣、性别)构成用户文件,供在线信息推荐时采集。资讯信息指图书馆发布的诸如图书借阅榜 topN、数据库查询的高频资源等信息,通过内容分析引擎,挖掘出一段时间内图书馆的热点信息资源。行为日志表现为用户的浏览记录文件,通过对用户浏览记录的关联分析,得出信息的关联规则。通过协同过滤算法计算出相似用户,由于相似用户与目标用户有相近的兴趣爱好,对相似用户的分析有助于目标用户信息的精准推荐。在线部分是在离线部分的基础上运作的,参照离线部分建立的知识库对不同用户的查询请求,均实时且准确地将检索结果推送给用户。在线部分直接服务于用户,最终影响服务效果,因此是关键环节。模型运作的具体过程为:图书馆服务器接收到用户的查询请求后,推荐系统先获取用户的个人文件,分析用户的专业兴趣等,生成一个初步结果集,将该结果集与离线部分的"热点信息""关联规则"和"相似用户的偏好集"结合,并过滤去重,在图书馆资源中进行匹配查询,然后将查询结果推送给用户。

## 四、公共图书馆移动服务与泛在智慧服务建设

### (一)移动服务建设

进入 21 世纪后,随着互联网和信息技术的发展,移动服务方式从短信服务发展到网站服务,再到移动 App 服务,服务载体从普通手机发展到智能手机、电子阅读器、平板电脑等,使用户可以随时随地接受图书馆的数字化服务。总的来说,移动服务是图书馆事业上的一次移动革命。

智慧图书馆广泛互联互通的特点,使其能够实现手机、阅读器、IPTV(互联网协议电视技术)等之间的无缝对接。以手机、平板电脑等移动设备为载体的手机图书馆,通过无线上网进行信息的双向传播。基于 4G、5G 手机高速浏览网页的功能,图书馆与数字图书馆之间可实现连接;借助移动短信咨询平台、移动阅读和交流平台,以及网络信息浏览平台,为读者提供书目查询服务,图书的续借、预定和到期提醒服务,参考咨询、读者荐购、个性化定制及移动阅读等服务。读者可以使用手机进行操作,随时随地进行书目检索、图书预约续借和到期查询,获取图书馆的公告信息和讲座预告信息,简单方便。通过相应接口的开发,利用数字图书馆与数字电视的交互,实现二者的互联。用户在家通过电视就能对图书馆的图书进行预约、续借,查询借阅信息等操作,还可阅读馆藏电子书刊、观看视频公开课资源。

### (二)泛在智慧服务建设

图书馆文献服务是以文献载体为主的,图书馆信息服务,是以信息传播为主的,图书馆智慧服务是以知识传播为主的。相比之下,图书馆智慧服务以用户的智慧生成过程为中

心,以智慧创造为目的,培育用户运用、创新知识的能力,根据用户的需求偏好、心理认知,为其提供个性化服务。例如,图书馆用户进行资源检索时,图书馆不仅能反馈原始信息,还能快速分析检索结果,组织成综述、研究报告,供用户参考使用,并能按照用户需要的格式从多种形式的用户终端导出。

泛在网络环境下的图书馆,一改传统服务模式的局限,使服务定位从用户的角度出发并进行服务拓展,重点提高信息资源占有率、信息检索效率,更重视用户的个性化需求。智慧图书馆将服务融入学习和科研中,获得用户的原始数据,利用数据挖掘技术获取隐性知识,主动为用户提供个性化、集成化的泛在服务。

情景感知服务。移动环境中,通过智能终端,使用移动传感设备(如 RFID、蓝牙、GPS等),采集读者的原始情景信息;通过读者登录时的账号,感知和捕捉其所处位置、借阅记录和偏好等的动态信息,并进行分类和过滤处理。

订制服务/聚合服务。订制服务(RSS 服务),是基于 RSS 即信息聚合技术开展的个性化服务。RSS 具有过滤信息、聚合信息、推送信息的功能,因此其在图书馆的具体应用有新书通告、电子期刊 RSS 服务、读者个性化信息的定制服务等。

推送服务。根据用户的信息需求,智能分析用户请求,通过数据挖掘等分析技术实现主动推送。基于图书馆泛在云平台,通过语义关联技术,依据用户的历史访问记录,记录用户的关注领域,进而推断其喜好特征,建立需求预测模型。通过电子邮件和 RSS 服务等手段,向用户推送动态科研信息。

预约服务。包括纸质资源和数字化资源的预约,自习座位、研讨室等其他移动设施的空间和设备预约,以及培训预约等。

# 第三节　我国公共图书馆智慧服务的现状与成效

## 一、我国公共图书馆智慧服务的现状

我国公共图书馆的智慧服务模式可以归纳为四个方面:个性化智慧服务、立体互联式服务、空间再造服务、虚拟体验式服务。其中,个性化智慧服务模式可分为个性化智慧借阅服务、个性化智慧参考咨询服务、个性化智慧推荐服务三种。立体互联式服务主要体现为馆与馆之间的互联、馆与人之间的互联、人与人之间的互联。

### (一)个性化智慧服务的实践状况

个性化智慧服务是指依据图书馆用户的信息需求,通过应用互联网、人工智能、大数据等技术,在对图书馆用户的专业背景、个性特征、知识结构、兴趣爱好、行为方式等进行分析研究的基础上,通过系统推荐、推送以及用户定制等功能,向图书馆用户提供更具有针对性的智慧服务来满足用户的个性化需求。个性化智慧服务的基本特点为服务的针对性、层次性、主动性以及互动性。个性化智慧服务的针对性指图书馆为不同的用户提供特色的服务。个性化智慧服务的层次性指不同层次的图书馆用户对于信息需求的侧重点有所不同,图书馆根据不同的需求而提供有层次的信息服务。个性化智慧服务的主动性指图书馆能够满足用户的个体信息需求,以用户为中心,可以主动分析其用户的具体需求,并且主动推送用户想要的信息。个性化智慧服务的互动性指用户和用户之间、图书馆和用户之间深层次的互动。个性化智慧服务可以分为个性化智慧借阅服务、个性化智慧参考咨询服务以及个性化智慧推荐服务。个性化智慧借阅服务是互联网技术与智慧服务的理念相结合而产生的新的借阅模式。个性化智慧参考咨询服务是图书馆基于人工智能技术提供的智慧机器人参考咨询服务。个性化智慧推荐服务是图书馆基于大数据技术而提供的个性化推荐服务。

**1. 个性化智慧借阅服务**

(1)移动智慧借阅服务形式多元化

移动智慧借阅服务包括支付宝借阅、微信借阅、二维码电子证借阅以及客户端 App 借阅。如首都图书馆将图书馆服务接入支付宝钱包、微信钱包等平台的城市服务中,提供支付宝、微信借阅服务,同时在 App 上提供借阅服务;上海图书馆推出了支付宝图书馆城市服务微站,即通过读者证认证,读者可以一键续借、查询所借馆藏,还可以基于位置信息寻找附近的图书馆,形成通过手机"查书—借书—续借—还书"的完整闭环,同时在图书馆手机 App 上提供借阅服务;深圳图书馆创新了"微信""支付宝"等移动社交平台的"图书馆之城"移动服务,读者在通过移动终端实行文献的转借时,图书馆还提供了深圳文献港手机客户端 App 借阅服务;黑龙江省图书馆在市内打造的"智慧书房"里配置了一台报刊阅读机和一台"万里数字文化长廊"公共文化一体机,读者不仅可以直接通过报刊阅读机和公共文化一体机阅读里面的期刊报纸等数字资源,也可以把自己感兴趣的内容下载到自己的手机上,即通过在首页上下载黑龙江图书馆手机移动阅读的客户端的二维码并输入登录账号密码之后就可以用手机扫描下载;吉林省图书馆推出了手机客户端 App 借阅服务以及微信借阅服务,读者可以通过客户端 App 和微信进行借阅;辽宁省图书馆推出了客户端 App 借阅服务以及微信借阅服务;山西省图书馆推出了客户端 App 借阅以及"颜值识别借书"服务,读者通过在山西省图书馆的微信公众号中输入人脸信息并绑定读者证就可以通过人脸识别免证借阅;湖北省图书馆引入支付宝城市服务,用户可以在手机上通过支付宝绑定读者证,查看对应证号的图书借阅日期、数量、归还日期等信息,检索馆藏图书,点击杂志精选,查看最新活动公告,微刊免费阅读报刊;湖南图书馆推出了支付宝和微信借阅服务;安徽省图书馆推出了微信借阅服务;四川省图书馆推出了客户端 App 借阅和微信借阅服务;等等。

同时,图书馆推出了二维码电子证借阅的新借阅方式。在本文调研的这些公共图书馆中,二维码读者证借阅服务的覆盖率为30%左右。如上海图书馆推出二维码读者证借阅服务,读者在 App 中通过身份证生成一张二维码读者证,可在借书时进行扫码以及在读者门禁和自助设备中使用;深圳图书馆推出二维码读者证借阅服务,读者可以通过深圳图书馆的微信服务号进行办理,可以使用二维码读者证进行借阅服务;辽宁省图书馆推出二维码电子证借阅服务;山西省图书馆推出二维码电子证服务,即读者在图书馆微信公众号中绑定读者证生成个人二维码电子证,即可用电子证借阅。

对移动智慧借阅服务的调研结果显示,微信借阅服务的覆盖率最高,达到了85%左右;而支付宝借阅和二维码电子证借阅服务的覆盖率较低,为30%左右。

(2)单向智慧借阅服务向O2O线上线下智慧借阅服务转变

单向服务指的是图书馆线上服务以及线下服务的分离。O2O(Online To Online)是一种电子商务模式,指顾客在线上购买商品以及服务,在线下获得商品并享受服务的一个过程。图书馆利用这一模式来实现图书馆线上线下借阅服务的互动融合。如深圳图书馆推出网上预借以及新书直通车服务,可以为读者送书上门,读者通过深圳图书馆的微信服务号、支付宝城市服务中的图书馆服务、网站等预借图书馆的图书并选择快递到家的服务;辽宁省图书馆、山西省图书馆、湖南省图书馆推出线上借阅、线下快递到家服务,读者可以在还书时选择"预约还书"就可以让快递人员上门取书;内蒙古图书馆推出的"彩云服务"中,读者可以通过"彩云服务"手机App客户端在线上下单借阅书籍,然后在家就可收到物流公司送来的纸质书籍。

(3)信用借阅服务开始得到关注

公共图书馆的信用借阅服务是指图书馆用户基于第三方信用服务平台支付宝的芝麻信用指数,依据一定的标准免除押金并享受公共图书馆提供的借阅服务方式。公共图书馆为用户提供信用借阅服务,促进了图书馆用户信用意识的建立,也深化了移动互联网在公共图书馆的应用。近年来,公共图书馆相继开始了对信用借阅服务的探索并进行了实践。如上海图书馆结合支付宝芝麻信用推出的信用借阅服务,规定上海市读者的芝麻信用分超过650分即可线上免押金借书,而市民只需要一键授权即可;辽宁省图书馆、山西省图书馆、湖南省图书馆启动的支付宝芝麻信用免押金线上借书、快递到家服务中,读者只要支付宝芝麻信用分在600以上,就可以在手机支付宝App的芝麻信用借书入口处免押金办证、借书、快递到家。

**2. 个性化智慧参考咨询服务**

个性化智慧参考咨询服务主要体现在公共图书馆引入IM(Insant Messaging)实时咨询机器人为图书馆用户提供的咨询服务上。公共图书馆引入咨询机器人可以有效地提高图书馆咨询工作效率,减轻图书馆工作人员的负担,让图书馆工作人员有更多的时间去为用户提供更好的图书馆服务。IM咨询机器人能够进行智慧回复以及关键词自动匹配。IM咨询机器人的机器人系统和公共图书馆预设的知识库进行连接,用户在机器人显示屏中输入想要知道的问题后,机器人即可通过主题匹配方式或者关键词,在图书馆的知识库中查找答案然后为用户解答。IM咨询机器人可以为图书馆用户连续提供实时咨询服务,帮助用户快速获得想要的信息。如上海市图书馆使用了参考咨询机器人"图小灵",机器人主要放置在办证处和中文书刊外借室接受读者问询。"图小灵"不仅能在图书馆没有馆员值守的情况下为用户处理一些业务问题,还可以帮助读者查询天气、路线。当使用图书馆自助机器的人们排队的时候,它也可以与用户进行互动,如陪用户聊天等。深圳图书馆使用了 IM 咨询机器人"小图丁",可以回答用户经常咨询的问题,为用户提供实时咨询服务,帮助用户更加方便地获取自己想要的信息,同时可以为工作人员提供对话质量、数量,用户评价以及在线时长等方面的资料。辽宁省图书馆使用了咨询机器人"图图","图图"可以回答用户的一些简单提问,并为用户的一般性咨询进行解答,也可以为小朋友讲故事、唱歌。同时,"图图"还可以与用户进行互动,在用户发出问路语音后为其指路。湖北省图书馆的咨询机器人是根据用户需求定制的,可以满足用户的各种需求,如馆藏书目检索、为儿童讲故事、咨询解答等。在需要进行书目检索时,用户可以直接用语音对机器人说出需要的书目名称,机器人则会根据用户需求进行分析,然后为用户提供书目索引号信息。对于一些用户关注度较高的关于图书馆业务的基本问题,如借阅证办理、借阅规则、图书馆开馆时间等,用户可以直接向机器人咨询就可得到答案。

目前,我国公共图书馆对于咨询机器人服务的运用还相对较少,咨询机器人在满足用户个性化需求方面的能力还暂时有限,灵活度还有待加强。通过对选取的公共图书馆样本的调研可知,这些公共图书馆的咨询机器人服务的覆盖率为30%左右。

**3. 个性化智慧推荐服务**

个性化智慧推荐服务是指图书馆基于大数据技术,根据图书馆用户的特点和兴趣,从而推荐用户感兴趣的信息。它是一种主动的深层次个性化服务方式。公共图书馆通过对网络信息数据的挖掘,从而深入了解图书馆用户的兴趣和需求,为用户提供个性化的推荐服务。

(1)用户信息数据的准确挖掘

数据的挖掘是从众多的数据库中得到一些人们感兴趣的、潜在的、隐含的知识。个性化智慧服务的数据挖掘是提取从各大数据库以及网络信息空间发现的隐含其中的知识信息。公共图书馆对用户信息数据的准确挖掘有利于发现用户信息数据之间的关联,并为之后的预测及决策提供知识信息支撑。

(2)个性化用户信息的主动推送

公共图书馆在数据挖掘的基础上,根据图书馆用户的需求为其进行主动的信息推送。个性化信息的推送会定期将自动搜集的图书馆用户感兴趣的信息主动、不间断地推送给用户。个性化用户信息的主动推送帮助用户节省了信息寻找的时间,提高了用户获取信息的效率。

首都图书馆推出阅读推荐服务,为用户提供中文图书、外文图书、试听以及电子图书的推荐。上海市图书馆在手机 App 中应用 iBeacon 技术,并且结合位置定位、二维码等常用的移动技术提供智慧推荐服务。iBeacon 技术可用来激活阅览室,读者可以随时知道自己所在的楼层及阅览室的具体位置,通过点击 App 上的地图即可查看阅览室的详细信息以及该阅览室的最新读者活动。读者可以通过手机 App 查看热门及推荐图书或者检索感兴趣的图书并查询上海市内其他的图书馆的馆藏状态。同时,读者如果想要外借图书,可以用手机App进行定位,并直接通过App添加到索书列表并提交索书请求。图书馆手机App在图书出库之后会及时将出库提醒推送给读者,读者收到提醒后就可以直接去出纳台借书。吉林省图书馆的个性化智慧推荐包括相关借阅、可能感兴趣的图书、同名作者的其他著作、相关收藏。

### (二) 立体互联式服务的实践状况

公共图书馆的立体互联式服务是指图书馆实现互联互通以及信息共享。图书馆智慧服务的立体互联主要指的是图书馆基于云计算技术、物联网RFID技术、大数据技术而实现的馆与馆之间的互联、馆与人之间的互联、人与人之间的互联。

馆与馆之间的互联主要体现在馆际的合作上,不同级别、地区、类型的图书馆之间突破地点、时间等的限制从而达成馆际的互联互通。馆际合作的智慧化则主要体现为基于云计算技术而建设的图书馆联盟云服务平台。如首都图书馆与北京市内的110余家各体制类型的图书馆联合建设的"首都图书馆联盟"平台,读者只需要用一张读书卡就可以浏览百余家图书馆的文献资源,做到"一馆办证、各馆通用""一卡借阅、就近还书""一馆藏书、各馆共享""一馆讲座,各馆转播""一馆咨询、多馆服务";上海图书馆联合金陵图书馆、浙江图书馆、南京图书馆、安徽图书馆建设的"长三角地区图书馆视障服务联盟"平台,实现了视障文化资源的共享,共同助力长三角地区的视障阅读;深圳图书馆与深圳各类型图书馆合作,共同建设了联合服务平台"深圳文献港",注重数字资源的统一提示与服务,涵盖了各成员图书馆的资源,包括了知识服务和馆际互借服务,促进了资源的共建共享;吉林省图书馆与长春的公共系统以及科研系统的图书馆建设的"吉林省图书馆联盟"平台,在馆际互借、联合采购、资源建设等方面进行合作;辽宁省图书馆联合辽宁省各公共图书馆、高校图书馆联合建设的"辽宁省公共、高校图书馆联盟"平台,读者可通过平台享受各成员馆的文献资源;湖南省图书馆、湖北省图书馆、安徽省图书馆等公共图书馆联合建设的"湘鄂赣皖公共图书馆联盟"平台;四川省图书馆加入的"丝绸之路国际图书馆联盟"平台;云南省图书馆参与建设的"云南省公共图书馆参考咨询联盟"服务平台。

馆与人之间的互联主要体现为公共图书馆基于物联网RFID技术提供的RFID智慧自助服务,可以让用户享受不受时间、地点限制的泛在化服务。RFID自助服务主要包括自助借还书机、24小时自助图书馆的自助借还书服务以及其他自助服务,如自助办证、自助复印、自助充值等。通过对选取的公共图书馆样本的调研,可以得知这些公共图书馆都应用了RFID技术,对RFID技术应用最多的服务为自助办证、自助借还书服务。这些公共图书馆都在馆内放置了自助借还书机并基本上建设了24小时自助图书馆为用户提供自助借还书服务。

人与人之间的互联主要体现为馆员与用户之间的互联以及用户与用户之间的互联。馆员与用户之间的互联主要体现在图书馆工作人员基于新的技术为用户提供的服务上,如基于大数据分析技术提供的个人阅读账单。如深圳图书馆在年末为用户提供的个人阅读账单为图书馆工作人员设计的,从海量的用户数据中提取用户较为关心的数据,并按照主题进行分类,让用户能够清晰地了解自己一年的图书馆使用情况以及阅读数据。用户与用户之间互联主要体现在用户与用户之间的线上图书转借服务上,需要借书的用户与需要还书的用户在线上进行转借确认,确认好之后即可双方约定见面进行二维码扫码确认转借图书。如深圳图书馆推出的文献转借服务,用户之间通过手机版"我的图书馆"App 即可进行图书的转借;内蒙古图书馆的线上图书转借服务是用户之间通过"彩云服务"手机 App 来进行线上扫码确认,如果用户无法见面,还可直接通过预约附近的彩云智能中转云柜来完成,即还书的用户对云柜进行扫码开箱并将图书放置在箱内,借书的用户再对同一台云柜进行扫码开箱即可完成图书转借手续。

## (三)空间再造服务的实践状况

信息技术的快速发展改变了知识信息交流、传播以及获取的方式,用户对于泛在知识环境的需求也越来越高。随着图书馆的服务逐渐向"以用户为中心"转变,图书馆逐渐成为用户进行交流、学习以及研讨的一个重要空间。图书馆空间在图书馆智慧化建设过程中具有不可忽视的重要作用,其被赋予了更多的服务功能。图书馆空间在智慧服务中体现为其空间可以满足用户复杂多变的需求,提供感知、智慧的服务。传统的图书馆空间已经无法满足用户的需求,而随着图书馆智慧化建设的推进,各公共图书馆加强了对图书馆空间再造的实践探索。

经过调研,将近一半的公共图书馆都打造了创客空间,但由于各公共图书馆所在地区经济存在差异以及服务理念有所不同,打造的创客空间也有所区别。如上海市图书馆在国内最早进行了创客空间的探索,在 2013 年打造了新空间"创新空间",以创新工具、馆藏文献、数字技术为基础,以文化创意为核心,以"知识交流、激活创意"为主题,以不同类型的创新型活动项目为载体,营造一个创新的氛围,实现创新灵感和设计的衔接,打造一个信息共享、学习交流的复合型新空间,为创新者提供孵化空间。深圳市图书馆打造了集"学习、探索及开拓思维"于一体的创客空间,并在空间内设有四个功能区域:创意作品展示区、创意设计制作区、讨论交流区、研究学习区。在这个空间内,青少年用户可以进行创意交流以及实践。深圳图书馆的创客空间提倡用户进行创新活动,将创客的一些独特特质传递给用户,如创客的观念、想法、能力以及素养。同时,其也提倡用户进行实践活动,对用户的创新力、想象力、协作能力进行培养,并将 3D 打印、机器人实训、手工机床等一整套创客文化服务体系引入空间内。黑龙江省图书馆打造了创新空间,在创新空间内提供虚拟现实(VR)体验,开展机器人教育培训活动,还开展专注力和记忆力训练课、速读体验课、手工创意课等系列开发智力的课程,同时开展疯狂英语、体能训练沙龙、易物沙龙等活动。云南省图书馆打造了青少年创客文化空间,提供教育、文化以及创客类型等的培训和讲座。这些公共图书馆的空间再造服务除了打造创客空间外,还打造了知识共享空间、文化交流空间以及绿色物理空间。知识共享空间包括研讨空间、学习空间、新技术体验区等,文化交流空间包括学术交流空间、休闲交流空间、文化娱乐空间等。绿色物理空间是将绿色环保技术应用于图书馆物理空间上。如首都图书馆改造北京地方文献数字书房,提升"北京学"研究环境;改造古籍阅览室,营造中华传统文化研究和交流氛围。吉林省图书馆打造了娱乐休闲空间,建设数字电影放映室、4D 影院;打造了绿色物理空间,使用光伏发电、地源热泵技术让图书馆物理空间变得更加节能、环保;利用信息发布系统、智能楼宇控制技术等使图书馆的空间服务变得更加智慧化和人性化。山西省图书馆打造"悦读'心'体验"空间,用户可以通过红外感应和影像动作识别技术体验神奇的"空中翻书",也能借助图像识别和人体红外检测法矫正阅读的坐姿,还能借助视频识别技术玩捕捉动作的"体感游戏"。湖北省图书馆打造绿色物理空间,如在馆内应用冰蓄冷、地源热泵、低温送风等环保系统来运行其中央空调;在建筑外面建立了保温屋顶,其一大特色是屋顶可以用来种植绿化;在馆内供水方面应用了群组集热太阳能系统;在建筑的管理上应用了楼宇自控系统,实现对建筑中的机电设备进行统一管理。湖北省图书馆打造学术交流空间、项目研讨空间;开设咖啡厅,建设空中花园,打造读者交流休闲空间;开设音乐厅、影视观摩厅等,打造文化娱乐空间。安徽省图书馆打造面向读者的"交流空间""人文空间"和"休闲空间"。四川省图书馆打造公共数字文化服务区,其分为影音体验、新媒体、智慧家庭图书馆等六个区域,可实现海量数字资源查询利用、高品质影音欣赏、新媒体互动体验等功能。

### (四)虚拟体验式服务的实践状况

公共图书馆的虚拟体验式服务是基于虚拟现实(VR)技术而提供的沉浸体验式服务。虚拟体验式服务在公共图书馆智慧服务中体现在三个方面:图书馆资源管理与检索、VR 阅读以及空间导航与漫游。在所调研的公共图书馆中,虚拟体验式服务主要体现在 VR 阅读上。如黑龙江省图书馆为用户提供多视角的 VR,在 2019 年设计了全新 VR 场景,将春节期间的传统年俗以及民间故事用场景来进行展示,设计实景交互体验情节,让用户沉浸式感受春节文化,加强用户对传统文化的了解。辽宁省图书馆设立 VR 体验区,将虚拟现实技术应用到传统文化中,为用户构建身临其境的沉浸式场景。深圳图书馆、湖北省图书馆以及湖南省图书馆提供虚拟现实体验 VR 活动。在图书馆资源管理与检索方面,它指的是将 VR 技术应用在文献检索的过程中,系统可以导引用户的具体操作。如深圳图书馆对图书馆进行 3D 建模,将图书馆资源的位置准确地显示在三维位置中,为用户提供资源导航服务。在空间导航以及漫游方面,深圳图书馆的各空间布局以三维图形式展现出来,并辅之以文字说明,使用户能够清楚图书馆的空间布局。

由于应用 VR 技术的成本较高且技术存在壁垒,这些公共图书馆对于 VR 技术的应用深度较浅,应用的范围较为有限。

## 二、我国公共图书馆智慧服务的成效

### (一)东部地区公共图书馆智慧化发展较为发达

东部地区公共图书馆依托其经济优势大力推动图书馆智慧化的发展,与其他地区公共图书馆智慧化程度相比,其智慧化程度相对较高,智慧化发展较为发达,提供的智慧服务内容也相对深入。东部地区公共图书馆在新技术的应用上相对较早且较深。如在 RFID 技术的应用上,东部地区公共图书馆不仅应用于自助借还书服务上,还应用于智能书架、安全门禁等服务上。深圳图书馆还将 RFID 技术应用于图书快速盘点、智能书车、图书分拣服务上。上海图书馆较早推出结合 iBeacon 技术与位置定位、二维码等技术的定位服务,用户通过手机 App 可以快速定位图书所在的书架位置,在阅览室可以随时知道自己所在的楼层及阅览室的具体位置,通过点击 App 上的地图即可查看阅览室的详细信息以及该阅览室的最新读者活动。

### (二)各公共图书馆智慧服务各具特色

这些公共图书馆在提供智慧化创新服务时基本上是结合了自己的实际情况提供特色化的创新服务。首都图书馆打造市民学习空间,实现了线上及线下实体空间内的互动学习与交流;上海市图书馆应用 iBeacon 技术为读者提供了定位服务,使用参考咨询机器人"图小灵"与读者进行互动;深圳市图书馆建设图书馆之城统一服务平台,为读者提供了便利、高效、无差别的一站式图书馆服务;黑龙江省图书馆建设"智慧书房",不仅提供数字资源的在线阅读,也可以用手机进行下载;吉林省图书馆利用 VR 虚拟技术举办的 VR 贺新春数字文化虚拟现实体验活动,为读者提供了沉浸式的新春文化体验;辽宁省图书馆提供"辽图约书"服务,使辽宁省读者不出家门即可实现网上借书、送书上门;山西省图书馆提供"颜值识别借书"服务,读者通过在其微信公众号中输入人脸信息并绑定读者证就可以通过人脸识别免证借阅;湖北省图书馆建设"楚天智海"学习中心,创建学术交流空间、创客创业空间、项目研讨空间、文化传播空间;内蒙古图书馆推出"彩云服务",读者可以在任一地点的任一书店直接下单借书;四川省图书馆建设智慧家庭图书馆,为全省每个电信家庭建立了虚拟书房。

### (三)各公共图书馆智慧服务以人为本

各公共图书馆在为用户提供智慧创新服务时,以人为本,以用户为中心,让用户能够高效便捷地使用图书馆的服务。公共图书馆提供的 RFID 服务,使得用户在借还书方面更加自助化,其中 24 小时自助图书馆、24 小时街区图书馆的使用为用户随时随地借还书提供了便利。公共图书馆内放置的咨询机器人不但可以为用户解答一些基础问题,还可以与用户进行一定的互动,用户在不需求助图书馆工作人员的情况下即可了解图书馆的一些基本信息,而图书馆工作人员对咨询机器人的用户咨询记录进行整理就可以了解用户的一些需求,从而有针对性地改善提供的服务,让图书馆的服务变得更加高效。图书馆提供的支付宝芝麻信用借阅服务让用户的借书过程变得更加简单,用户在家就可以完成借书的过程,不需要支付押金就可以享受书本快递到家的服务。这些公共图书馆提供的智慧创新服务为用户带来了极大的便利,让图书馆的服务更加深入人心。

### (四)各公共图书馆智慧服务以技术应用为主

各公共图书馆提供的智慧创新服务基于现代技术的应用,将创新技术融合到图书馆的服务中,提高了图书馆服务的效率。RFID 服务是基于 RFID(无线射频识别)技术的应用而提供的服务,RFID 技术是一种非接触式的自动识别技术。RFID 技术引入实现的自助借还、智能盘点、自动分拣等服务能使图书馆馆员从传统的借还书、图书分拣等工作中解脱出来转而从事其他的服务,也方便了读者。VR 体验区应用了 VR(虚拟现实)技术,VR 技术给用户一个沉浸式的数字阅读体验,让用户更直观地感受文化的魅力。云服务是基于云计算技术的应用而提供的服务,包括各种云平台服务。人工智能服务是基于人工智能技术而提供的服务,包括图书馆提供的咨询机器人服务。大数据服务是基于大数据技术的应用而提供的服务,在图书馆中主要应用于阅读账单、数据展示墙、用户数据采集、用户画像、数据挖掘与集成、用户荐购、阅读推荐以及数据竞赛等。

## 第四节 我国公共图书馆智慧服务可持续发展实践路径

### 一、加大政策扶持力度,保证各区域图书馆智慧服务水平均衡发展

由前文分析可知,我国不同地区间的图书馆发展差异较大,东部地区图书馆的发展实力明显优于中西部地区,西部地区发展最差。如今,我国正如火如荼地开展"一带一路"建设,这对中西部区地区来说是一个很好的发展契机,除了积极争取政策支持外,政府部门也应当主动帮扶,为中西部地区的图书馆提供基础服务设施、人员、经费,添置相关智慧设备,最终促进东、中、西部图书馆的智慧服务水平均衡发展。

此外,我国西部地区民族较多,自身的文化资源也比较丰富,因此西部地区的图书馆可以在国家政策的扶持外,利用这一比较优势来构建具有自己特色的数据库资源。可以选择"抱团"的方式,和其他西部地区的图书馆形成联盟,共建数据库。构建过程中统一规范、标准,真正实现数据库资源的互联互通互享。这样既可以节约成本,还可以避免资源的重复浪费。在数据库构建完成的后期,要注意及时对数据库进行更新维护,紧跟时代的节奏,涵盖社会生活内容的方方面面。

## 二、拓宽资金来源渠道,提高图书馆智慧服务经费供给

东中部地区的财政经费较为充足,在满足图书馆基本服务的情况下,应当将经费重点倾斜到智慧服务内容的建设上,如室温自动调控系统、一卡通系统、智慧门禁系统等,逐步使图书馆"越来越智慧"。西部地区的财政经费由于和东西部地区相差较多,在保障智慧服务的内容方面更加捉襟见肘,仅能满足基础的服务内容。对于西部地区的图书馆来说,拓宽资金的来源渠道是保证开展基础服务和智慧服务的关键。除了政府的财政拨款外,还可以以众筹、公益基金、赞助、社会捐赠的方式来募集资金,减少对政府拨款经费的依赖。

## 三、提升馆员素质,培养智慧馆员

"没有智慧的图书馆馆员,就不会有智慧的图书馆",这句话虽有偏颇之嫌,但也从另一个侧面反映了智慧馆员对建设智慧图书馆的重要性。因此,培养一批智慧馆员队伍、提升馆员的素质,对用户或是图书馆而言,具有举足轻重的意义。可从以下两方面展开论述。

第一,对于东部经济环境优越地区的图书馆,应当严把源头,从招聘环节筛选一批本科起点的人员,尽可能以博、硕士人员为重点招聘对象,从而提升整体馆员的学历层次。除学历要求外,还应当要求专业对口,图书情报档案学类专业毕业生优先。应聘入馆后,定期对其考核,防止馆员出现懈怠思想。考核的内容包括专业理论知识、管理学知识、信息技术的内容(物联网、人工智能)等。

第二,对于中西部经济环境一般地区的图书馆,由于环境不具备竞争力,除了在招聘环节尽可能择优外,重点需要对现有的馆员进行培训。对于处于服务一线的馆员,要培训其服务意识、表达能力、沟通能力、业务知识储备等;对于处于管理层的馆员,应当着重培养其管理协调能力、科研能力等。

## 四、完善评价反馈功能,提升智慧服务水平

图书馆展开服务评价和接收用户反馈是提升服务质量和完善自身服务体系的重要途径之一。读者进行评价反馈的渠道越多,越有助于图书馆反思自己的服务工作,从而决定未来工作的发展方向和重心。调查结果显示,目前图书馆接收用户评价反馈的主要渠道是微博和微信。微信公众号与用户的交互性能较弱,微博具备一定的交互功能,但用户群相对于图书馆服务的大众对象来说,还是比重较小。因此在智慧环境下,图书馆急需开辟其他能直接与大众交流的渠道,广开言路,倾听用户的反馈。

## 五、注重读者权益,加紧制订隐私保护条款

《中华人民共和国公共图书馆法》规定,公共图书馆应当妥善保管读者的个人信息、借阅信息以及其他关于读者的隐私信息。公共图书馆应当以此款条例做指导,并结合本馆的

实际情况来制订读者隐私保护条款。制订的条款语言应当精炼准确,内容应当全面完整,这一方面可以参考江西省图书馆的网站声明,对收集用户信息的类型、保护、用途、cookies 的使用,免责条款等均应拟出详细的规定。有条件的图书馆还可以就用户隐私的保护工作设置专职人员负责,并提供专职人员的联系方式,遇到问题时可直接联系负责人。这样,读者才会更加信任地将个人信息提交给图书馆,图书馆才可以利用这些信息开展更加智慧的服务。

## 六、践行公平理念,消除服务盲区

近年来,我国各地公共图书馆都在进行全民阅读推广活动,然而服务的对象中很少能看到外来务工者、失业群体等用户。2018 年 1 月 1 日,我国正式施行《中华人民共和国公共图书馆法》,其中第三十三条规定:公共图书馆应当按照平等、开放、共享的要求向社会公众提供服务。服务对象除了普通大众外,也应当照顾到社会的特殊群体,如老年人、少年儿童、盲人读者、视障读者、肢残读者、听障读者、服刑人员、务工人员和失业群体等。本文调查发现,各区域的公共图书馆均能满足普通读者的阅读需求,涉及社会弱势群体读者,尤其是服刑人员、外来务工人员这类读者的时候,大多图书馆并没有考虑这类群体的阅读需求。即使有,也只是临时性的活动,并没有形成长效的服务机制。图书馆针对这类人群,可以发放有期限的免费借阅卡、免费提供一些电子资源设备,对外来务工者、失业群众等群体进行免费培养,通过手把手、面对面地指导,使其熟悉图书馆的各类服务。此外,图书馆还可以与社会公益团体加强合作,共同为这些群体提供有针对性的服务。

## 七、加强智慧管理

### (一)培养智慧馆员

智慧馆员是图书馆智慧化建设中不可缺少的一个因素,是智慧化图书馆提供创新服务的核心。

在新形势下,智慧馆员面临更大的挑战,在为用户提供智慧服务时,要利用技术设备去了解用户的真正需求以及特点,通过大数据分析用户的阅读兴趣、行为、潜在需求等,以用户为中心,为用户提供个性化服务。这对馆员的素质提出了更高的要求,馆员不但需要对新技术、新设备的使用有一定的了解,也需要帮助用户实现从知识发现到获取、整合这一过程。在这种情况下,图书馆应该加强馆员队伍建设,培养智慧馆员,为提供智慧创新服务打好基础。

不断提升馆员的专业能力。图书馆应制订明确的培养计划,不断加强馆员的专业能力,并且开展跨学科和到馆交流活动,为馆员成长提供良好的成长环境。加强馆员对于相关技能知识的学习,如现代信息技术、管理学、心理学、物联网、大数据、云计算技术、数据挖掘、人工智能等方面的知识内容。图书馆可以与高校、社会机构以及其他图书馆进行合作交流,为馆员搭建交流学习的平台。

培养馆员的创新意识。智慧馆员应培养自己的创新能力,在掌握专业能力的基础上发展创新。馆员自己要主动学习新思维、新知识、新技术,不断提升自己的水平,为用户提供更好的服务。图书馆要大力支持馆员创新,为馆员发展创新能力营造创新的大环境,加大对创新思维的宣传力度,鼓励馆员进行创新,并建立创新人才激励制度。

### (二)加强智慧管理

智慧化图书馆的管理应该强调协作、合作以及用户参与,可以包括多项举措,如提高管理和管理系统的透明度,用户参与决策过程,自动和优化管理程序,实时分析图书馆使用情况,以提高图书馆战略和决策的质量等。图书馆用户应成为图书馆的利益相关者并参与图书馆管理。智慧管理是基于图书馆员工和用户的集体智慧,集体智慧的基础是"一个团队可以完成一项个人无法完成的任务"。它的意义在于利用一群人的智慧来解决问题,依赖团队成员的相互沟通和协作而不是依赖于少数人的能力。可通过降低某个人执行任务或做出决定时可能发生的故障的概率和成本,也可通过增加参与者数量来处理更复杂的任务,以完成个人无法完成的任务。公共图书馆通过智慧管理可以提高服务的效率,为文化和教育做出贡献,并改善用户对相关信息和社会服务的获取方式。

图书馆还应当加强设施设备和技术平台的智慧化管理,建立较为完善的信息安全管理机制,全面推进信息服务系统的建设和应用,提升业务管理自动化水平和馆务信息化水平,实现传统业务自动化管理系统和数字图书馆管理系统间的互联互通,推动图书馆业务和服务全流程的数字化、网络化管理。

## 八、强化科技驱动

### (一)强化图书馆云平台建设,提升信息化服务水平

构建智慧图书馆云服务平台,实现资源服务一体化、建设标准化、服务网络化。建设基于云存储、云服务和大数据的技术平台,提升信息设施管理水平,实现对各类型海量数据的有效管理、存储、分析和利用。加强业务管理系统对新的信息管理和服务环境的适应性研究与调整,完善业务统计平台,提高系统平台的运行性能和访问速度,为各项业务工作提供强有力的技术保障。利用大数据、云计算、物联网等新技术,推进数字图书馆一体化网络建设,根据用户需求加强数字资源的联合建设,提升公共数字文化服务能力。

### (二)注重新技术的研究,创新服务内容

随着现代信息技术的快速发展,公共图书馆利用新技术实施创新驱动发展战略,在科技的驱动下创新服务内容。图书馆应将科技创新与公共文化服务有效融合,提升整体服务

水平。大力推进大数据技术、云计算技术、移动互联网技术、物联网技术等的研究,为图书馆转变服务模式、服务内容,满足人民群众新时期的需求提供技术支撑。利用关联数据、聚类分析等进行交叉研究,实现公众阅读热点预测。重视大数据技术在公共文化服务体系中的应用,对读者多元化的阅读需求进行动态分析。完善网络体系等基础设施建设,通过RFID 等物联网技术实现文献的智能化管理,将先进技术、新兴媒体等与图书馆服务相结合开展智慧创新服务,为用户提供个性化、泛在化的服务,增强图书馆与用户之间的互动,实现用户服务的智慧化,打造既体现文化传承又符合未来人们多样化需求的智慧型图书馆。

### (三)加大信息安全保障系统建设

图书馆应该加大对数据安全的保护力度,并完善信息安全风险评估,建设信息安全监控体系。提高应对网络安全事件并进行事前防范的能力,减少有害信息的流传。健全信息安全应急指挥和安全通报制度,不断完善信息安全应急处置预案,增强信息基础设施和重要信息系统的抗毁能力和灾难恢复能力。加大对信息安全保障工作的资金投入,加强上网信息的审查和管理,防止不良信息的发布和传播,确保图书馆信息资源和服务绿色、安全。

## 九、拓展智慧服务内容

### (一)延伸服务范围

积极拓展服务领域,开展延伸服务,探索出适合自己的延伸服务模式;利用互联网等新技术,扩大图书馆服务的辐射面和影响力,延伸图书馆的智慧化服务范围。加强 24 小时自助图书馆建设,以读者需求为导向,增加人性化、个性化的服务,进一步提高服务水平,提高服务效能。

加强流动服务建设。建设流动图书馆,扩大流动服务覆盖范围,在公交车及站台、出租车、轨道交通等城市公共设施网拓展图书馆智慧化服务,呈现可阅读、可触摸、可交流的立体阅读。加强分馆和服务点建设,提高分馆和服务点建设水平,丰富分馆和服务点资源类型和服务手段,提升服务水平,建立起纸质资源与数字资源相结合、传统借阅与新媒体服务相结合的丰富分馆和服务点服务模式。加大对社区图书馆的支持力度,完善流通网点建设,实现对分馆和服务点服务项目的量化考核。建立健全馆外图书流通体系,不断扩大服务半径,积极开展图书馆服务进机关、进企业、进社区、进学校、进军营等活动,根据具体情况,提供面向不同群体的、有针对性的服务。组织形式多样的图书"漂流"活动,让图书走进社区、商场,进入市民家庭、咖啡屋、广场公园、娱乐空间和广播电视节目等。

### (二)深化服务层次

完善读者自助服务,进一步提高自动化服务程度。运用移动互联、物联网、大数据技术,通过云平台支撑,实现各种各类新媒体系统的聚合服务,提供深层次的智慧化创新服务。聚焦各领域关键技术的应用示范,推进移动自助和自带设备的全域服务。

深层次整合文献信息资源,逐步实现馆藏信息资源组织揭示重点从文献层转向内容层和关系层,建立基于内容的立体化、多元化知识网络,全面提升专题知识服务能力。利用大数据技术,实时开展信息采集、抽取、挖掘及处理,为各类信息服务系统提供数据输入,提高信息服务的层次和深度。加强对有关馆藏文献信息资源利用和用户信息行为数据的挖掘与分析,以信息社群为单位,提供差异化、个性化、多元化的服务以满足不同层次用户的多样化需求,不断提升资源整合对用户个性化信息需求的针对性与适应性。

## 十、打造智慧空间

智慧化图书馆的服务方式及服务模式相对传统图书馆来说已经发生了很大的变化,它能使用户之间实现最广泛的互联与信息的共享。图书馆应以人为本,积极推进智慧化服务和管理,为读者营造一个自由、互助、可参与的文化信息共享空间以及创意空间。

公共图书馆应不断探索智慧化服务空间的再造,为专业人员和普通读者搭建主题服务知识平台和体验专业技术的空间。对接智慧城市建设和智慧生活服务,加大智能感知和泛在服务环境建设,实施图书馆空间连接再造。提供面向各层次用户群体的文化科技融合体验服务,如工具提供、新技术展示、全媒体阅读体验、创新空间开设、信息素养培训等。完善和提炼"创新空间"等空间再造新模式,为读者和用户提供更多不同主题、低成本、便利化、全要素、开放式的"众创空间",培育和激发读者的创新思维。强化与社会其他众创空间的合作交流,联合举办创意展览、创意课堂等,搭建交流丰富、创新思想和成就的展示平台。服务所有"创客",提供有价值的信息、情报和知识服务,打造互联网环境中的创新创业服务平台。

## 十一、加强对外合作与交流

以图书馆联盟为平台,以科研合作与业务协作为支撑,推动图书馆间的交流与协作,积极组织参与地区性或全国性学术研究活动,推进业务合作项目的开发与深入开展。加强与高等院校图书馆、科研院所图书馆等各类型图书馆之间的资源共享与协同服务,建立资源互补、互利共赢的合作机制,加强国内行业之间的合作交流。

积极开展国际交流合作,拓展对外交流的深度与广度,扩大影响力,扩大交往范围,积极开展并参与有关国际组织和行业组织的活动,不断拓展国际合作领域和合作范围,进一步发展与国外图书馆的友好关系。通过学者访问、业务培训等方式,学习借鉴国外先进图书馆的办馆理念、技术和手段。通过建立图书馆联盟、建设信息共享与服务平台等方式,推进与世界主要国家和地区有影响力的大馆之间的务实合作。

随着物联网、大数据、云计算等技术的发展,公共图书馆应充分利用这些新技术以及产品,为用户提供创新便捷的服务。用户可以自助获得图书馆的服务,在获取服务的时间和空间上受到的限制正在逐渐减少。智慧化公共图书馆应该结合新技术为用户提供智慧服务,以满足用户不断增长的文化需求,保持图书馆的可持续发展。智慧化图书馆与传统图书馆相比已经发生了很大的变化,不再只是用户阅读、学习的场所,也是用户进行社交、休闲、娱乐的地方。因此应注重将其打造成城市的"第三空间",为用户提供多元化的服务。目前,公共图书馆的智慧化建设还有待加强,提供的智慧服务也有待完善。公共图书馆面对机遇和挑战,应该大力推进图书馆的智慧化建设。

# 参 考 文 献

[1] 郑辉,赵晓丹.现代公共图书馆智慧服务平台建构研究[M].长春:吉林人民出版社,2020.

[2] 薛天.公共图书馆儿童读者活动理论与实务[M].长沙:湖南大学出版社,2017.

[3] 卢家利.美国公共图书馆管理与服务[M].北京:中国商务出版社,2018.

[4] 李芬林,王小林,尹琼.公共图书馆读者工作[M].兰州:甘肃文化出版社,2013.

[5] 祝坤.公共图书馆发展及其文旅融合路径探究[M].长春:吉林人民出版社,2021.

[6] 于青.公共图书馆微博服务研究[M].南京:东南大学出版社,2014.

[7] 徐双定,陈淑霞,张雪梅.公共图书馆未成年人阅读推广[M].兰州:甘肃人民出版社,2017.

[8] 王继华.新时期公共图书馆阅读推广理论研究[M].银川:宁夏人民出版社,2020.

[9] 崔婕.公共图书馆的公共文化服务现状、问题及对策研究:以扬州市图书馆为例[D].扬州:扬州大学,2014.

[10] 杨屹.新时期公共图书馆文化创新创意服务研究[J].河南图书馆学刊,2021,41(11):39-41.

[11] 崔薇,郑聪.后疫情时期公共图书馆网络直播创新服务研究[J].图书馆工作与研究,2021(8):14-21.

[12] 张炜.浅谈文旅融合时代公共图书馆服务创新实践及启示[J].兰台内外,2021(10):52-54.

[13] 李洁.新时期图书馆少儿阅读服务创新实践[J].河南图书馆学刊,2020,40(2):109-110.

[14] 刘艺权.新时期公共图书馆全民阅读服务创新实践与思考:以广州图书馆为例[J].图书情报研究,2017,10(4):35-39.

[15] 薛海霞.新时期地方公共图书馆管理服务创新思考[J].黑龙江史志,2013(19):230.

[16] 管翔.新信息环境下公共图书馆服务创新[J].四川图书馆学报,2013(2):34-36.